JN251767

法生活空間におけるスペイン語の用法研究

ひつじ研究叢書〈言語編〉

第106巻　品詞論再考　　　　　　　　　　　　　　　　　　　　山橋幸子 著

第107巻　認識的モダリティと推論　　　　　　　　　　　　　　木下りか 著

第108巻　言語の創発と身体性　　　　　　　　　　児玉一宏・小山哲春 編

第109巻　複雑述語研究の現在　　　　　　　　　　岸本秀樹・由本陽子 編

第110巻　言語行為と調整理論　　　　　　　　　　　　　　　　　久保進 著

第111巻　現代日本語ムード・テンス・アスペクト論　　　　　工藤真由美 著

第112巻　名詞句の世界　　　　　　　　　　　　　　　　　　西山佑司 編

第113巻　「国語学」の形成と水脈　　　　　　　　　　　　　　釘貫亨 著

第115巻　日本語の名詞指向性の研究　　　　　　　　　　　　新屋映子 著

第116巻　英語副詞配列論　　　　　　　　　　　　　　　　　鈴木博雄 著

第117巻　バントゥ諸語の一般言語学的研究　　　　　　　　　湯川恭敏 著

第118巻　名詞句とともに用いられる「こと」の談話機能　　　　金英周 著

第119巻　平安期日本語の主体表現と客体表現　　　　　　　　高山道代 著

第120巻　長崎方言からみた語音調の構造　　　　　　　　　　松浦年男 著

第121巻　テキストマイニングによる言語研究　　　　　岸江信介・田畑智司 編

第122巻　話し言葉と書き言葉の接点　　　　　　　　　石黒圭・橋本行洋 編

第123巻　パースペクティブ・シフトと混合話法　　　　　　　山森良枝 著

第124巻　日本語の共感覚的比喩　　　　　　　　　　　　　　武藤彩加 著

第125巻　日本語における漢語の変容の研究　　　　　　　　　鳴海伸一 著

第126巻　ドイツ語の様相助動詞　　　　　　　　　　　　　　髙橋輝和 著

第127巻　コーパスと日本語史研究　　　近藤泰弘・田中牧郎・小木曽智信 編

第128巻　手続き的意味論　　　　　　　　　　　　　　　　　武内道子 著

第131巻　日本語の活用現象　　　　　　　　　　　　　　　　三原健一 著

第132巻　日英語の文法化と構文化　　　　　秋元実治・青木博史・前田満 編

第133巻　発話行為から見た日本語授受表現の歴史的研究　　　　森勇太 著

第134巻　法生活空間におけるスペイン語の用法研究　　　　　堀田英夫 編

ひつじ研究叢書
〈言語編〉
第134巻

法生活空間における
スペイン語の用法研究

Terminología jurídica del español
en la vida cotidiana

堀田英夫 編

ひつじ書房

Terminología jurídica del español
en la vida cotidiana

Primera edición, 2016

HOTTA Hideo (ed.), KAWABATA Hiroaki,
Ana Isabel GARCÍA TESORO, ITOIGAWA Miki,
TUKAHARA Nobuyuki, Lidia SALA CAJA.

Hituzi Syobo Publishing
Yamato bldg. 2f, 2-1-2 Sengoku Bunkyo-ku
Tokyo, Japan 112-0011
Telephone: +81-3-5319-4916
Facsimile: +81-3-5319-4917
e-mail: toiawase@hituzi.co.jp
http://www.hituzi.co.jp/
postal transfer: 00120-8-142852

ISBN 978-4-89476-775-1
Printed in Japan

はじめに

　人間が社会生活の営みを始めたときから、言語と法（規範、きまり）は、個人と社会にとって必要不可欠な存在であった。言語は、1つの共同体における規範によって存在している。規範に従って言語を使うことで、円滑なコミュニケーションができ、その共同体の一員として生活できる。法は、支配者による命令であれ、成文法（文書の形で制定された法規範）であれ、言語でもって示される。不文法（文書で制定されることなく法的効力を有する慣習や判例による規範）であっても、言語で表現されうる。法は言語で表現されることによって、個人は、その社会の一員として生活していくことができ、社会としての統一性も維持される。このように言語と法は、実は不即不離の関係にある。

　言語を研究する言語研究と、法を研究する法学は、それぞれ独自の歴史と研究方法を持ち、多くは別個に研究されてきた。しかし、言語で表現される法は、言語研究のための資料であり、また研究対象ともなり得る。ある言語の言語研究の結果が、特定の時代の特定の地域の法の解釈に役立つということもあるだろう。言語には地域差があり、同じ1つの言語を使う2つ以上の国々の間で、法律条文上のある語の語形が同じでも意味するものが異なる場合は、国境を超えての商取引や法律上で問題となる場合があり、そこには言語の地域差研究が貢献する可能性がある。

　スペイン語は、ラテン語を先祖とし長い文字記録の歴史があり、大航海時代におけるスペインによる地球規模の遠征により、ヨーロッパのスペインのみならず、カリブ海と南北アメリカの19か国（アメリカ合衆国の自由連合州プエルトリコも国と数える）、それにアフリカの赤道ギニアの計21か国で公用語とされているように、広大な地域で日常的に使われている言語である。またスペインは、

v

ローマ、西ゴート、イスラム、キリスト教、フランスなどの外来勢力による支配の歴史があり、また、各地域に王国が存立した時代が長く、時代や地域ごとに実効性を持つ法が異なったり、後の時代にもその前の時代の影響や痕跡が見られる場合がある。中南米での各国の法は、スペインによるインディアス法から始まり、独立に際してアメリカ合衆国独立やフランス革命の影響を受けつつも、先住民の土着法とのせめぎ合いのなかで、多様性と歴史的に共通した部分とを示している。

　法と言語の学際的な研究は、欧米で 1960 年代末に明示的に法言語学（Lingüística Forense, *Forensic Linguistics*）として成立し、90 年代に急速に発展した（橋内武・堀田秀吾 2012: p.xi）。スペインでも 1990 年代後半に、外国語としての特定領域スペイン語教育において、法律スペイン語の教材（Aguirre & Hernando: 1997）も出版されている。スペイン語が、国際連合や EU の公用語の 1 つであること、アメリカ合衆国に多数のスペイン語話者がいること、スペインが、スペイン語（カスティーリャ語）と共にカタルーニャ語、バスク語、ガリシア語のようなそれぞれ独自の言語をも公用語としている自治州を国内にかかえることなどから、通訳・翻訳における実務の面からも法律分野における用語や表現などの研究が、国際的な法言語学界の中で行われている。特定領域スペイン語国際学会では、2000 年アムステルダム開催の第 1 回から法律分野の研究発表があり、また 2003 年には、バルセロナで法言語学の第 1 回の国際学会が開催されている。中南米では、大航海時代以降にもたらされ各国の公用語となっているスペイン語と、それ以前から現代まで伝えられてきた先住民言語との関係、およびスペイン語圏全体の内での地域差などが各国の法との関係で調査・考察の対象となる。日本でも 1990 年代に「法言語学」という用語が用いられて（堀田秀吾 2010: p.8）以来、人やモノ、情報の言語の壁を越えての行き来がさらに進むにつれて、法務翻訳や司法通訳の重要性や必要性が増し、裁判員裁判が制度化され、言語権という考え方が注目されることにより、多様な研究が盛んになされる分野となってきている。その中で、スペイン語圏諸国との交流・取引の増加や、日本におけ

るスペイン語圏出身定住者が多いこともあいまってスペイン語圏の法とスペイン語の学際的な研究も、重要性を増している。

　書名の、法生活空間とは、ドイツ語の *Rechtsleben* に当たる用語である。人間は、精神的な生活の面、経済的な生活の面の他に、法に基づく、法に関わる面での生活がある。人間が生まれてから一生の間（また、死後）の法に関わる面での生活のことを法生活といい、その生活がいとなまれる空間を、法生活空間という。これは法固有の領域（法過程や法廷空間など）と日常空間の区分を超え、両方と重なるものである。人間社会における必須の言語、我々の場合のスペイン語とカタルーニャ語が、法固有の領域と日常空間のなかで、すなわち、法生活空間において、どのような様相を見せているのかが、本書における考察の対象である。

　本書は、スペイン語圏の法とスペイン語学の学際的な分野において、執筆者がグループとして今までに研究してきたことをまとめ、この分野でのさらなる貢献を目指すことを目的としている。

目　次

はじめに	V
I　序論	I

第1章　憲法とスペイン語

「言語的存在としての法」の一断面　　　　　　　　川畑博昭　3

1. はじめに	3
2. 接尾辞 "-ismo" と憲法動態史	
Constitucional*ismo* 概念の裏側	5
2.1.「主義」概念の陰　日本の翻訳事情との関わりで	5
2.2. "constitucionalismo" 概念に投影される	
スペイン語圏憲法のダイナミズム	7
3. 接尾辞 "-ismo" と統治形態のダイナミズム	
Presidencial*ismo* の史的展開	II
3.1.「国家形態」の歴史的意味　君主制と共和制	II
3.2. 似て非なる大統領統治の "sistema" と "-ismo"	I2
4. 接尾辞 "-ismo" の反規範的作用	
Continu*ismo* の政治文化	I4
4.1. Presidencialismo の「負の産物」	I4
4.2. "-ismo" における反復される歴史的事実	I5
5. おわりに	I6

第2章　スペイン語圏諸国憲法における言語　　　　堀田英夫　23

1. はじめに	23
2. スペイン語	23
2.1. 用語	23
2.1.1 lengua（言葉）、idioma（言語）	23
2.1.2 国家語、国語、公用語、公式語、作業語	25
2.1.3 español（スペイン語）と castellano（カスティーリャ語）	28
2.2. 小史	29

IX

   2.3. スペイン語を公用語と規定している現行憲法　32

  3. 先住民言語や少数派言語　37

   3.1. 先住民言語や少数派言語についての言及のない憲法　37

   3.2. 条文にあらわれる言語名　38

   3.3. 特定地域公用語あるいは特定場面のため公的に用いる　45

   3.4. 文化財としての先住民言語や少数派言語　48

  4. 国際規約との関係に見る条文上の言語　50

   4.1. 国際人権規約および先住民族の権利に関する国際連合宣言　50

   4.2. 障害者権利条約　53

  5. まとめ　54

    II　法固有の場面におけるスペイン語の諸相　61

第3章　日本国憲法スペイン語訳とスペイン語圏諸国憲法における組織名・職名の通用性　堀田英夫　63

  1. はじめに　63

  2. 憲法条文上の用語　63

   2.1. 立法　63

    2.1.1 「国会」　63

    2.1.2 「衆議院」「参議院」　68

    2.1.3 「国会議員」　71

   2.2. 行政　72

    2.2.1 日本　72

    2.2.2 キューバとスペイン　72

    2.2.3 大統領　73

    2.2.4 大統領を補佐する機関と大臣　73

   2.3. 司法　74

    2.3.1 「最高裁判所」　74

    2.3.2 最高裁判所の裁判官　75

  3. まとめ　77

第4章　地域差研究におけるスペイン語圏諸国憲法条文上の用語　堀田英夫　83

  1. はじめに　83

   1.1. 目的　83

   1.2. 語彙項目の検討　84

  2. 語彙調査結果と憲法上の語との比較　87

2.1. アルゼンチン	87
2.2. キューバ	89
2.3. コロンビア	90
2.4. スペイン	91
2.5. チリ	93
2.6. プエルトリコ	94
2.7. ベネズエラ	95
2.8. ペルー	96
2.9. ボリビア	97
2.10. メキシコ	98
3. 考察	99
3.1. 憲法条文上の用語の回答者数の割合	99
3.2. 普通名詞と固有名詞	101
3.2.1 ASAMBLEA	102
3.2.2 PARLAMENTO	102
3.2.3 立法議会を示す語のまとめ	103
4. まとめ	104

第5章　Terminología del lenguaje jurídico en el dinamismo
de un proceso criminal – penal
法廷空間における法言語の用法

Ana Isabel García・川畑博昭　109

1. Introducción	109
1.1. Objetivos y justificación del estudio	109
1.2. El español jurídico en la escena procesal penal	111
2. Marco institucional para un proceso penal en Perú	112
2.1. Derecho procesal penal peruano	112
2.2. Reforma del código procesal	113
2.3. Jurisdicción: sus órganos y agentes	114
2.4. El proceso común en el sistema procesal penal peruano	114
2.4.1 Investigación preliminar y preparatoria	115
2.4.2 Etapa intermedia	115
2.4.3 Juzgamiento	116
2.4.4 Impugnación	116
3. El corpus: un caso penal peruano como materia de análisis	117
3.1. Presentación del material	117
3.2. El caso	117

3.2.1　Antecedente sucinto e investigación	117
3.2.2　Acusación	117
3.3.　Juicio y sentencia	118
4.　Terminología en el lenguaje procesal penal peruano	119
5.　Conclusiones	123

第6章　裁判員裁判に必要な日本の法廷用語のスペイン語訳

堀田英夫　125

1.　刑事裁判における言語・通訳	125
2.　法廷通訳に求められる正確性	127
2.1.　裁判所側が求める「正確性」	127
2.2.　法廷通訳者に求められる「理想」	128
2.3.　法廷通訳・模擬裁判における通訳の実際	129
2.4.「理想的な」法廷通訳に向けて	132
3.　日本の法廷用語のスペイン語訳	134
3.1.　故意、確定的故意（殺意）、未必の故意（殺意）、認識ある過失	137
3.1.1　日本刑法の用語	137
3.1.2　語彙集の訳語	138
3.1.3　スペイン語圏刑法の用語	139
3.1.4　検討	139
3.2.　正当防衛、過剰防衛；緊急避難、過剰避難	140
3.2.1　日本刑法の用語	140
3.2.2　語彙集の訳語	140
3.2.3　スペイン語圏刑法の用語	141
3.2.4　検討	144
3.3.　責任能力；心神喪失、心神耗弱	144
3.3.1　日本刑法の用語	144
3.3.2　語彙集の訳語	144
3.3.3　スペイン語圏刑法の用語	145
3.3.4　検討	146
3.4.　既遂、未遂、中止未遂（中止犯）	146
3.4.1　日本刑法の用語	146
3.4.2　語彙集の訳語	147
3.4.3　スペイン語圏刑法の用語	147
3.4.4　検討	148
4.　おわりに	149

第7章　スペイン語圏諸国の公用語規定

日本との比較において　　　　　　　　　堀田英夫　153

1. はじめに　153
2. 日本の場合　154
   - 2.1. 立法　154
   - 2.2. 司法　154
   - 2.3. 教育や文化振興　155
   - 2.4. 日本の法律での言語　157
3. アルゼンチン　158
   - 3.1. 司法　158
   - 3.2. 教育とマスコミ　158
4. ウルグアイ　160
5. チリ　162
6. プエルトリコ　165
7. メキシコ　166
   - 7.1. 先住民言語との関係　166
   - 7.2. 司法　168
   - 7.3. マスコミ　168
8. まとめ　169

III　日常空間における法律スペイン語の多様性　175

第8章　法律における「性」の記述

糸魚川美樹　177

1. はじめに　177
2. スペイン語における性をめぐる問題　178
   - 2.1. 文法上の性とジェンダー　178
   - 2.2. スペイン語は性差別的か　180
3. 法律における性　181
   - 3.1. 「性」 sexo か género か　181
   - 3.2. 法律上の記述　185
   - 3.3. スペイン 2007（「人の性別の記載についての登録の訂正に関する規制法（Ley reguladora de la rectificación registral de la mención relativa al sexo de las personas）」）　186
   - 3.4. ウルグアイ 2009（「性自認と本人確認書類における名と性別変更の権利に関する法律（Ley 18.620: Derecho a la identidad de género y al cambio de nombre y sexo en documentos identificatorios）」）　188

XIII

3.5. アルゼンチン 2012 (「人の性自認の権利に関する法律（Ley 26. 743: El derecho a identidad de género de las personas)」)　190

3.6. 参考：コロンビア 2015 判決文　192

3.7. まとめ　194

4. おわりに　195

第9章　法律分野スペイン語のカタルーニャ語への翻訳
社会言語学的観点から　塚原信行　201

1. はじめに　201

2. カタルーニャにおける言語社会史の概略　202

3. カタルーニャ自治州における言語政策の概要　204

4. 司法領域における翻訳の概況　207

5. 考察　210

6. 結論　215

第10章　Permeabilidad entre el lenguaje común y la terminología jurídica: el término catalán *pubilla*
日常言語と法律用語の相互浸透性―カタルーニャ語の *pubilla*

Lidia Sala Caja　219

1. Introducción　219

2. El sistema de transmisión de patrimonio: *els capítols matrimonials*　221

3. Los nombres de los herederos: *hereus y pubilles*　222

　3.1. *Pubills y pubilles*　222

　3.2. *Hereus y hereves*　223

　3.3. *Hereus y pubilles*　224

4. *Hereus, pubilles* y demás familia　226

5. *Pubilles* que no lo son　228

6. Conclusión　229

第11章　特定領域スペイン語教育用語彙における地域差
堀田英夫　235

1. はじめに　235

2. ペルー・スペイン語　238

3. 交通関連語彙　239

3.1. 調査対象	239
3.1.1 バス	240
3.1.2 自動車	242
3.1.3 トラック	243
3.1.4 駐車する	243
3.2. 相違	245
3.3. 一部一致	248
3.4. ほぼ一致	254
4. スペイン語教育用語彙	256
5. おわりに	258

第12章 スペイン語の地名形容詞における規範と使用語形

堀田英夫　263

1. はじめに	263
2. スペイン語圏諸国の国名と首都名の形容詞形	265
2.1.『正書法』(2010) での規範	265
2.2.『疑問辞典』(2005) と『正書法』(2010) の違い	267
2.2.1 コロンビアの首都名	267
2.2.2 エルサルバドルの首都 San Salvador の形容詞形	268
2.2.3 グアテマラの形容詞形 guatemalteco	270
2.2.4 México の形容詞形	271
2.2.5 ニカラグアの首都 Managua の形容詞形	272
3. 各国憲法上の語形	273
3.1. 国名形容詞	275
3.1.1 ウルグアイ	275
3.1.2 ホンジュラス	275
3.2. 首都名	276
3.3. 別称	277
4. 地名・国名形容詞の派生語尾	277
4.1.『新文法』(2009) による派生語尾	277
4.1.1 男女同形語	277
4.1.2 男性単数が -o で終わり、女性形が -a となる語	278
4.1.3 男性単数が -o 以外の音／文字で終わり、女性形がある語	278
4.2.『疑問辞典』(2005) の国名形容詞派生語尾	278
4.2.1 男女同形語 (45 語)	279
4.2.2 男性単数が -o で終わり、女性形が -a となる語 (119 語)	279

XV

4.2.3 男性単数が -o 以外の音／文字で終わり、
女性形がある語（38語）　　　　　　　281
4.3. 結果比較　　　　　　　　　　　　281
5. まとめ　　　　　　　　　　　　　　282

あとがき　　　　　　　　　　　　　　287
参考文献一覧　　　　　　　　　　　　291
和文索引　　　　　　　　　　　　　　307
欧文索引　　　　　　　　　　　　　　310

I

序論

第1章
憲法とスペイン語
「言語的存在としての法」の一断面

川畑博昭

1. はじめに

「法というものは、それ自体が言語の一形態なのである。*1」（傍点は原文）

　かつて、日本を代表する法哲学者・碧海純一氏は、法が「きわめて特殊なしかたで言語と結びついている」（傍点は引用者）ことを、このように定式化した*2。人間社会の文化領域としては政治や経済以上に、法と言語との結びつきの「特殊性」をあぶり出す見解は、政治や経済を、言語を前提としつつもそれとは独立した存在とするのに対し、法については「それ自体」を言語と見る点で、両者の結びつきの「特殊なしかた」を際立たせる。同氏はそのことの意味を、端的には、言語によって法の「形態」あるいは「形象」が描かれると述べていた*3。言語によって「形」を得る「態」様あるいは現「象」とでも言えようか。

　こうして法は、人間社会に秩序を与えるための不可欠の要素として、言語によって息を吹き込まれ、「法生活」として可視化させる空間を得る。音声によるものであれ、文字を介してであれ、法は言語なしに自己の存在と実効性を主張することはできないのである。法学にとっては空気のような存在として当然視されがちな「言語」に対し*4、法の本質論から迫り、その根源を問うた碩学の問題提起は、今日においても、なお通用力を失ってはいないと言うべきであろう。

　もとより、筆者には、この気宇壮大な理論的定式化に真正面から挑むだけの用意はない。むしろ、法の本質を根底から問い返すからこそ形而上学的である側面を免れないこの難問の実相を、場面をよ

りいっそう特定化し、個別の素材を介することで、法現象の学術用語を「生活空間」のレヴェルで認識し把握する可能性を考える端緒としてみたい。そのための素材として本稿が取り上げる法領域と言語は、国家の最高法規と位置づけられる「憲法」とヨーロッパと中南米の2つの大陸にまたがる話者人口をもつ「スペイン語」であり、本稿が試みるのは、スペイン語であることによって特徴的な輪郭を得るその態様である。

　こうして立ち現れる本稿の対象は、いわば「憲法生活空間（vida constitucional）」であるが、原語"vida"のニュアンスに従えば、それは「憲法生活」とも「憲法に関わる生」とも表現できるが、国家の最高法規となれば、およそ「生活」や「生」とは最も遠い存在であると観念されがちである。最もかけ離れている2つの対象によって、本書の主題である「法生活空間（vida jurídica）＊5」の外円が国家として把捉可能となる。それは、治者と被治者の関係性によって形成される、すぐれて躍動的で日常的なものである。

　以上の限定の下で、スペイン語圏の憲法の観点から本稿の観点にとって最も適合的であると思われる例が、日本語で「主義」と訳出される＊6 接尾辞の"-ismo"である＊7。諸外国との比較研究を方法論上の1つの大きな柱とする法学にとって、非常に多く遭遇し、それだけに概念把握に悪戦苦闘する用語でもある。従来、憲法と言語との関係については、主として、同一の国家内に複数の公用語やそれに相当する言語を抱える国の憲法規定を手がかりに、言語によるアイデンティティの問題や権利として、言語使用の観点からいわば政策の問題として論じられる向きが強かった＊8。しかしながら、ここでは、憲法に関する用語にこだわり続けることによって、スペイン「語」で認識可能な「形」を与えられる「憲法」の特徴を、その歴史的文脈と現実の憲法をめぐる政治の実相の観点から考察してみたい。"-ismo"を留保なしの「主義」と認識し訳出することによって、スペイン語圏の憲法史の動態が見失われるだけではない。「道義をもととすること。また、正しいと信じて守る一定の主張＊9」と、主観性がせり出す日本語のニュアンスゆえに、「法生活空間」において、客観的に理解されるべきはずの憲法の動態を認識

4　I 序論

する言語回路が遮断される可能性がある。

　憲法や政治をめぐるスペイン語の専門用語は、parlamentarismo（議会主義）、caudillismo（統領主義）、servilismo（専制主義）、clientelismo（縁故主義）、favoritismo（温情主義）、cesarismo（シーザー主義）と、実に多い。それぞれの概念が、それを生み出した地の憲法政治史の文脈を反映してはいるが、ここでは、"constitucional*ismo*"（立憲主義）、"presidencial*ismo*"（大統領中心主義）、"continu*ismo*"（長期政権主義）の３つの用語から（カッコ内の日本語では便宜的に、"-ismo"を「主義」と訳出してある）、スペイン語圏の憲法の特徴を取り出すことを試みる。これらの用語の接尾辞"-ismo"部分を取り、概念ごとに布置すれば、大統領の存否は当該国家が共和制であるかの国家形態によるし（ラテンアメリカの全スペイン語圏諸国）、大統領が置かれない国家は、通常、君主制を採用する（スペイン）。一般に、君主が世襲であることを考えれば、「長期政権」の性格が問題となるのは、公選制によって一般市民から任期を伴って選出される「大統領制」の場合である。以上の要素によって、「憲法」の歴史が織り上げられてきたことを考えれば、この三つ巴の概念の分析を通じて、《スペイン語憲法の生活空間》の輪郭は素描できるはずである。スペイン語圏の憲法に関して接尾辞"-ismo"を伴う概念は、しばしば、その国の憲法の歴史と実態が１つの「伝統的な性格」を帯びつつ、固有のしかたで顕現するさまを表現するが*10、そうであるだけに、"-ismo"を「主義」と訳して事足れりとするのは、これらの国々の──延いては憲法によってかたちづくられる国制そのものの──歴史的構造をつかみ損ねるおそれがある*11。以下では３つの概念をすべて「−主義」と訳出してみることで、そこに生じる概念的齟齬を析出してみたい。

2. 接尾辞"-ismo"と憲法動態史
Constitucional*ismo* 概念の裏側

2.1.「主義」概念の陰　日本の翻訳事情との関わりで
西洋の近代化に倣う文明開化を旨としてきた日本の近現代史に徴

すれば、「翻訳」という難事業が、日本の学問領域に通底する本質的な意味をもってきた。とりわけ、社会科学や自然科学の分野においては、その性格がひときわ強かったと言えるだろう。それゆえに生じる用語法上の混乱と概念把握の困難もまた、日本の学問にビルトインされた要素である*12。接尾辞「主義」をめぐっては、これを訳語として採り入れた日本語の状況が考慮されてよい。この点を「主義」の語誌に尋ねれば、この用語は英語の*principle*の訳語であったものが、やがて接尾辞 *-ism* の翻訳として定着したという*13。

　ことがらを法学や政治学の社会科学領域に引きつけてみると、この状況が垣間見える。例えば、原語の接尾辞 *-ism* に従う「立憲主義（*constitutionalism*）」、原語にこの接尾辞を伴わないものの「主義」の用語が定着した「民主主義（*democracy*）」、さらには「法治国家（*Rechtsstaat/ État de droit/* Estado de Derecho)」の概念を基にした「法治主義」などが代表的なものである。

　2013 年から 2014 年の日本政治状況ゆえに、にわかに脚光を浴びてきた「立憲主義」の用語には、日本の近代化からの歴史的背景がある*14。一般的な辞書上の定義では、「憲法を制定し、それに従って統治するという政治の在り方」（傍点は引用者）とされ、続けて、「この場合の憲法」は、憲法学で支配的な「権利の保障」と「権力の分立」の原理によって国家権力を制限する憲法の思想*15を指す*16。前者は「憲法の制定」と「それに従う統治」と、行為の外面的部分に力点を置く説明となっているのに対し、後者は、1つの原理を憲法が備えるべき「内容上の価値」として「選択する思想的立場」であり、2 つの定義を同一視することには注意を要する。関連して、語源的にはギリシア語の「デモス（民）」の「クラテイア（支配）」を意味する「民主主義（*democracy*）」には、「民主制」や「民主体制」の用語も存在する。それゆえ、「主義」と表現されることによって、複数の可能性から「選び取られる一つの価値」という側面が強調される*17。「法治主義」の用語が存在する日本では、「法治国家」につても同様の指摘が妥当するだろう。

　接尾辞 *-ism* にあたる日本語の「－主義」には、このように、主

体的に選択する立場や価値の意味と解する用語法が前面に出ることで、西洋語の -ism に本来含意される概念の二面性を稀薄化し、あるいは相対化する方向に作用してきたと解する余地がある。スペイン語での"constitucionalismo"が 1 つの「イズム」であるにもかかわらず、法律上の用語として現れるほどの射程をもっていることからしても、この側面が等閑視されてはならないことを裏づける。

ところで、他の西洋諸国との接触・交渉による近代日本の「法の継受（la réception）*18」において、スペイン語圏との交流が皆無に等しかった点は示唆的である。というのも、宗教改革と啓蒙主義の時代を経たのちの西欧の「近代国家」とともに生み出された「近代立憲主義」は、「権利保障」と「権力分立」の 2 つの原理を基軸とする「普遍性」を標榜し、そうすることで、それとは異なる憲法政治状況を批判する規範的意味をもってきたからである。この「近代立憲主義」概念は、個別の国や地域の名称を冠した限定性を伴うものとしては理解されていない。

しかしながら、各国に 1 つしか存在しない規範としての憲法は、国の数ほどの憲法の「違い」を前提とする側面からは免れえないのであって、各国の固有の歴史的背景や政治状況に基づく「それぞれの」立憲主義を語る余地を常に残す。この点、先述した「近代西欧」の「普遍的立憲主義」も、特定の時代の特定の国・地域の憲法をめぐる歴史的現実に依拠していることを想起すれば、ここに南欧スペインが入っていない事実は（"África empieza en los Pirineos"「アフリカはピレネーに始まる」）、近代憲法の誕生にとっては絶対的な条件であった「市民革命」の有無とともに、スペイン語がつくり出す「憲法生活空間」に独自の意味を与えている。

2.2. "constitucionalismo"概念に投影されるスペイン語圏憲法のダイナミズム

スペイン語圏で"constitucionalismo"と言う場合、規範的意味合いよりは、むしろ「憲法を制定し、それに従って統治する」各国固有の歴史と実態が含意されている*19。まずは、スペイン王立学士院の辞書の 2 つの定義を確認しておきたい。

第 1 章 憲法とスペイン語 　7

1. Sistema político regulado por un texto constitucional.（ある憲法条文によって規定される政治システム。）

2. Ideología partidaria de este sistema político.（この政治システムを支持する思想。）（下線部は引用者）＊20

ここでconstitucionalismoには、"-ismo"ゆえに「思想」のみの意味が与えられているわけではない点に注意を喚起したい。1つの条文によって「あるべき姿を描かれた（regulado）」政治のシステムもまた、constitucionalismoとされている。ある特定の時代の特定の憲法があるべき姿として描く当該国家が進む方向性・指針全体という意味において、1つの「システム」であり、それを支持する「思想」を、全体として"-ismo"として含意する用語法は、日本語の「主義」の語感からは理解できるだろう。たとえば、君主制から共和制への転換をおこなったスペインの1931年共和制憲法や独裁制に終止符を打った1978年の憲法のほか、天皇主権から国民主権へと根底からの変革をおこなった1946年制定の現行の日本国憲法など、憲法体制の根本的転換を前提とすれば、この用語法はわかりやすくはある。

しかしながら、上記の用語法は、当該憲法の規範的な意味が歴史の実態の中で生み出されている側面を見落としている感は否めない。この点については、ペルーの憲法学者マルシアル・ルビオが、ラテンアメリカの統治形態が大統領制型か議院内閣制型かについて述べる文脈で、次のように指摘していた箇所が参考になる。

Lo que debemos hacer los latinoamericanos es estudiar nuestros regímenes políticos tal como son: liberarlos de la carga ideológica y cultural de los esquemas del Norte y tratar de elaborar una tipología propia, en base a la forma cómo hemos desarrollado nuestro propio constitucionalismo. Luego, en función de ello, debemos estudiar cómo pueden operar en nuestro medio las diferentes fórmulas que el constitucionalismo universal ha desarrollado en los últimos doscientos años de historia＊21.

（ラテンアメリカ出身の我々がやるべきことは、我々の政治体

8　Ⅰ　序論

制をあるがままに考察することである。すなわち、北（先進国
——引用者注）の枠組みのイデオロギー的かつ文化的なしがら
みから自由になって、我々独自の立憲主義を発展させてきた方
法に基づき、独自の類型を打ち立てることを試みることである。
次に、それに応じて、普遍的立憲主義がここ200年間の歴史
のなかで発展させてきた種々の定式が、我々の環境においてい
かに作用しうるのかを考察すべきである——下線部および強調
は引用者。）

　ここでは、「立憲主義」をめぐって「普遍性」に「固有性」が対
置させられているが、両者に通底するのは、それぞれの内容を「発
展させ」る（desarrollar）だけの一定の時間的含意である。1996
年の時点で「今世紀におけるペルーの立憲主義」（"El constitucio-
nalismo peruano en la presente centuria"）を論じたペルーのド
ミンゴ・ガルシア・ベラウンデも、この表題の下で、1821年のペ
ルーの独立から1996年の段階までの「ペルー憲法史」を描いてい
る*22。こうした理解は成文憲法のみでは不可能であって、一定の
時間の経過によって形づくられる「歴史的過程」の中の憲法をめぐ
る政治的動態が前提されなければならない。それにしても、ルビオ
が「北の思想文化的しがらみ」と述べることで、先進国一辺倒の研
究の傾向を批判的に描くところに、専門家集団としての学界を含め
たこの国の「憲法生活空間」の一端を窺い知ることができる。

　最後の例は、本来は学術用語であるはずの「立憲主義」の概念が、
法律上の文言として現れている点に目を向けたい。場面は、2014
年6月2日に国王が生前退位を表明し、19日に新国王が即位した
スペインである。この王位継承の事実に法的効力を付す19日付第
6476号の組織法（Ley Orgánica）の前文*23に、"constituciona-
lismo"の語が見られる。

El artículo 57.5 de la Constitución Española dispone que «las
abdicaciones y renuncias y cualquier duda de hecho o de dere-
cho que ocurra en el orden de sucesión a la Corona se
resolverán por una ley orgánica». Este precepto sigue los pre-
cedentes históricos del constitucionalismo español, que en los

textos fundamentales de 1845, 1869 y 1876 y, con variaciones, en otros precedentes, ya reservaban al poder legislativo la solución de las cuestiones a que diera lugar la sucesión así como la autorización de la abdicación, incluso mediante una ley especial para cada caso. Si bien la Constitución en vigor no utiliza este último término, los citados antecedentes y el mandato del artículo 57 de que el acto regio sea resuelto por una ley orgánica hacen que sea éste el instrumento legal idóneo para regular la efectividad de la decisión.

（スペイン憲法第 57 条 5 項は、「退位及び王位継承権の放棄並びに王位継承順位において生起しうる事実上及び法律上のいかなる疑義も、組織法によって解決されなければならない」と定める。この概念は、<u>スペイン立憲主義</u>の歴史的先例に従うものであり、それらは 1845 年、1869 年、及び 1876 年の基本文書、並びに変動を伴いながらもその他の先例によって、しかもそれぞれの場合に特別法の制定によって、退位宣言の許可と同様に王位継承によって生起しうるあらゆる問題の解決を立法権に留保している。現行憲法は最後者の用語（特別法——筆者注）を用いているわけではないが、すでに引照した前例及び王室の行為は基本法によって解決されるべしとの第 57 条の規定に従えば、決定の実効力を規定するための真の法的手段は本法律である——下線部および強調は引用者。）

　この例に至っては、学術書の例で言及した一定の時間の経過を前提とする「歴史的過程」の意味は、よりいっそう鮮明である。ただし、ここでは「歴史的先例」と「スペインの立憲主義」は、ひとまず切り離されて表現されている点には留意しておく必要がある。スペイン近代憲法史の曙光とされる 1821 年のいわゆるカディス憲法以来、2 つの共和制憲法を除いて、スペインは憲法上、常に君主制を採用してきたのであり、その「憲法史」において生起した国王の生前退位の例を「歴史的先例」として挙げている。とすれば、ここに言う「スペインの立憲主義」とは、「君主制」を基本とした国づくりをおこなってきた近代スペインの歴史と解されるが、歴史的文

10　Ⅰ 序論

脈を構成するのは「君主制」と直截にとらえるべきではなかろう。〈君主制の歴史〉と〈君主制を「基本」としつつも「共和制」を経験した歴史〉は、同義ではないからである。ここに言う「立憲主義」には、「基本」を成す「成功物語」だけではなく、憲法原理の転換や超憲法的政治も含めた「憲法動態」も含まれるはずである *24。以上の加えて、「組織法」という実定法に「立憲主義」の用語が現れている点も、以上の理解を補強すると思われる。このことは、前国王の退位と新国王の即位の事実が「成文」という言語化の作用を経ることによって、社会を規定する規範力を獲得するのみならず、「立憲主義」という歴史的過程によって正当化されてもいるさまを描き出す。国家における最高法規としての憲法の法形式は、それをめぐる「動態史」と観念することで、正確にとらえられる言語作用をもっていると言わなければならない。

3. 接尾辞 "-ismo" と統治形態のダイナミズム
Presidencial*ismo* の史的展開

3.1. 「国家形態」の歴史的意味　君主制と共和制

　15 世紀末には「日の沈まぬ帝国（El Imperio en el que nunca se pone el sol）」とまで言われた「スペイン君主制統一国家（Monarquía Hispánica）」のスペインは、1 つの政治体として 300 年にわたる国家建設をおこなってきた。この時代のスペインによる「新」大陸への進出は、植民地支配による「法の継受」を通じて、その後「独立国」となる中南米諸国の国家形態のありようを規定してきた。そうであるだけに、スペイン語圏の法制史は、「近代」と「前近代」とにまたがる視野の下で捉えられなければならない。

　そうした歴史的文脈を前提としながらスペインは、19 世紀初頭に一斉に独立を果たす中南米の「旧植民地」とともに、「近代法 *25」の歴史をスタートさせる。独立に際して、宗主国のスペインが 8 世紀の西ゴート王国時代から続く君主制（Monarquía）を維持したのに対して、中南米諸国は一斉に共和制（República）の国家形態を選択した。すぐ北に「大統領制」の国を見ていたこれら

の国々においては、独立戦争における勝利という現実的要請も相俟って、「共和制」の選択がすなわち独任制の共和国大統領（Presidente de la República）を置く統治形態を意味していた。

　その後の中米諸国の大統領を置く統治が、どれほど「王冠なき王（Rey sin corona)＊26」と言われようとも、ここに存在していたのは、共和制の選択による君主制国家による植民地支配へのアンチテーゼとしての意味であった。しかしながら、その後の約200年にわたる中南米の「憲法動態史（constitucionalismo)」においては、「共和制」の国家形態を変質させるがごとき「共和国大統領を中心とする統治」が展開されていくことになる。それを表す presidencialismo の用語に着目してみたい。

3.2.　似て非なる大統領統治の "sistema" と "-ismo"

　ここでもまた、はじめに、presidencialismo について定めるスペイン王立学士院の辞書の意味を確認しておきたい。

　　Sistema de organización política en que el presidente de la República es también jefe del Gobierno, sin depender de la confianza de las Cámaras＊27.

　　（共和国の大統領が両議院の信任に依らずして政府の長でもある政治編成のシステム──下線部は引用者。）

　この定義によれば、presidencialismo とはあくまでも、政治編成の制度（システム）である。「共和制」の選択が「共和国大統領」という名の統治者の職位を置く制度（sistema）導入を意味したことの背景には、アメリカ合衆国からの統治モデルの「模倣」による「移植」が指摘されてきた＊28。しかし、実際の機能によって形づくられる歴史的文脈という意味では、むしろイベリアの「スペイン君主制統一国家」によって維持されていた「統一性」の観点から、より良く説明できるだろう。

　ともあれ、「大統領」という独任型の統治機関を擁し、それを背景にした権力分立原理を前提とする点では「大統領制」に違いはない。しかしながら、この概念の勘所は、アメリカ型の大統領制とは異なる点を強調する含意が込められた接尾辞の "-ismo" にある。

12　　I　序論

管見の限り、アメリカの大統領制をさして presidencialismo と表現することはなく、それはあくまでも「大統領制（sistema presidencial）」である。

　この接尾辞の要諦について興味深い指摘をするのは、前出のペルーの憲法学者ドミンゴ・ガルシア・ベラウンデである。

　　...la tendencia dominante en América Latina, desde que sus países alcanzaron su independencia en los inicios del siglo XIX, ha sido la forma de Gobierno presidencial, no sólo en los textos, sino en la realidad. Incluso se ha hablado de un desborde del modelo o forma de Gobierno Presidencial, que ha llevado a algunos, desde hace décadas, a hablar de un modelo o foma *presidencialista**29 propia de Latinoamérica, o mejor aún, de la existencia de un <u>presidencialismo</u>, y no sólo de una forma *presidencial*, en la cual el <u>ismo</u> representa una exageración e hipertrofía del modelo. Es decir, una autoridad ejecutiva con excesivos poderes, ejercidos en forma abusiva y sin control alguno*30.

　　（ラテンアメリカの国々が19世紀に独立を達成した時から、この地域の支配的な傾向は、条文上だけのことではなく現実においても、大統領統治の形態であった。大統領統治の範型や形態の逸脱までもが論じられるほどであり、何十年も前から、ラテンアメリカ固有の<u>大統領中心主義型</u>*31 の形態、さらに言えば、1つの<u>大統領中心主義</u>の存在を口にする論者もおり、それは「大統領制の」形態のみを指すのではなく、<u>イズム</u>が大統領制の範型の誇張または肥大化を示す。すなわち、それは、濫用の形態で何ら抑制も持たない仕方で行使される過剰な権力を備えた行政府である――下線部は引用者、スペイン語文の斜体は原文）。

　ここで言及されているように、presidencialismo の "-ismo" には、独立以来2世紀にわたって培われてきた「支配的な傾向」の意味がある。そしてそれは、「条文から純粋に現れたものではなく、

日々の政治的現実から現れた大統領中心主義＊32」である。この意味において、ガルシア・ベラウンデの指摘は、憲法学上の用語に付着する歴史の襞を掬い取る正鵠を射た説明と言うほかない。大統領中心主義の憲法動態史は、必ずしも否定的な意味のみで捉えられるわけではない。ここでの“-ismo”を規範・制度からの「逸脱」あるいは「肥大化」とする観点は、大統領統治の「範型」を措定する「北の枠組みのイデオロギー的かつ文化的しがらみ」から、なお脱し切れていないと見ることも可能である＊33。中南米では大統領ではなく議会を中心とする統治（parlamentarismo）の展望は見出せないという意味で、この地域の憲法動態史の中で形成されてきた大統領中心主義型の統治の妥当性は裏づけられている。Presidencialismo が制度（システム）に矮小化されず、この地域の constitucionalismo の中核を成す概念として捉えられるべき所以である。

4. 接尾辞 “-ismo” の反規範的作用
Continuismo の政治文化

4.1. Presidencialismo の「負の産物」

最後に取り上げるのは、“continuismo” と呼ばれる大統領の任期の長期化傾向を指す概念である。あらかじめ、スペイン王立学士院の辞書による定義を確かめておきたい。

> Situación en la que el poder de un político, un régimen, un sistema, etc., se prolonga indefinidamente, sin indicios de cambio o renovación＊34.
> （1人の政治家の権力、1つの体制、1つのシステム等が、変化または刷新の兆しもないまま、無期限に延長される状況――下線部は引用者。）

スペイン系諸国の presidencialismo（大統領中心主義統治）がこの地域の constitucionalismo（憲法動態史）と一体的に捉えられるべきことは、continuismo にも妥当する。辞書上の定義が「変化または刷新の兆しもないまま」と言うように、この概念には、本来、

14　I 序論

「延長してはならない任期」の規定が前提とされており、共和国大統領が再選や連続三選を禁じられている憲法規定下で、「任期延長」の禁を破る場合に用いられる。任期とは無縁の世襲制の君主に対して問題となる概念ではなく、あくまで「対等な市民」によって構成される「共和制」に生じる固有の「状況」である。それゆえ、1つの「主義」というのではなく、むしろある共和国大統領ないし軍事政権下の最高権力者の長期政権「化」の傾向を指し、多くの場合、「権威主義」あるいは「独裁」の用語で特徴づけられ、前出の presidencialismo を前提としてのみ生じる憲法政治現象である。スペイン語圏諸国に sui generis な概念として、その歴史が存在する。

4.2. "-ismo" における反復される歴史的事実

かつてアメリカの政治学者は continuismo を、「現職の大統領、場合によってはその他の選挙による公職者（*other elective officials*）を、二期連続で現職に就くことを歴史において頻繁に禁じてきた規定から解放し、憲法改正や新憲法制定によるなどの手続きを通して、現行の統治を継続させようとするラテンアメリカ諸国における慣行（*practice*）＊35」（傍点は引用者）と定義づけていた。「状況」と定義する前出の辞書とは異なり、ここでは "-ismo" が「慣行」と捉えられている点が興味深い。そこには、「慣行」と呼べるほどの反復された経験が前提とされているからである。

確かに、スペイン語系の中南米諸国の憲法史において、共和国大統領の「再選（reelección）」を禁止する憲法規定に抗う動き（continuismo）は、枚挙にいとまがない。この意味において、presidencialismo と continuismo は共依存の関係として、この地域の憲法動態史に常駐してきたと言える＊36。大統領の三選禁止は、スペイン系中南米諸国が確立してきた米州の憲法的伝統であり、アメリカ合衆国の 2 期に限る大統領の任期とも無縁ではない。

このような憲法史の文脈を基底に据えれば、continuismo における接尾辞には、憲法規範を凌駕する政治の傾向を客観的に捉える言語作用がある。同時に、この用語によって当該政治の「状況」を批判する立場にとっては、政権の長期化を図ろうとする者の欲求を、

主観的部分として暴露する効果が期待できる。いずれの場合にも浮き彫りになるのは、接尾辞"-ismo"を支え補強する反復されてきた憲法動態である。

5. おわりに

本稿で取り上げた3つの概念——constitucionalismo、presidencialism、continuismo——の接尾辞-ismoは、「主義」の用語選択によって取りこぼされる憲法動態を照射する。一定の現実を抽象化する概念の属性でもあるが、だからといってこれらを「主義」のみで理解することは、スペイン語が歴史的に形成してきた「憲法生活空間」の客観的認識を阻害しかねない。

冒頭の法哲学者による定式は難問であり続けるが、これを「スペイン語の一形態としての憲法」と再定式化し、スペイン語圏の憲法概念の言語形態を接尾辞"-ismo"を介して見ると、さしあたり2つの点を指摘することができるだろう。

1つは、憲法の規範と実態とのせめぎ合いが織り成す憲法動態の「歴史的文脈」の存在である。これまでスペイン語圏の憲法状況に関して、クーデタや軍事政権ゆえに憲法規範の形骸化や空洞化がしばしば指摘されてきたが(アメリカの大統領制を範として、中南米の大統領制を独裁と見る視点はその典型である)、にもかかわらず、200年にわたり「憲法による国政運営」を諦めず、「共和制」の国家形態を放棄することもなかった事実が、この地域の憲法規範性を「歴史全体」としてつくり出してきた。このことの意味は等閑視されてはならない。関連して、主義主張として理解されるイズムの主観的性格も憲法現象の客観的認識を示す側面も、1つの"-ismo"の作用である以上、この点を統一的に把握することが必要となるはずである。このことは必然的に、外国語の訳語に対しては「主義」以外の用語を求めることになるであろうが、そうすることによって、一見、難解に思われる学術用語の「民主化」の地平が切り拓かれる。今後、検討を重ね言葉を尽くすべき大きな課題の1つではあるが、総じて、スペイン語の"-ismo"が示す法言語の可能性は、それが

「法生活空間」へと到達する道筋にあると思われる。

＊1 碧海（1965: p.5）。

＊2 筆者が碧海氏の指摘に最初にふれたのは、もともとは、本書の編著者である堀田英夫先生の発言によるものであったことを、感謝とともに明記しておきたい。

＊3 碧海（1965: p.5）はこの関係について、例えば『六法全書』に登載される法文を引き合いに出しつつ、3つの点から敷衍する。一方に、法を印刷された「物理的文字」とする見解を置き、他方に、「解釈」を媒介に確定される「意味」ととらえる立場を対置させ、前者の現実的不便性と、後者における法文の文言と解釈の同一性が必然的に担保されるわけではないことの困難性を指摘し、法文が「あらわしている言語的形象」（傍点は原文）とする見解を支持した。異なる出版社の『六法全書』の法文の違いを含意する可能性がある前者の可視的な把握を退け、さりとて複雑で見解の一致を見難い意味論的な後者の理解にも与せず、終始、「言語の一形態」や「言語的形象」と、法を言語によって平面的（形「態」）かつ立体的（形「象」）な2つの次元で認識し続けていた。

＊4 この点に関する学界の動向としては、1980年に日本法哲学会に「法と言語」を学術大会テーマとして掲げ、法と自然言語、言語体系、言語と意思、言語行為などを対象とした理論的検討をおこなった。この点については、参照、日本法哲学会（1981）。なお、この年に、林・碧海（1981）も公刊され、これを編集した碧海氏は、ここでも「言語的所産」としての法の性格を強調している。

＊5 本書「はじめに」でも指摘されているとおり、もともとはドイツ語"Rechtsleben"からのこの用語を冠した研究が、近年、法制史の分野から公刊されている。参照、石井（2012）。そのほか、Yui（1969: pp.120–126）がある。

＊6 この点に関して主要な辞書上の定義を確認すれば、もともとは明治以降に英語の"principle"の訳語としてあらわれ、「思想や学説などの拠って立つ原理、原則、主として守る思想上の立場」を意味するものとして一般化し、やがて英語の接尾辞"-ism"の訳語にも充てられるようになった（北原保雄（2001: s.v. 主義──傍点は引用者）。なお、新村（1995: s.v. 主義）によれば、principleを「主義」と訳出したのは、福地源一郎であるという。

＊7 この問題は、"-ismo"（イズム）と表現されるペルー（ラテンアメリカ）の大統領制（presidencialismo）を主題に研究生活を開始した筆者の、20年来の課題でもあったが、川畑（2013: pp.16–19）で充分に展開できたわけではない。この間に筆者が接した社会学者の上野千鶴子氏の見解は、意図や戦略は異なるものの、管見の限り、筆者の問題意識との類似性を見出せる唯一のもので

あった。同氏は、「私は何々イズムというのを主義と訳すのは昔からおかしいと思ってい」るとして、「戦略的に意味がある」との立場から、資本主義を資本制と表現し続けてきた（上野 1985: p.5）。2000 年代の初めには上野氏の指摘と著書をご教示下さっていた糸魚川美樹氏（本書第 8 章執筆）の友情と厚意に、あらためてお礼を申し上げたい。

＊8　例えば、近年、日本の憲法学においては、フランスを対象にした糠塚康江（2004: pp.307–325）がある。スペイン語圏においては、スペイン国内の自治州固有の言語を公用語とするスペインの状況を対象としたものとして、López Basaguren（2007: pp.83–112）がある。

＊9　北原保雄（2001: s.v. 主義）。

＊10　言語学・文献学の分野から、「スペイン王立学士院の辞書（Real Academia Española）」さらにはその前身の「権威辞書（Diccionario de Autoridades）」の用例から、「共時・通時の観点を据えて接尾辞 "-ismo" と "-ista" の史的形態論を論じた Muñoz Armijo（2010）の博士学位論文は示唆に富む。

＊11　この点に関わって、2015 年 8 月 5 日にマドリッドにて、CEU サン・パブロ大学法学部（マドリッド）の憲法学教員パブロ・ガリェゴ・ロドリゲス（Pablo Gallego Rodríguez）氏と筆者との雑談の中で、同氏が興味深い発言をした。それは、彼が担当する憲法学の授業の内容についてのことであったが、彼はスペインの憲法史を指すのに、「スペイン立憲主義史（Historia del constitucionalismo español）」と述べた。これに対して筆者より、なぜ「立憲主義」という言葉を用いなければならないのか、逆に言えば、「スペイン諸憲法の歴史（Historia de las constituciones españolas）」と呼ぶことに何の不都合があるのか、と問うたところ、「意識したことはない」と回答は留保したものの、それは「主義主張という主観的なものではない」という点のみは断定した。このエピソードは本稿にとって、ネイティブの意識を知るうえで非常に興味深かった。重要なことは、日本語では明らかに一定の価値的意味が込められる用語に対し、スペイン語のネイティブが、無意識・無自覚に用いている語感であり、裏から見れば、原語としての "-ismo" には、話者の主観に収まり切れない、いわば客観的に把捉可能な側面が含まれているとも言える。

＊12　現在「憲法」と呼ばれる constitution が、当初は「世守成規」「政体」「定律」「律例」「国律」「国憲」などと訳出されていた点については、清水（1971: p.110）に詳しい。もっとも、1876 年に明治天皇が元老院に向けて出した「国憲起草の詔」においては、「朕爰ニ我建国ノ体ニ基キ広ク海外各国ノ成法ヲ斟酌シ以テ国憲ヲ定メントス」と述べ、「国憲」の語が用いられていた。「憲法」の訳語で統一される時期については、諸説あるものの、1873 年の箕作麟祥による「フランス六法」の翻訳に求める見解に対して（清水（1971: p.110））、1882 年に伊藤博文が憲法取調の勅令を受けた時と指摘するものもある。（小林 2002: p.257、特に注(7)）。

＊13　参照、前掲注 6。

＊14　研究の蓄積が多い領域であるが、簡にして要を得た仕事として、参照、瀧井（2003）。

＊15　代表的なものとして、樋口陽一氏の一連の膨大な仕事があるが、さしあたりは、樋口（1998）を参照。これは、この 2 つの原理なしには「憲法」の存

在はありえないと宣言した 1789 年フランス人権宣言に範を求めるものである
が、こうした考え方には、常に、マルクス主義憲法学から別の憲法原理の理解
が突きつけられてもきた。代表的なものとして、長谷川（1985）がある。同じ
著者は「立憲主義」という用語は用いず、「欧米のように、近代憲法の歴史の
長いところでは、民主主義という思想に匹敵するような憲法主義（constitutio-
nalism）という思想が、社会意識として相当広汎に存在しているために、憲法
典に先行する憲法意識を探求することが比較的容易であるが…」と述べていた
（長谷川 1968: p.49）。

＊16 以上は、新村（1995: s.v. 立憲主義）。

＊17 この点からすれば、戦後日本の憲法学におけるバイブル的教科書であっ
た清宮（1970: p.37）などは、基本的人権の保障や永久平和と同様に国民主権
も、現行憲法下での国家統治の基本原理と見て、「国民主権主義、基本的人権
尊重主義、永久平和主義」と表現していた点が想起されてよい。

＊18 これについては、林・碧海（1981: pp.149–167）の大久保泰甫「法の継
受と言語」を参照。これは、近年、東南アジアを中心に日本がおこなっている
「法整備支援」の論点として論じられてきた。研究の蓄積が見られる領域であ
るが、さしあたり、鮎京（2011）および香川・金子（2007）を参照。

＊19 これに関連して、南米ペルーの立憲主義の用語法に言及したものとして、
川畑（2014: pp.52–66）、同（2013: pp.16–19）。

＊20 Real Academia（2001: s.v. constitucionalismo）。

＊21 Rubio Correa（1999: p.24）。

＊22 García Belaúnde（1996: pp.1–33）。

＊23 BOE, Nº148（Jueves 19 de junio de 2014, Sec. I: p.46396）。

＊24 だからこそ、スペイン語では Constitucionalismo autoritario（権威主義
的立憲主義）という、規範的な立憲主義の概念とは矛盾をきたすはずの用語ま
でも存在する。これに加え、「民主的立憲主義（constitucionalismo democrá-
tio）」、「社会的立憲主義（constitucionalismo social）」などの概念については、
参照、Landa Arroyo（1999: pp.59–84）。

＊25 ここで「近代法」というのは、宗教改革以後の啓蒙期を「近代」と捉え
る日本の用語法にもとづくものである。これに対して、スペインの歴史学にお
ける近代とは、15 世紀末から 16 世紀に始まるものと理解されるのが一般的で
ある。

＊26 Chirinos Soto（1997: p.227）。

＊27 Real Academia（2001: s.v. presidencialismo）。

＊28 一般には、統治機構についてアメリカの「大統領制」を、人権保障の理
念については「フランス人権宣言」が、大いに影響してきたとされる。

＊29 接尾辞 "-ista" は "-ismo" の形容詞形である。

＊30 これは、ガルシア・ベラウンデが「ペルー憲法にける統治形態」
（"Forma de gobierno en la Constitución peruana"）と題する論考の中で論じて
いるものである（García Belaúnde（1996: pp.71–88））。

＊31 接尾辞 "-ista" は "-ismo" の形容詞形である。

＊32 García Belaúnde（1996: p.87）

＊33 本稿の趣旨とは若干かけ離れるが、中南米の「大統領中心主義」の統治

にとって、規範的に参照されるべきはアメリカ合衆国の大統領制ではなく、それらの国々の国家形態たる「共和制」にあるとする筆者の立場については、参照、川畑（2013）。

*34　Real Academia (2001: s.v. continuismo).

*35　Fitzgibbon (1965: p.146).

*36　この点、ペルーについては、20世紀のはじめと終わりに現れたレギーア（Augusto B. Leguía）政権とフジモリ（Alberto Fujimori）政権について取り上げた川畑（2013）を参照されたい。

(Resumen)

Constitución y lengua hispánica: un aspecto del derecho como un "ser lingüístico"

KAWABATA Hiroaki

El presente capítulo pretende aproximarse a un aspecto del derecho como ser lingüístico, tesis formulada en los años setenta por Junichi Aomi, jurista japonés de Filosofía del Derecho. A tal efecto, pondrá al descubierto la vida constitucional configurada por la lengua hispánica mediante un análisis jurídico en torno a tres términos polisémicos que terminan con el sufijo "*ismo*": *constitucionalismo, presidencialismo y continuismo*. Nada casual es la selección de estas palabras, pues en ella se plasman las características de la vida constitucional de los países hispanohablantes.

Aunque este sufijo forma sustantivos tales como "doctrina, escuela, movimiento" o "actitud, tendencia, cualidad" según el Diccionario de la Real Academia Española (DRAE), sus definiciones, poco informativas, no responden muchas veces al lenguaje del derecho constitucional, pues en este ámbito dicho sufijo se emplea para describir la disconformidad, el desvío, o la aberración respecto de lo regularmente establecido. En primer lugar, al *constitucionalismo* se le define como "sistema" y "postura partidaria" de éste pero tampoco deja de implicar por ello un proceso de desarrollo histórico que ha permitido la acumulación y la repitición de las costumbres constitucionales. Por otro lado, el *presidencialismo*, siendo un "sistema", amplía sus connotaciones hasta para apuntar a su hipertrofia. El *continuismo*, a su vez, se considera por definición como "situación" que nos informa del estado de las cosas.

Así, pues, el análisis detallado sobre estas tres voces nos permite reconocer un papel particular de este sufijo, es decir, éste refleja el dinamismo de la vida constitucional. Es innegable que este elemento lingüístico hace difícil, en cierto modo por sus amplias connotaciones, la comprensión de fenómeno constitucional. No obstante, es por ello mismo que la aclaración de los términos contribuye a su mejor comprensión no sólo para los juristas sino incluso para quienes no los manejan diariamente.

第2章

スペイン語圏諸国憲法における言語

堀田英夫

1. はじめに

　南北アメリカのスペイン語圏諸国は、スペイン人による征服や植民、移住によりスペイン語がもたらされて後に独立した国々である。国によっては、先住民がマイノリティとして言語や文化・伝統を保持しつつ生活している。地域によっては、アフリカから奴隷として連れてこられた人々の子孫やヨーロッパやアジアから移民として来た人々の子孫も居住している。このような国々では、公用語がどのように定められているか、先住民などマイノリティの言語、言語教育、言語弱者への配慮がどのように図られているのであろうか。この章の目的は、スペインと赤道ギニアを含めてスペイン語を公用語としているスペイン語圏諸国21か国（アメリカ合衆国の自由連合州プエルトリコも国と数える）の現行憲法において言語（lenguaまたは idioma）についてどのように記載されているかを見ることである。日本の場合のように、憲法には規定されていなくても、法律や政令等のレベルで規定されていることや、判例あるいは不文法で決められていることもあるはずであるが、本章では、憲法条文を対象に考察する*1。

2. スペイン語

2.1. 用語

2.1.1　lengua（言葉）、idioma（言語）

　ラテン語起源で「舌」の意味も持つ lengua とギリシャ語起源の idioma は、日本語の「言葉」と「言語」のように、文脈によっては置き換え可能な類義語である。Real Academia（2001）では前

23

者は、体系としての言語（sistema lingüístico）、後者は、1つの、あるいは複数の、民族（人民）、国民（民族）の言語（Lengua de un pueblo o nación, o común a varios.）との説明がある。

コロンビア現行憲法10条は、両方の語を使っている。

Artículo 10. El castellano es el idioma oficial de Colombia. Las lenguas y dialectos de los grupos étnicos son también oficiales en sus territorios.（カスティーリャ語はコロンビアの公用語である。民族グループの言語及び方言もまた各領土で公的である。）

この条項では、国全体の公的な言語をidiomaとし、各民族グループの言葉をlenguaとして区別して表現していると考えられる。エルサルバドル（62条）、グアテマラ（143条）、コスタリカ（76条）、ニカラグア（11条）、パナマ（7条と88条）、ペルー（48条）、パラグアイ（140条）の各条項も同様な区別がある。

ボリビア憲法では、先住民の言語を意味するのに、"idiomas de las naciones y pueblos indígena originario campesinos"（Art. 5）「農村先住民インディヘナ民族・部族（略）の言語」（吉田稔2011: pp.201–202）のようにidiomaを使っている条項と、"diferentes lenguas de las naciones y pueblos indígena originario campesinos"（Art.95.II）「農村先住民インディヘナ民族・部族の異なる言語」（吉田稔2011: p.178）のようにlenguaを使っている条項とがある。この2つの条項は、idiomas oficiales（公用語）を規定する前者（5条）と大学で先住民言語の研究や普及のプログラムを設置することを規定した後者（95条）での使い分けと解釈できる。しかし他の部分での使い分けは明確ではない。30条で農村先住民インディヘナ民族・部族（nación y pueblo indígena originario campesino）を定義する要素の中にidioma（言語）とあり、地域自治を規定した3章280条では、共有する要素の1つにlengua（言葉）とある。エクアドル憲法でも同様なことが言える。

ベネズエラ憲法では、先住民言語をidiomas indígenas（9条）、スペイン語をlengua castellana（107条）と表現していて、コロンビアなどと逆になっている。

キューバ、ドミニカ共和国、プエルトリコ、ホンジュラスの憲法には idioma のみ、スペイン、赤道ギニア、メキシコの憲法には、lengua しか使われていない。アルゼンチン、チリ、ウルグアイの憲法には、どちらも使われていない。

2つの語の間には、微妙な違いを含めて使われることがあるけれども、どちらも「言葉」や「言語」、それに地名（民族名）形容詞をつけて「〜〜語」と訳すことができる。

2.1.2　国家語、国語、公用語、公式語、作業語

亀井他（1996）『言語学大辞典第6巻術語編』の「国語」の説明に「国家語ともいう」とあり、見出し語には英語 national language、フランス語 langue nationale、ドイツ語 Nationalsprache が付記されている*2。このことからすれば、スペイン語の lengua nacional あるいは idioma nacional と日本語の「国語」あるいは「国家語」とを相互に訳すことは多くの場合間違いではないと考えられる。19〜20世紀においてヨーロッパで起きた「国民国家の創設に伴って、その国家内に住む住民をすべて「国民」とし、その住民がすべて「国語」という単一の言語によって完全に識字化される社会をめざす」（佐野 2012: p.57）という政治理念を含意する「国語」あるいは「国家語」と訳せる語について田中克彦（1992: p.233）は、「フランス革命のさなかに生まれたことばであるらしい」として1792年のフランス国民公会（la Convention nationale）における "la langue nationale" の語を含む記録を引用している。国家と国民と一言語が重なる場合、lengua / idioma nacional を「国語」あるいは「国家語」と訳すことができる。

しかし形容詞 nacional の名詞形 nación は、一国の国民、その領土という意味の他に、民族の意味も持つ*3。ボリビア多民族国（Estado Plurinacional de Bolivia）憲法（2009）には、3条のように「国民」と「民族」の両方の用法がある。

Artículo 3. La nación boliviana está conformada por la totalidad de las bolivianas y los bolivianos, las naciones y pueblos indígena originario campesinos, y las comunidades interculturales y afrobolivianas que en conjunto constituyen el pueblo boliviano.（3条 ボリビア国民（nación）は、ボリビア女性及びボリビア男性、農民起源の先住民族（naciones）及び部族、並びに一緒になってボリビア人民の構成要素となる複合文化及びアフリカ系ボリビアの共同体の全体から形成されている。）*4

　スペイン語圏諸国の現行憲法には、idioma / lengua nacional という用語は使われていない。過去の憲法条文上のこの用語の訳は、以下にみるスイスのように、かならずしも国家の言語と一致しない場合があるので、一国家・一国民・一言語というイデオロギーを含む「国家語」ではなく、国が認めた言語という解釈の可能性を含めて「国語」という訳を使用する*5。

　1848年憲法（109条）で3言語を「国語」（*langues nationales*）として規定したスイスは、高橋（2009: p.32）によると、1938年の改正でレトロマンス語も「国語」に加えられ、2項にドイツ語、フランス語、イタリア語が「公用語」（*langues officielles*）であると規定された。このことから「国語」と「公用語」とは合致しないことがわかる*6。またスイス連邦の場合、一国家・一国民・一言語の場合の「国家語」（lengua nacional）とは異なり、国として認めた言語という意味と解釈できる。

　「公用語」とは、亀井他（1996: s.v. 公用語）は「国家、官庁などの国家機関、公的団体などが、対外的・対内的にその使用を公的に認めている言語」と定義している。しかしスペイン語の idioma oficial や他の言語の *official language, langue officielle, Amtssprache* という用語には、直接的に「用いる」という意味の語彙要素は含まれていない。

　国際機関において「公用語」（idioma oficial）という用語の他に「作業言語」（idioma de trabajo）という用語がある。国際連合の「公用語」（idiomas oficiales）は6言語であるが、これらの言語の間で用いられ方において違いがあり、国際連合事務局で公的に用いられる言語は英語とフランス語の2言語のみである。この2言語は、事務局での仕事で使われる言語、「作業言語」（idiomas de trabajo）

と定められている＊7。

　吉田稔（2011: p.202）は、ボリビアの現行憲法の条文"idiomas oficiales del Estado"（5条1）を「国の公式言語」と訳している。後で見るようにこの部分では、スペイン語の他に36の言語名を列挙している。5条2項に"El Gobierno plurinacional y los gobiernos departamentales deben utilizar al menos dos idiomas oficiales. Uno de ellos debe ser el castellano"「多民族政府及び県政府は、少なくとも二つの公式の言語を使用しなければならない。一つはカスティーリャ語」（吉田稔 2011: p.201）とあるように、国全体で公的に用いられるのはスペイン語であるが、どこかの特定地域では、他の36言語の内の少なくとも1つがスペイン語と並んで公的に用いられると解釈できる。

　用法上の意味を考えると、公用語（idioma oficial）と作業言語（idioma de trabajo）を区別して、使用範囲に差を設けるような場合、idioma / lengua nacional は国が認めた言語、idioma oficial も公的に認められた言語（公式言語）で、同義語になる。スペイン語圏諸国の憲法だけを見ても、「国語」を規定する条項から「公用語」を規定する条項へと歴史的な変化があるようである。しかしどちらも「国が公的に認めた言語」という意味と解釈することもでき、「公用語」でも、公的なすべての場合・状況やその領域全土で公的に用いられる言語とは理解できない用法がある。そのような用法では「公式言語」あるいはそれを略して「公式語」という訳語が適切である。しかし本書では、一般的な「公用語」を用いる。

　以上をまとめると、

　　idioma nacional：(1)一国家・一国民・一言語のイデオロギーを含む「国家語」。(2)国が認めた言語「国語」。

　　idioma oficial：(1)国や地方政府、国際機関などが公的に用いる言語「公用語」。(2)国や地方政府、国際機関などが公的に認めた言語「公式語」。

　　idioma de trabajo：国際機関などが実際に仕事（公文書作成、公式発表など）に用いる言語「作業言語」。

　となる。idioma nacional と idioma oficial のそれぞれ(2)の用法

で同義語となる。

2.1.3 español（スペイン語）と castellano（カスティーリャ語）

スペイン語は、español と castellano という呼び名がある。どちらの名称が適切であるかという論争があった。Real Academia (2005: s.v.español) には、今日では論争は決着している（está hoy superada）とある。現在約4億人の話者がいて国際的に使われている言語は、español と呼び、依然としてこれと同義ではあるが、中世のカスティーリャ王国の言葉と現代カスティーリャ地方の言葉、それに、カタルーニャ語、ガリシア語、バスク語との関連で現代スペイン国全体の公用語を呼ぶのに castellano を使うとある。

スペイン語のことを español という名称を使っている現行憲法は9か国（キューバ、グアテマラ、コスタリカ、赤道ギニア、ドミニカ共和国、ニカラグア、パナマ、プエルトリコ、ホンジュラス）、castellano を使っているのは、8か国（エクアドル、エルサルバドル、コロンビア、スペイン、パラグアイ、ベネズエラ、ペルー、ボリビア）である。ただし、スペイン憲法では、castellano（カスティーリャ語）とその他の言語も lengua(s) española(s)（スペインの言語＝español(es) スペイン語）という表現となっている。

Artículo 3. 1. El castellano es la lengua española oficial del Estado (...) 2. Las demás lenguas españolas serán también oficiales en las respectivas Comunidades Autónomas de acuerdo con sus Estatutos. 「第3条1. カスティジャ語は、国家の公用のスペイン語である。（略）2. 他のスペイン諸言語は、自治州憲章に従いそれぞれの自治州（自治共同体）において公用語である。」（新田 2013: p.110）＊8

カタルーニャ語やバスク語などもスペインの言語、すなわちスペイン語（español）と呼べるので、カタルーニャ語などを意識してスペイン語を呼ぶ場合、castellano の呼び名が使われる。

アルゼンチン、ウルグアイ、チリ、メキシコの4か国の憲法には、español と castellano のどちらの語も使われていない。

2.2. 小史

スペイン語圏以外も含めて、憲法上で公的な使用言語を規定しているのを歴史的に初期のものを見ると、一国家、一言語を推し進めようとしたフランスなどの憲法には国語の規定がなく、複数言語を認める国で「国語」や「公用語」を規定しているようである。

1831年ベルギー憲法*9（23条）で国内での使用言語の内から選択自由を規定、1848年（3月）アルベルト憲法（イタリア・サルデニア王国憲法)*10（62条）が議会における公用語（*lingua ufficiale*）を規定、1848年（9月）スイス連邦憲法*11（109条）で3言語が国語（*Nationalsprachen, langues nationales*）であると規定、1867年カナダ憲法（英領北アメリカ法)*12（133条）で立法・司法で英語とフランス語使用を規定している。

スペイン語版を正文（の1つ）とする憲法に、公用語を史上最初に規定したのは、フィリピンにおいてスペインからの独立運動から生まれた1897年フィリピン共和国臨時憲法（ビャク・ナ・バト憲法）のようである。ただしタガログ語を公用語と規定している。

Artículo VIII. El tagalog [*sic*] será la lengua oficial de la República.*13（8条　タガログ語が共和国の公用語であるとする。）

1899年1月22日公布*14 のフィリピン共和国憲法（マロロス憲法）には、1831年のベルギー憲法23条と同じ表現*15 で、言語使用は選択自由であると93条1項で規定している。2項ではスペイン語を使用するとある。

Artículo 93° El empleo de las lenguas usadas en Filipinas es potestativo. No puede regularse sino por la ley y solamente para los actos de la autoridad pública y los asuntos judiciales. Para estos actos se usará por ahora la lengua castellana.*16
（93条　フィリピンで使われている言語の使用は選択自由である。法律によってのみ、並びに公的機関の行為及び司法の業務のためのみに定められることができる。これらの行為のためには当面の間、カスティーリャ語が用いられるものとする。）

年代的に上記フィリピンの後の憲法では、1919年フィンランド

政体法 14 条で「フィンランド語とスウェーデン語の 2 つを「国語」(*fi. kansalliskieli, sw. nationalspråk*)」*17 と規定、1922 年アイルランド自由国憲法*18（4 条）はアイルランド語を国語（*The National language*)、英語を公用語（*an official language*) としている。

スペイン語圏で史上最初に lengua nacional（国語）について憲法に記載されたのは、Alvar（1982, 1995）によると 1929 年のエクアドル共和国憲法である。条文には idioma nacional（国語）として出てくる。署名者に El Presidente Constitucional Interino, Isidro Ayora（イシドロ・アヨラ代理大統領）とあり、イシドロ・アヨラ政権による憲法である。

Artículo 6. El Estado Ecuatoriano reconoce el español como idioma nacional.*19（6 条　エクアドル国家はスペイン語を国語として認める）*20

この憲法は「国語」を規定することで、東部の先住民（144 条）も含むエクアドル国民にスペイン語を普及させる意志が含まれていると考えられる。

公用語を、本章の対象とするスペイン語圏諸国 21 か国の中で最初に規定したのはスペイン共和国 1931 年憲法であろう*21。

Artículo 4 - El castellano es el idioma oficial de la República. Todo español tiene obligación de saberlo y derecho de usarlo, sin perjuicio de los derechos que las leyes del Estado reconozcan a las lenguas de las provincias o regiones.

Salvo lo que se disponga en leyes especiales, a nadie se le podrá exigir el conocimiento ni el uso de ninguna lengua regional.*22「カスティージャ語は、共和国の公用語である。すべてスペイン人は、カスティージャ語を習得する義務を負い、かつこれを使用する権利を有する。但し、国の法律が県又は地域の言語に認める諸権利を害するものではない。特別法に定める場合を除き、何人に対しても、地域的言語の理解又は使用を強制してはならない。」（池田 2004: p.155）

発効してないが年代的には先のプリモ・デ・リベラ政権による

1929年のスペイン王国憲法案にも公用語が規定されている

　　Artículo 8.- El idioma oficial de la nación española es el caste-
　　llano.*23（8条　スペイン国の公用語はカスティーリャ語で
　　ある）

　スペイン語圏南北アメリカ諸国の中で最初は、アナスタシオ・ソ
モサ大統領政権下のニカラグア1939年憲法*24 のようである。

　　Artículo 7. El español es el idioma oficial de la República.*25
　　（7条　スペイン語は共和国の公用語である。）

　パラグアイ1967年憲法5条には、「国語（idiomas nacionales）」
という用語と「使用（uso）」の意味を含む「公用（uso oficial）」
（の言語）という表現の両方が使われている。

　　Artículo 5. Los idiomas nacionales de la República son el
　　español y el guaraní. Será de uso oficial el español.*26（5条
　　共和国の国語は、スペイン語及びグアラニ語である。スペイン
　　語が公用のものとする）

　この規定は、スペイン語とグアラニ語の両方を国として認めるけ
れども、公的に用いるのはスペイン語であることを規定している。
教育と文化について述べた条文の1つ、92条に、グアラニ語を保
護し、その教育や発展を推進するとある*27。スペイン語圏南北ア
メリカ諸国の中で、先住民言語の保護、発展を規定した憲法の最初
であろう*28。ただグアラニ語の公的な場面での使用を認めている
わけではない。

　「国語」もしくは「公用語」を規定した初期のスペイン語による
憲法は、どのような理由でこれらの規定が入れられたのであろうか。
フィリピンの1897年ビャク・ナ・バト憲法（公用語）や1899年
のマロロス憲法（各言語使用を認める）は、旧宗主国からの独立を
示すためと考えられる。1931年のスペイン共和国憲法（公用語）
は、自治州を認める（8条、11条）と同時に、地域の言語を認め
ることによってカタルーニャなどカスティーリャ語以外の地域の支
持を得るためと考えられる。1929年のスペイン王国憲法案の公用
語規定も含めて考えると、1929年エクアドル憲法（国語）、1939
年ニカラグア憲法（公用語）は、いずれもそれぞれプリモ・デ・リ

ベラ、イシドロ・アヨラ、アナスタシオ・ソモサの独裁政権もしく
は軍事政権の下での憲法という共通性がある。国民の統合を意識し
ての憲法上の言語規定と分類ができるだろう。

2.3. スペイン語を公用語と規定している現行憲法

　スペイン語圏21か国のうち、16か国は、español（スペイン語）
またはcastellano（カスティーリャ語＝スペイン語）を国の「公用
語」（の１つ）であると現行憲法で規定している。エクアドル（2
条）、エルサルバドル（62条）、キューバ（2条）、グアテマラ
（143条）、コスタリカ（76条）、コロンビア（10条）、スペイン（3
条）、赤道ギニア（4条）、ドミニカ共和国（29条）、ニカラグア
（11条）、パナマ（7条）、パラグアイ（140条）、ベネズエラ（9
条）、ペルー（48条）、ホンジュラス（6条）、ボリビア（5条）で
あり、この場合の条文で使われている「公用語」を意味する用語は、
スペインの "la lengua española oficial del Estado"「国家の公用の
スペイン語」（新田 2013: p.110）と赤道ギニアの "lenguas oficia-
les" を例外として、他は、すべて "idioma(s) oficial(es)" である。
　これらのうち、パラグアイ憲法では、スペイン語と並べて、グア
ラニ語（ワラニー語）も公用語と規定している。

> 　Artículo 140 - DE LOS IDIOMAS El Paraguay es un país plu-
> ricultural y bilingüe. Son idiomas oficiales el castellano y el
> guaraní. La ley establecerá las modalidades de utilización de
> uno y otro.「第140条　言語に関して。パラグアイは複文化
> かつ二言語の国家である。［カスティーリャ語］とグアラニ語
> が公用語である。法律によって各言語の使用形態が規定され
> る。」（塚原. 2012: p.153 の「スペイン語」を原語の［カス
> ティーリャ語］に代えた）

　ただし、経過規定（5編）18条2項に憲法解釈上の疑義があっ
た場合、カスティーリャ語版による*29 とあり、グアラニ語に対
してカスティーリャ語の優位を規定している。
　また赤道ギニアもスペイン語の他に、フランス語と、さらに法が
定める言語が公用語であるとしている。

Artículo 4° 1. Las lenguas oficiales de la República de Guinea Ecuatorial son el Español [*sic*], el Francés [*sic*] y las que la Ley determine. (4条1. 赤道ギニア共和国の公用語は、スペイン語、フランス語、及び法が定める諸言語である。)

　赤道ギニアでスペイン語とフランス語が公用語という規定があっても、両言語の使用状況は、同じではない。Lewis et al.（2014）によると、スペイン語は、話者数の記載はないが、「広く行き渡っている。第1言語使用者は少ない。第2言語使用者で、大部分は植民地時代からの第2言語、しかし母語話者はほとんどいない。（両親が異なった民族出身でお互いの言語が使えない都市の子供）」（拙訳）という状況に対して、フランス語は「大部分は都市。第2言語使用者で、10万人。移民のために増加中」（拙訳）とある。全人口693,000人とあるので、フランス語は人口の約14.4％のみが使用者である。Leclerc（2014）によると、1968年10月に独立してからマシアス・ンゲマ（Francisco Macías Nguema. 在任1968～1979）の11年間の独裁政権の中で、当初は、憲法で公用語をスペイン語であると規定し、実際に使われていたのだが、一時期、増大するスペインへの経済的依存を嫌った当時のンゲマ大統領の反スペイン主義から、学校やメディアからスペイン語が排除された。1979年8月のクーデターにより、ンゲマ大統領の甥オビアン・ンゲマによる政権が成立して後の1982年の基本法（Ley Fundamental de 1982）1条で、公用語としてのスペイン語の地位が再確認された。しかし、政権維持のため、フランスとの関係強化政策の中、1989年からフランス語が「作業言語」にまで地位を上げ、1998年の憲法改訂により、公用語はスペイン語とフランス語であると規定された。ポルトガル語諸国共同体（CPLP. *Comunidade dos Países de Lingua Portuguesa*）への加盟をめざし、2011年に、スペイン語、フランス語、それにポルトガル語を公用語とするという規定に憲法4条を改訂した。2012年の現行憲法では、ポルトガル語が条文からは削除され、「スペイン語、フランス語、及び法で定める諸言語」とされた。Leclerc（2014）には、アフリカ土着で、国民の80％によって話されるファン語（Fang）を公用語としたいという

オビアン・ンゲマ大統領の意向からとしている。赤道ギニアでは、時々の政策によって憲法の公用語規定が変更されている。

　アルゼンチン、ウルグアイ、チリ、プエルトリコ、メキシコの憲法には公用語の規定がない。このうち、プエルトリコ憲法には、スペイン語と英語のいずれかを読み書きできることを議員の資格の一つとして記載している。

　　　Art. III Sección 5. - Ninguna persona podrá ser miembro de la Asamblea Legislativa a menos que sepa leer y escribir cualquiera de los dos idiomas, español o inglés（III条5節. スペイン語又は英語の2つの言語のうちいずれかの読み書きができなければ立法議会の構成員にはなれないこととする）

　公用語と規定すると同時に、スペイン語の普及・教育を国家や学校に義務付ける規定を持っている国もある。先住民にスペイン語を普及して国家の統合を進めるという歴史的経過に加え、その後の移入者に対して言語による国民統合という意図が含まれていると考えられる。

　　　エルサルバドル：Artículo 62. El idioma oficial de El Salvador es el castellano. El gobierno está obligado a velar por su conservación y enseñanza.（62条　エルサルバドルの公用語はカスティーリャ語である。政府はその維持及び教育に留意する義務を負っている。）

　パナマ憲法には、国籍取得の資格の1つにスペイン語（el idioma español）を習得していること（10条1）を掲げていて、国家がスペイン語の保護、普及、純粋性に留意するよう求めている（82条）。

　　　Artículo 82. El Estado velará por la defensa, difusión y pureza del idioma Español［*sic*］.（82条　国家はスペイン語の保護、普及及び純粋性に留意するものとする）

　また100条に教育は、公用語すなわちスペイン語で行われることとし、ただ学校によっては外国語による教育も認めるとある。同様の規定がベネズエラとホンジュラスにもある。

　　　ベネズエラ：Artículo 107.（...）Es de obligatorio cumplimiento en las instituciones públicas y privadas, hasta el ciclo diversificado, la enseñanza de la lengua castellana（107条（中略）様々なレベルまでの公立及び私立の学校においてカスティーリャ語の教育は遂行義務がある）

ホンジュラス：Artículo 6. El idioma oficial de Honduras es el español. El Estado protegerá su pureza e incrementará su enseñanza.（6条　ホンジュラスの公用語はスペイン語である。国家はその純粋さを保護し、及びその教育を促進することとする。）

　コスタリカ憲法は、帰化申請に際し、スペイン語を話し、読み書きできることを求めている。

　　Artículo 15. Quien solicite la naturalización deberá: acreditar su buena conducta, demostrar que tiene oficio o medio de vivir conocido, que sabe hablar, escribir y leer el idioma español（15条　帰化を申請する者は、行いが正しいことを証明し、職業又は周知の生活手段を持っていることを示し、スペイン語を話し、読み、及び書けることを示さなければならない）

　スペイン語教育と並んで識字教育についても、国家や行政、それに学校の義務と憲法で規定している国々がある：エクアドル347条、経過規定13条（非識字者の投票は任意としている）、グアテマラ13条（国家通常収入予算の1パーセントを識字教育に充てる）、コスタリカ83条、コロンビア68条、ドミニカ共和国63条6、ニカラグア122条、パナマ88条（先住民言語との二言語による識字教育）、パラグアイ73条、ペルー17条、ホンジュラス154条、245条28項、ボリビア84条。パナマ憲法88条の他は、パラグアイ憲法73条も含めて、何語による識字教育かを当該条文では明示していない。公用語として、あるいは教育言語として記載されている言語によるものと法的には解釈できるけれども、スペイン語の識字教育を意識した条文であろう。

　Alvar（1982）は、国語や公用語に関する条文はなくても憲法そのものがスペイン語で書かれていること、また憲法条文に法的文書の題辞や宣誓の言葉がスペイン語で書かれていることで、国語や公

用語とされる言語を示していると述べている＊30。以下、スペイン語を公用語とする条文がない国の憲法について見てみる。

アルゼンチン憲法93条には、大統領（と副大統領）の就任時の宣誓の言葉が引用符に囲まれて示されている：

> Artículo 93. Al tomar posesión de su cargo el presidente y vicepresidente prestarán juramento, en manos del presidente del Senado y ante el Congreso reunido en Asamblea, respetando sus creencias religiosas, de: "desempeñar con lealtad y patriotismo el cargo de presidente（o vicepresidente）de la Nación y observar y hacer observar fielmente la Constitución de la Nación Argentina".（93条　大統領及び副大統領は就任時に上院議長主催により、議会に集った国会の前で、自身の信仰を守りつつ、「国の大統領職（又は副大統領職）を忠実にかつ愛国心を持って果たすこと、並びにアルゼンチン国の憲法を遵守すること、及び遵守させること」を誓うものとする）＊31

ウルグアイ憲法とメキシコ憲法にも同様の記載がある。

> ウルグアイ（158条）："Yo, N.N., me comprometo por mi honor a desempeñar lealmente el cargo que se me ha confiado y a guardar y defender la Constitución de la República"（「私、何某は、私に任された職務を忠実に果たし、かつ共和国憲法を守り、及び擁護することを名誉にかけて約束する」）

> メキシコ（87条）："Protesto guardar y hacer guardar la Constitución Política de los Estados Unidos Mexicanos y las leyes que de ella emanen, y desempeñar leal y patrióticamente el cargo de Presidente de la República que el pueblo me ha conferido, mirando en todo por el bien y prosperidad de la Unión; y si así no lo hiciere que la Nación me lo demande."「「私は、すべてにおいて連邦の幸福と繁栄を希求し、メキシコ合州国憲法およびそれに基づくすべての法律を遵守かつ実施し、国民が私に付与した大統領の任務を、誠実かつ祖国愛を持って遂行することを誓う。もしこれを履行しない場合、国民は私に履行を要求せよ。」」（大阪経済法科大学憲法研究会 1989: p.69）

またメキシコ憲法70条には、法律の題辞を引用符を付けて示している。

> Las leyes o decretos se comunicarán al Ejecutivo firmados por los presidentes de ambas Cámaras y por un secretario de cada una de ellas, y se promulgarán en esta forma: "El Congreso de los Estados Unidos Mexicanos decreta: (texto de la ley o decreto)". 「法律または命令は、両議院の議長および事務総長が署名し、大統領に送付され、「メキシコ合州国議会は、次のように公布する。(以下、法律または法令の本文)」という形式で公布される。」(大阪経済法科大学憲法研究会 1989: p.69)

チリ憲法は公用語規定がなく、また言葉を直接引用している部分がない。27条に大統領就任時の宣誓の内容は書かれている。

3. 先住民言語や少数派言語

3.1. 先住民言語や少数派言語についての 言及のない憲法

スペイン語圏諸国の現行憲法で公用語の規定があり、かつ先住民言語や少数派言語についての言及のないのは、以下の国の憲法である。

> キューバ: ARTICULO 2.-El nombre del Estado cubano es República de Cuba, el idioma oficial es el español y su capital es la ciudad de La Habana. (2条　キューバ国家の名前はキューバ共和国であり、公用語はスペイン語であり、かつ首都はハバナ市である)
>
> ドミニカ共和国: Artículo 29.- Idioma oficial. El idioma oficial de la República Dominicana es el español. (29条　公用語。ドミニカ共和国の公用語はスペイン語である)

ただし、ドミニカ共和国憲法64条には、個人と共同体での文化的アイデンティティの価値を認めるとの記載があり、この部分でマイノリティの文化も守ることを規定していると解釈もできる。

> 3) Reconocerá el valor de la identidad cultural, individual y

colectiva, su importancia para el desarrollo integral y sosteni-
ble, ...（64条（…）3）個人及び共同体の文化的アイデンティ
ティの価値、全体かつ持続可能な発展のためのその重要性を
（略）認めるものとする）

3.2. 条文にあらわれる言語名

　スペイン語を公用語としている国々の憲法条文の中に、スペイン
語以外で以下の言語名が出てくる。赤道ギニアのフランス語（4条
1）とプエルトリコの英語（III条5節）以外は、先住民言語の名前
である。以下、先住民言語の名称について、主に亀井他（1988–
93）を参考にして考察する*32。

　エクアドル：（2条）"el kichwa y el shuar"（キチュア語、シュ
ワル語）。この2つの言語名は、それぞれの言語による自称を掲げ
ている。キチュア語*33 は、自称 *kichwa* あるいは *runa shimi* と
ある。ケチュア語族に属する言語の1つ（s.v. エクアドル＝ケチュ
ア語）。シュワル語は、ヒバロ語群の1つで、ヒバロ民族の自称が
shuara（*shiwora*）、言語の自称が *shuar* とある。エクアドルとペ
ルーの両方にヒバロ語群が分布していて、エクアドル側がシュワラ
語（*Shuara*）で、そのうちの最多話者数の方言がシュワル語*34
（*Shuar*）である（s.v. ヒバロ語群）。新木（2014: p.120）によると
エクアドルの2010年「第7回人口センサス」で特定された13の
先住民言語のリストで、人口最多は「キチュア語（*Quichua*）59
万1448名」、第2位は「シュアール語（*Shuar*）6万1910名」と
ある。キチュア語がアンデス地域の、シュワル語がアマゾン地域の
「各地域レベルで最有力の先住民語に特別の地位があたえられた」
という見解も新木（2014: p.120）に示されている。また、言語名
ではないが、条文には、*Pacha Mama*（母なる大地）（前文、71条）
と *sumak kawsay*（良き生き方）（前文、14条）というケチュア語
が使用されている。前者は la naturaleza、後者は el buen vivir とい
うスペイン語に置き換えて条文の多くの部分で使用されている。
"Pacha Mama, la naturaleza" は、開発や克服の対象としての自然
ではなく、人間がその部分であり、人間の存在に不可欠なものとし

38　　I 序論

ての自然のことであり（la naturaleza, la Pacha Mama, de la que somos parte y que es vital para nuestra existencia）（前文）、また、その存在を尊重され、保存されるなどの権利を持つものとして規定されている（7章）。"sumak kawsay, el buen vivir" は、このために、多様性と自然との調和の中で市民が共存する新しい形を作ることを決めたと前文にあり、このことと持続可能性を保障するような健康で生態学的に均衡のとれた環境の中で住む権利が住民に認められる（14条）とある。新木（2014: p.241など）には、sumak kawsay という概念を、あらゆる要素間の関係性、人類と自然との互換性、諸要素が調和のある形で応じあう応答性、反対のものが補い合う補完性の4つの原則から構成されると説明されている。

　グアテマラ：（18条）"lenguas Quiché, Mam, Cakchiquel y Kekchí"（キチェ語、マム語、カクチケル語、ケクチ語）。いずれもマヤ語族の言語で、マム語のみが高地西マヤ語群、マメアンに属する。キチェ語、カクチケル語それにケクチ語は、高地東マヤ語群で、前者2つは、キチに属すると亀井他（1988–93: s.v. マヤ語族）にある。これらの内、ケクチ語は Real Academia（2001）では quekchí の見出し語である。他は同じ綴字で見出し語がある。ただし cakchiquel は cachiquel の見出し語もあり、語義説明は後者にある。グアテマラの2001年国勢調査（García Tesoro 2010: p.143, p.158）によると先住民言語で話者数順の4位までが、キチェ語922,378人、ケクチ語726,723人、マム語519,664人、カクチケル語475,889人であり、5位がカンホバル語（canjobal）99,211人で、第5位以下とはかなりの人数の差がある。多人数を擁する4言語を条文に示したと考えられる。

　パラグアイ：（77条、140条、経過規定18条）"el guaraní"（グアラニ語）。トゥピ語族の主要言語の1つでアバニェエン語（Avañeẽ, Avañeême）とも呼ばれる（s.v. ワラニー語）。塚原（2012: p.148 表2）による2002年センサスのデータでは、グアラニ語単一使用者は約132万人、スペイン語との二言語使用者は約241万人で両者あわせてパラグアイ総人口の80％にあたる。

　ペルー：（48条）"el quechua, el aimara"（ケチュア語、アイマ

ラ語）。ペルーとボリビア両国のアンデス地域を中心として南米の広い地域で話されているケチュア諸語は、ペルー領内でもお互いほとんど通じない地域差があるとされる。その総称としてケチュア語（el quechua）という名称が使われていると考えられる。ペルー領内には「少なくとも350万人」の話し手がいる（s.v. ケチュア語族）。アイマラ語は中央アンデス高原で話される言語で、自称は、*aymar aru*（アイマラの言葉）。南米先住民諸語の中でも最も活力ある言語の1つ。ハケ語族に属するとされている。ペルー領内の話者は、1972年の推計で約33万人（s.v. アイマラ語）。

　ボリビア：（5条1.）には以下に見る36の言語名が記載されている。

　"aymara"（アイマラ語）：Real Academia (2005) は、この綴り字は現代のスペイン語正書法に適合しないので、薦めないとして、ペルー憲法で見た aimara の綴り字を使用している。ボリビア領内で約140万人（総人口の約3分の1）の話者がいて、ケチュア語とならび2大先住民言語の1つである（s.v. アイマラ語）。

　"araona"（アラオナ語）：ごく少数、パノタカナ語族タカナ語派アラオナ語群の一言語、現在は、カビネーニャ語に合流（s.v. パノタカナ語族）。

　"baure"（バウレ語）：ボリビアのベニ県で話される言語、アラワク語族、マイプレ語派の中の南マイプレ語群に分類される（s.v. バウレ語）。Real Academia (2001) に見出し語がある。

　"bésiro"（ベスィロ語）：亀井他（1988–93: s.v. 南米インディアン諸語）には、チキート語（死語、チキート小語族）として一覧表にある言語が Fabre (2005: s.v. Chiquitano) によると、自称 *besiro* とあるので、この言語のことと考えられる。Fabre (2005) によると話し手はボリビアで5,855人、ブラジルで735人、別名 *Chiquitano, chiquito* とある。

　"canichana"（カニシャナ語）：約20人、系統不明（s.v. 南米インディアン諸語、アンデス赤道大語族、マクロ＝トゥカノ大語族）。

　"cavineño"（カビネーニャ語）：500〜1千人、パノタカナ語族タカナ語派アラオナ語群の一言語、*Cavinenya, Cavineña, Cavi-*

40　Ⅰ 序論

nenyo、Cavineneño、Cavinya、Caviña, Cavina の別名（もしくは
民族名。以下「別名」として記述する）があげられている（s.v. パ
ノタカナ語族）。

　"cayubaba"（カユババ語）：Kayubaba, Cayuaba, Chacobo の別
名があげられているカユババ語 cayuvava のことであろう。系統不
明で死語とある（s.v. 南米インディアン諸語）。

　"chácobo"（チャコボ語）：200 人、パノタカナ語族パノ語派南
東パノ語群（s.v. パノタカナ語族）。

　"chimán"（チマン語）：Fabre（2005: s.v. Mosetén / Tsimane）
に別称が Chiman (e), mosetén, tsimane, epereji とあるので、亀井
他（1988–93: s.v. 南米インディアン諸語）の一覧表にあるモセテ
ン語群のチマネ語 Chimane（約 5 千人）と考えられる。

　"ese ejja"（エセエハ語）：ペルー、ボリビア、600～1 千人、パ
ノタカナ語族タカナ語派テアテナワ語群。Esse-eja, ese'ejja, chama
の別名があげられている。ペルーではワラヨ語 huarayo と呼ばれ
ているとある（s.v. パノタカナ語族、エセエハ語）。

　"guaraní"（グアラニ語）：Lewis et al.（2014）によると東ボリ
ビア・グアラニ語が 33,700 人、西ボリビア・グアラニ語が 7,000
人とある。

　"guarasu'we"（グアラスウエ語）：パウセルナ語 Pauserna（ブラ
ジル、ボリビア約 25 人）の別名として、Guarayu-Ta, Warádu-
nëe, Moperecoa と並べて "=ʔguarasug'wé" という記載がある。こ
の言語のことであればトゥピ語族トゥピ・ワラニー語派トゥピ・ワ
ラニー語群（s.v. トゥピ語族）。

　"guarayu"（ワラユ語）：語末にアクセント符号が付く guarayú
のことと考えられる。約 5 千人、トゥピ語族トゥピ・ワラニー語群
（s.v. トゥピ語族）。Real Academia（2001）には guarayo の語形で
見出し語がある。

　"itonama"（イトナマ語）：約 100 人、系統不明、別名 Machoto、
マクロ＝チプチャ系との説がある（s.v. 南米インディアン諸語）。

　"leco" レコ語：約 2,000 人、系統不明（s.v. 南米インディアン諸
語）。

第 2 章　スペイン語圏諸国憲法における言語　41

"machajuyai-kallawaya"（マチャフヤイ‐カヤワヤ語）：
Kallawaya は、プキーナ語（死語）*Puquina, Callahuaya, Pohena*
の別名の1つとしての記載がある（s.v. 南米インディアン諸語）。
Fabre（2005: s.v. CALLAWAYA）には、*machchaj-juyai, pukina,*
pohena の別名記載があり、話し手50人で母語話者はいないと書
かれている。callabuaya の形なら Real Academia（2001）に見出
し語がある。

"machineri"（マチネリ語）：Lewis（ed.）（2014）のボリビアの
言語一覧に *Machinere, Machineri, Manitenére, Manitenerí, Maxi-*
néri と い う 名 称 で、 話 者 数140人（1994）、"*Arawakan,*
Maipuran, Southern Maipuran, Purus"（アラワク語族マイプレ語
派南マイプレ語群プルス諸語）という分類の言語がある。*Manchi-*
neri, Manitineri の名称で亀井他（1988–93）にピーロ語の見出し
語の中に広義のピーロ語の一言語とする記述があり、アラワク語族
の見出し語には、マニテネリ語 *Maniteneri* でアラワク語族マイプ
レ語派アンデス東麓語群に分類されている。

"maropa"（マロパ語）：1千人、パノタカナ語族タカナ語派チリ
ワ語群。別名は *reyesano*（s.v. パノタカナ語族）。

"mojeño-trinitario"（トゥリニダ・モホ語）：次の「モホ語」の
説明として「一部の集団は、*Trinitarios* ともよばれる」（s.v. アラ
ワク語族）とある。

"mojeño-ignaciano"（サン・イグナシオ・モホ語）：「モホ語」
の説明として、ブラジル、ボリビア、パラグアイで約1,500人。
Mojo, Moxo, Ignacio, Ignaciano, Morocosi の別名が記載されてい
る。アラワク語族マイプレ語派南マイプレ語群ボリビア語群
（s.v. アラワク語族）。

"moré"（モレ語）：イテン語（約100人）*Itene=Guarayo*、チャ
パクラ・ワニャム小語族チャパクラ語群の方言として *Moré*
（=*Iten*）が記載されている（s.v. チャパクラ・ワニャム小語族）。

"mosetén"（モセテン語）：*moseten* の表記で、約500人。パノ
タカナ語族と関係づける説が有力であるが、検討の余地があるとさ
れている（s.v. モセテン語）。

"movima"（モビーマ語）：約1千人、系統不明（s.v. モビーマ語）。

"pacawara"（パカワラ語）：少数、パノタカナ語族パノ語派南東パノ語群。*Pacahuara, Pacaguara* の綴り字も（s.v. パノタカナ語族）。

"puquina"（プ キ ー ナ 語）： 死 語。*Callahuaya, Kallawaya, Pohena* の別名があり、ケチュア語化あるいはアイマラ語化とある。ウル・チパヤ語群。他に同語群のウル語（ペルー、ボリビア、100人以下、*Uru, Uro, Urucolla, Uchumi, Ochomazo*）とチパヤ語（約800人、*Chipaya*）にも *Puquina* の名が記載されている。Real Academia（2001）に pequina の見出し語がある。

"quechua"（ケチュア語）：ケチュア語族の一言語（方言）として、ボリビア＝ケチュア語の項目が亀井他（1988–93）に掲げられている。話者人口約175万人のうち、ボリビア領内には約170万人としている（s.v. ケチュア語族、ボリビア＝ケチュア語）。

"sirionó"（シリオノ語）：500〜600人、トゥピ語族トゥピ・ワラニー語派。別名 *Chori*（s.v. シリオノ語、トゥピ語族）。

"tacana"（タカナ語）：3,500人、パノタカナ語族タカナ語派タカナ語群。別名 *takaná, tucana*（s.v. パノタカナ語族）。

"tapiete"（タピエテ語）：*tapieté* の表記で、ボリビア、ペルー、約500人。トゥピ語族トゥピ・ワラニー語派トゥピ・ワラニー語群。 別 名 *Tirumbae, Ñanaiga, Yanaigua, Yanaygua, Parapiti, Kurukwá, Tembeta, Avá*（s.v. トゥピ語族）。

"toromona"（トロモナ語）：話者数不明、パノタカナ語族タカナ語派タカナ語群。別名 *turamona*（s.v. パノタカナ語族）。

"uru-chipaya"（ウル–チパヤ語）：*Uru-Chipayan* の表記でウル・チパヤ語群とされ、ウル語（ペルー、ボリビア100人以下）、チパヤ語（約800人）、プキーナ語（死語）、ユンカ語（死語）、モチーカ語（死語）が下位言語としてあげられている（s.v. ウル・チパヤ語群、南米インディアン諸語）。

"weenhayek"（ウエエンハイェク語）：*Fundación Indígena 'Weenhayek – Noojwkyayis* のウエブページ＊35 によるとボリビア国チャコ地方のウエエンハイェク語はマタコ・マッカ小語族

("*mataco-mak'á*"、亀井他（1988–93）の表記は *Mataco-Makká*)
のマタコ・ノクテン *mataco-noctenes* 方言グループに属する。亀井
他（1988–93: s.v. マタコ・マッカ小語族）によればマタコ語話者
はアルゼンチン 12,000 人、ボリビア約 600 人、パラグアイにも少
数いる。Fabre（s.v. Los mataguayo）によると、アルゼンチンで
のこの民族の自称は *wichi* で、mataco は蔑称として嫌っていると
ある。話し手数はアルゼンチンで 25,000 人、ボリビアで 1,700 か
ら 2,000 人。

"*yaminawa*"（ヤミナワ語）：*Yaminahua* の表記、ブラジル約
1,500 人、ペルー 600 人、別名 *Jaminaua, Jaminahua, Jambinahua,*
Yamináwa、パノタカナ語族パノ語派ジュルアプルス語群（s.v. パ
ノタカナ語族）。

"*yuki*"（ユキ語）：*Yuquí* の表記で、約 100 人、トゥピ語族トゥ
ピ・ワラニー語派（s.v. トゥピ語）。*yuki* だと北米先住民のユーキ
語と同じ表記になる。

"*yuracaré*"（ユラカレ語）：約 2,500 人、系統不明、別名 *Yura,*
Yurujure, Cuchi, Enete（s.v. 南米インディアン諸語）。

"*zamuco*"（サムコ語）：ペルー、ボリビア約 2,000 人、サムコ小
語族北語群（s.v. 南米インディアン諸語）。

ボリビア憲法の条文にも先住民の言語による表現が含まれている。
前文：*Pachamama*（パチャママ）、8 条：*ama qhilla, ama llulla,*
ama suwa（no seas flojo, no seas mentiroso ni seas ladrón）（ケ
チュア語*36：怠けるな、嘘をつくな、盗むな), *suma qamaña*
(vivir bien)（アイマラ語*37：良く生きる）, *ñandereko* (vida
armoniosa)（グアラニ語*38：調和のとれた生), *teko kavi* (vida
buena)（グアラニ語*39：良い生), *ivi maraei* (tierra sin mal)（グ
アラニ語*40：悪のない土地), *qhapaj ñan* (camino o vida noble)
（ケチュア語*41：高貴な道あるいは生）である。エクアドル憲法
と同様に、スペイン語表現であっても先住民の意味を込めた表現が
使われている：sagrada Madre Tierra（聖なる母なる土地）（前文),
el vivir bien（良く生きること）（前文、80 条、306 条、313 条）。

言語集団の数が多いこと、ヨーロッパ人がニックネームとして付

けた名前が民族名・言語名として使われる場合がかなりあること、
他民族から付けられた呼称が定着することがあること、複数の探検
隊が別々のルートから接触した同じ民族に別々の名称を与えてしま
うことがあること、民族の自称であってもそれを聞いたヨーロッパ
人の耳には発音の違いにより様々な異名や異綴りが記録されること、
時代により呼び名（他称）が変わること、といった理由で南米先住
民言語の名称の混乱があると亀井他（1988–93）の「南米インディ
アン諸語」の項目に細川弘明が書いている。ボリビア憲法に記載あ
る 36 の言語名も、上で見たように、日本語での表記についてまだ
検討の余地がありそうである。

3.3. 特定地域公用語あるいは特定場面のため 公的に用いる

パラグアイ憲法では、スペイン語とグアラニ語を、赤道ギニア憲
法では、スペイン語、フランス語、その他法が定める言語を国全体
の公用語として規定しているように解釈できる。国全体ではなく、
地域あるいは使用場面によって先住民言語や少数派言語を公用語と
する規定を持つ憲法がある。

エクアドル憲法は、スペイン語が公用語であると述べた後で、異
文化間の公的な言語（idiomas oficiales de relación intercultural）
として、スペイン語、キチュア語、シュワル語を列記している。ま
たさらに先住民の居住地域と、法律が定める場合において他の先住
民言語も公的に使用されるとしている。

エクアドル：Artículo 2. (...) El castellano es el idioma oficial
del Ecuador; el castellano, el kichwa y el shuar son idiomas
oficiales de relación intercultural. Los demás idiomas ances-
trales son de uso oficial para los pueblos indígenas en las
zonas donde habitan y en los términos que fija la ley. (2 条（中
略）カスティーリャ語はエクアドルの公用語である。カス
ティーリャ語、キチュア語及びシュワル語は異文化間の関係に
おいて公用語である。先祖伝来の他の諸言語は先住民族にとっ
てその居住地域において、かつ、法が定める事項において公用

語として用いられる。)

　ニカラグア憲法では「法律が定める場合」、ベネズエラ憲法には「先住民族のために」公的に用いられるとしている。

　　ニカラグア：Artículo 11. El español es el idioma oficial del Estado. Las lenguas de las Comunidades de la Costa Atlántica de Nicaragua también tendrán uso oficial en los casos que establezca la ley. (11条　スペイン語は国家の公用語である。ニカラグア大西洋岸のコミュニテイの諸言語もまた法律が定める場合において公的に用いられるものとする。)

　　ベネズエラ：Artículo 9. El idioma oficial es el castellano. Los idiomas indígenas también son de uso oficial para los pueblos indígenas y deben ser respetados en todo el territorio de la República, por constituir patrimonio cultural de la Nación y de la humanidad. (9条　公用語はカスティーリャ語である。先住民諸言語もまた先住民族のために公的に用いられ、かつ、国や人類の文化的財産を構成するゆえに、共和国すべての領域で尊重されなければならない)

　特定地域公用語の規定は、以下の国の憲法にある。

　　コロンビア：Artículo 10. El castellano es el idioma oficial de Colombia. Las lenguas y dialectos de los grupos étnicos son también oficiales en sus territorios. La enseñanza que se imparta en las comunidades con tradiciones lingüísticas propias será bilingüe. (10条　カスティーリャ語はコロンビアの公用語である。民族グループの言語及び方言もまたそれぞれの領土で公用語である。独自の言語伝統のあるコミュニテイにおいて行われる教育は二言語によるものとする)

　　スペイン：Artículo 3. ... 2. Las demás lenguas españolas serán también oficiales en las respectivas Comunidades Autónomas de acuerdo con sus Estatutos.「2. 他のスペイン諸言語は、自治州憲章に従いそれぞれの自治州（自治共同体）において公用語である。」(新田 2013: p.110)

　　ペルー　Artículo 48°.- Son idiomas oficiales el castellano y,

en las zonas donde predominen, también lo son el quechua, el aimara y las demás lenguas aborígenes, según la ley. (48 条 カスティーリャ語は公用語であり、かつ、ケチュア語、アイマラ語及びその他の先住民諸言語もまた、それらが優勢である地域では、法に従い、公用語である)

ボリビアは、先に見た 36 の言語がカスティーリャ語と並んで国の公用語であるという記述になっている。

Artículo 5. I. Son idiomas oficiales del Estado el castellano y todos los idiomas de las naciones y pueblos indígena originario campesinos, que son el aymara, araona, baure... (5 条　I. カスティーリャ語及び農村先住民インディヘナ民族・部族のすべての言語が公用語である。先住民の言語とは、アイマラ語、アラオナ語、バウレ語、(以下略)　である)

ただ、2 項を見ると、36 のすべての言語を国全体の公用語としようとしているのではない。

II. El Gobierno plurinacional y los gobiernos departamentales deben utilizar al menos dos idiomas oficiales. Uno de ellos debe ser el castellano, y el otro se decidirá tomando en cuenta el uso, la conveniencia, las circunstancias, las necesidades y preferencias de la población en su totalidad o del territorio en cuestión. Los demás gobiernos autónomos deben utilizar los idiomas propios de su territorio, y uno de ellos debe ser el castellano. (II. 多民族政府と県政府は少なくとも 2 つの公用語［「公式の言語」(吉田稔 2011: p.201)］を使用しなければならない。それらの内の一つはカスティーリャ語でなければならない、かつ、もう一方は、全体あるいは当該地域における住民の使用、便宜、諸状況、必要性及び優先性を、考慮して決められることとする。その他の地方自治政府はその地域の独自の［複数］言語を使用し、かつそれらのうちの 1 つはカスティーリャ語でなければならない) *42

特定地域公用語としての規定と解釈できるけれども、国、県、地方など、段階が異なり領域が重なっているそれぞれの行政区画で、

スペイン語の他にもう1つの言語を使用するとあるので、それぞれの領域の中で、スペイン語の他は、あまねく同じ1つの言語を使用というわけではない。

公務員には少なくとも2つの公用語を話すことを求めている。

> Artículo 234. Para acceder al desempeño de funciones públicas se requiere: (...) 7. Hablar al menos dos idiomas oficiales del país. (行政機関の職務に就くためには、（中略）少なくとも国の2つの公用語を話すこと）

ただし、経過措置として法律により徐々に適用していくとの記載がある*43。

3.4. 文化財としての先住民言語や少数派言語

スペイン語圏諸国の憲法の中で歴史上最初に先住民言語について言及したのは、エクアドル1945年憲法*44で、国の文化要素として認めるとの記載である。

> Artículo 5. El castellano es el idioma oficial de la República. Se reconocen el quechua y demás lenguas aborígenes como elementos de la cultura nacional. (5条　カスティーリャ語は共和国の公用語である。ケチュア語及び他の先住民言語は国の文化要素として認められる）

143条には、スペイン語（カスティーリャ語）に加え、先住民言語も学校で用いるとある。

> En las escuelas establecidas en las zonas de predominante población india, se usará, además del castellano, el quechua o la lengua aborigen respectiva. (インディオ人口が優勢な地域に設けられた学校では、カスティーリャ語に加えケチュア語又はそれぞれの土着の言語を用いることとする）

また現行憲法（2008年）379条では、言語のみならず、表現形式、口承伝統等、儀式や祭式など、文化の多様な表現や創造も文化的財産の一部と規定している。

> Artículo 379. Son parte del patrimonio cultural tangible e intangible relevante para la memoria e identidad de las perso-

48　I 序論

nas y colectivos, y objeto de salvaguarda del Estado, entre otros:

1. Las lenguas, formas de expresión, tradición oral y diversas manifestaciones y creaciones culturales, incluyendo las de carácter ritual, festivo y productivo. (379条　以下のものは、個人及び共同体の記憶並びにアイデンティティに関わる有形無形の文化財であり、かつ国家の保護の対象である。1.言語、表現形式、口承伝統、並びに儀式、祭式及び生産様式を含む文化の多様な表現及び創造）

以下の国々の現行憲法にも、先住民言語や少数派言語は文化的財産であるとの規定がある。

グアテマラ：Artículo 143.（...）Las lenguas vernáculas, forman parte del patrimonio cultural de la Nación.（143条　（中略）（土地）固有の諸言語は国の文化的財産を成す）

赤道ギニア：Artículo 4º　1.（...）Se reconocen las lenguas autóctonas como integrantes de la cultura nacional.（4条1.（中略）土着の諸言語は国の文化を構成するものとして認められる）

パラグアイ：Artículo 140. DE LOS IDIOMAS（...）Las lenguas indígenas, así como las de otras minorías, forman parte del patrimonio cultural de la Nación.（140条　言語について。（中略）　先住民言語は、他の少数派言語も同様に、国の文化的財産の一部を形成する）

以下の国の憲法では、文化財として認め、さらに保護・育成することを規定している。

エルサルバドル：Artículo 62.（...）Las lenguas autóctonas que se hablan en el territorio nacional forman parte del patrimonio cultural y serán objeto de preservación, difusión y respeto.（62条　（中略）国土において話されている先住民の諸言語は文化的財産の一部を形成し、かつ保護、普及及び尊敬の対象であることとする）

スペイン：Artículo 3. 3. La riqueza de las distintas modalidades lingüísticas de España es un patrimonio cultural que será objeto de especial respeto y protección.「第3条　3. スペインの豊富な言語様式の多様性は、特別の尊重および保護の対象たる文化財である。」(黒田 1982: p.455)

4. 国際規約との関係に見る条文上の言語

4.1. 国際人権規約および先住民族の権利に関する国際連合宣言

　1966年の第21回国連総会において採択され、1976年に発効した社会権規約（経済的、社会的及び文化的権利に関する国際規約）と自由権規約（市民的及び政治的権利に関する国際規約）からなる「国際人権規約[45]」には、言語に関する3つの権利が規定されている。

　　1－1）「言語」を含むすべての個人に属する事由による差別禁止（社会権規約は2条2項に、自由権規約は2条1項、4条1項、24条1項）

　　1－2）刑事罪の決定に、理解する言語で速やかにかつ詳細にその罪の性質および理由を告げられる権利と、裁判において使用される言語を理解することまたは話すことができない場合には、無料で通訳の援助を受ける権利（自由権規約14条3項a)、f)）

　　1－3）言語的少数民族に属する者は、その集団の他の構成員とともに自己の言語を使用する権利を否定されない権利。（自由権規約27条）

　この言語的少数民族の言語使用権利は、2007年第61会国連総会で採択された[46]「先住民族の権利に関する国際連合宣言」において、先住民族言語に関するより広範な権利として認められている。

　　2－1）自らの言語を再活性化し、使用し、発展させ、そして未来の世代に伝達する権利（13条）

　　2－2）独自の共同体名、地名、そして人名を選定しかつ保持する権利（13条）

50　　I　序論

2－3）独自の言語で教育を提供する教育制度および施設を設立し、管理する権利（14条）

2－4）独自のメディアを自身の言語で設立し、差別されずにあらゆる形態の非先住民族メディアへアクセス（到達もしくは入手し、利用）する権利（16条）

そして、これらの権利を保障するため、国家に以下の効果的措置を取るよう求めている。

2－5）通訳の提供または他の適切な手段によって、政治的、法的、行政的な手続きにおいて、先住民族が理解できかつ理解され得るようにすること（13条）

2－6）独自の文化および言語による教育に対してアクセス（到達もしくは入手し、利用）できるようにすること（14条）

2－7）国営メディアが先住民族の文化的多様性を正当に反映することを確保すること（16条）

2－8）民間のメディアが先住民族の文化的多様性を十分に反映することを奨励すること（16条）

1－1）の「言語」を含むすべての個人に属する事由による差別禁止を憲法の条文に規定しているのは、エクアドル11条2項、コロンビア13条、ドミニカ共和国39条、ニカラグア27条と91条、ペルー2条2項、ベネズエラ13条である。

1－2）の刑事罪の決定に、理解する言語で速やかにかつ詳細にその罪の性質及び理由を告げられる権利と、裁判において使用される言語を理解することまたは話すことができない場合には、通訳の援助を受ける権利を規定しているのは、エクアドル、ニカラグア、パラグアイ、ベネズエラ、ボリビア、メキシコである。具体的には、刑事裁判の審理で使われる言語が理解できない、あるいは話さない場合は、無料で通訳を付けられる権利（エクアドル76条7.f、ニカラグア34条6、ベネズエラ49条3、ボリビア120条II、メキシコ2条A.VIII.）、逮捕時にただちに自分の理解できる言語で理由を告げられる権利あるいは通訳を付けられる権利（パラグアイ12条、ニカラグア33条2項2.1.）、あるいは、留置時に通訳者と会う権利（ボリビア73条II.）、刑事裁判で自分の言語で事前にかつ詳細に情

報を得られる権利（エクアドル77条7.）を認めている。

1－3）および先住民族の権利に関する国際連合宣言に謳われた言語的な諸権利については、上の3.3.で見た、特定地域における公用語として、あるいは特定場面のため公的に用いることを規定しているエクアドル、コロンビア、スペイン、ニカラグア、パラグアイ、ベネズエラ、ペルー、ボリビアの憲法で認められている権利と考えられる。これらの中で、エクアドル憲法16条1.には自分の言語によるコミュニケーションの権利、57条21項に自分たちの文化、伝統、歴史、希望の尊厳や多様性が公教育と報道に反映されること、自分たちの言語による独自の報道を創設する権利を認めている。教育についての国家の責任として、347条9項に、二言語の異文化間教育システムを保障すること、10項に教育カリキュラムに少なくとも1つの先祖伝来の言語の教育を含めることを国家に求めている。同国29条とニカラグア121条には自分の言語で教育を受けることが、パラグアイ77条には、2つの公用語のうち母語で教育を受け、どちらも母語でない者はどちらかを選ぶことができるとある。ペルー憲法2条19項には、当局に対して通訳により母語を使用する権利が書かれている。ニカラグア197条には少数派言語での憲法の普及が規定されている。ベネズエラ憲法経過規定第7では、国会への先住民代表の資格に先住民言語話者であることを規定している。

公用語として、あるいは特定場面のため公的に用いることを規定していなくても、少数派言語を使用する権利を認めている憲法がある。それは、アルゼンチン75条17.：先住民の二言語・異文化教育の権利保障、コスタリカ76条：国は先住民族言語の維持と育成への留意、グアテマラ66条：先住民族の言語・方言の尊重、奨励、同国憲法附則：4つの先住民言語での憲法普及を規定している。また、ニカラグア90条、180条、パナマ88条、ベネズエラ119条、にもそれぞれの先住民や少数派言語の保護育成を述べている。メキシコ憲法は、2条A. IV.で先住の民族と共同体の自己決定、すなわち自治の権利を認め、保障するとして、その内容を列挙している。その中に、自分たちの言語、知識、そして自分たちの文化とアイデンティティを構成するすべての要素を維持し豊かにすることを掲げ

ている。附則には、憲法の先住民言語への翻訳を命じることと、先住民共同体に憲法を普及させることを命じるようにと規定している。パナマ88条には、先住民諸言語の研究、保護、普及、また先住民コミュニテイにおける二言語識字教育推進が規定されている。90条には、国家による先住民コミュニテイの民族的アイデンティティの尊重、独自の物質的、社会的、精神的発展を推進することが書かれている。

赤道ギニア106条で、共和国諸問会議（Consejo de la República）が大統領に諮問すべきテーマの1つに、普遍的な文明に加えて、土着の諸文化の価値、バンツーとアフリカのアイデンティティの擁護（La defensa de los valores de las culturas autóctonas, la identidad bantú y africana, así como la civilización universal）をあげている。

4.2. 障害者権利条約

2006年12月13日に第61回国連総会において採択された「障害者の権利に関する条約（略称：障害者権利条約）*Convention on the Rights of Persons with Disabilities*[47]」は21世紀で初の国際人権法に基づく人権条約である。日本政府は2007年9月28日に署名し、2014年1月20日に批准書を寄託、同年2月19日に日本において効力を発生した[48]。この条約には言語を「「言語」とは、音声言語及び手話その他の形態の非音声言語をいう」（2条）と定義している。北村（2008）が指摘するように手話言語も独自の文法体系を持った自然言語であるが、本章では、もっぱら「音声言語」を「言語」として憲法条文上での扱いを見てきた。障害者権利条約にある「言語」および「意思疎通」（24条3項（b）, (c), 30条4）に関しては、3か国の憲法に記載がある。エクアドル47条11項（手話、口話法、点字を例示して、障害者によるコミュニケーションの手段へのアクセスの権利が認められるとしている）、ベネズエラ81条（ベネズエラ手話による意思疎通の権利）、101条（テレビに字幕、手話の義務付け）、ボリビア70条3（代替言語によるコミュニケーションの権利）、107条I（マスメディアに障害者の

ための代替言語によるプログラムを要請）である。

5. まとめ

　スペイン語圏諸国は、少数派言語話者が国内にいることにより、憲法にその言語の保護や尊重について記載してある国々が多い。また南北アメリカの国の中には、スペイン語化を進めてきた歴史的努力を、現行憲法でも規定しているところがある。国際人権規約、先住民族の権利に関する国際連合宣言それに障害者権利条約といった国際規約にある言語に関する権利が、既に憲法に記載されている国もある。

　これら憲法上の記載が、それぞれの国においてどのように制度化されているのか、あるいは、どの程度実現されているのかは、実際に各国の実情を調べる必要がある。しかし憲法条文を見ることで、それぞれの国が、言語に関して、どのような権利を認めるべきとしているのか、少数派言語に対して、国家や国民がどのような扱いをすることをめざしているのかは、おおよそ把握することができた。

＊1　本章は、拙稿「スペイン語圏諸国憲法の条文に見る言語」（『愛知県立大学外国語学部紀要言語・文学編』45号、2013年、pp.265–289）に、別の資料、データに基づき、加筆修正したものである。憲法条文等スペイン語には拙訳かあるいは引用先を記して引用による和訳を添えた。

＊2　「国家語ともいう。1つの国家の中枢を形成している民族の、公の性格をになった言語。国民共通語ともいうべき性質を持つ。」（亀井他. 1996: s.v. 国語）

＊3　"Conjunto de personas de un mismo origen y que generalmente hablan un mismo idioma y tienen una tradición común." （Real Academia 2001: s.v.nación）（同じ起源であり普通同じ1つの言語を話し共通の伝統を持つ人びとの集団）

＊4　吉田稔（2011: p.202）の訳を参考に改変した。

＊5　中村他監訳（2012: s.v.*Langue*）は、フランス語 *langue nationale* に「公定語」という訳語を付けている。

＊6　スイス憲法：http://mjp.univ-perp.fr/constit/ch.htm（参照 2015/7/29）高

54　　I　序論

橋（2009: p.34）によると、1996 年改正でドイツ語の「国語」にあたる語が Nationalsprache から Landessprache に変更されたとある。フランス語等はこれにあたる用語がないので、langues nationales, lingue nazionali, linguas naziunalas のままである。Nation は「民族と結びついた概念であることから、スイス民族とは何かが問われる政治的問題を孕んでいる」のに対し、「地理的な領域を示す」Land に改めたという考えが示されている。

*7　"El árabe, el chino, el español, el francés, el inglés y el ruso son los seis idiomas oficiales de las Naciones Unidas. El francés y el inglés son los idiomas de trabajo de la secretaría de las Naciones Unidas (resolución 2 (I) de 1° de febrero de 1946)."（アラビア語、中国語、スペイン語、フランス語、英語、及びロシア語は国際連合の 6 つの公用語である。フランス語及び英語は国際連合事務局の作業言語である。決議 2(I). 1946 年 2 月 1 日). http://www.un.org/es/events/spanishlanguageday/ 010/background.shtml（参照 2015/6/1）

*8　引用した新田訳の「他のスペイン諸言語」の部分 "Las demás lenguas españolas"（2 項）を黒田（1982: p.455）は「スペインの他の言語」と、萩尾（2005: p.115）百地（2009: p.197）も「スペインのその他の言語」と訳している。1 項の "lengua española" と 2 項の "lenguas españolas" を同じ表現と解すれば、また、カタルーニャ語、ガリシア語、バスク語もスペインの言語、すなわち「スペイン語」であるとする立場からは、新田訳や「他のスペインの言語」という訳が適切と考える。本条 1 項の萩尾（2005: p.115）訳「スペインの国家公用語である」と百地（2009: p.197）訳「スペイン国の公用語である」という訳は、"lengua española oficial del Estado" を厳密に訳していない。

*9　http://mjp.univ-perp.fr/constit/be1831.htm（参照 2015/6/1）

*10　http://it.wikisource.org/wiki/Indice:Statuto_fondamen ale_del_regno.pdf (p.13)（参照 2015/6/1）

　　立法議会の公用語を規定しているのではあるが、「公用語」という表現が使われている最も古い憲法は、この 1848 年 3 月 4 日のサルデニア王国憲法（Statuto albertino）のようである："Art. 62. La lingua italiana è la lingua ufficiale delle Camere."（イタリア語が両院の公用語である）

*11　フランス語版：http://mjp.univ-perp.fr/constit/ch1848.htm（参照 2015/6/1）、ドイツ語版：高橋（2009: 38–39）

*12　http://laws-lois.justice.gc.ca/eng/Const/page-1.html（参照 2015/6/1）

*13　http://www.thecorpusjuris.com/laws/constitutions/tem/1897-biac-na-bato-constitution.html（参照 2015/7/28）Article とあるのは、Artículo に訂正した。

　　北原（2011: p.159）によると、この「ビャク・ナ・バト憲法は、キューバ革命軍の憲法、特に 1895 年のヒマグアユ（Jimaguayú）憲法が参考にされている」とあるけれども、後者には言語規定がない。http://biblio.juridicas.unam.mx/libros/6/2525/9.pdf（参照 2015/5/19）

*14　1899 年 1 月 23 日のフィリピン共和国独立宣言の前日。

*15　1831 年ベルギー憲法：Titre II Des Belges et de leurs droits "Article 23 L'emploi des langues usitées en Belgique est facultatif ; il ne peut être réglé que par la loi, et seulement pour les actes de l'autorité publique et pour les affaires

judiciaires" http://mjp.univ-perp.fr/constit/be1831.htm（参照 2015/5/15）2 編
ベルギー人とその権利について 23 条「ベルギー国内で用いられている言語の
使用は任意である。言語の使用は、公権力の活動および訴訟についてのみ、し
かも法律によらなければ規律されることができない。」（2005 年 1 月現在の憲法
では 30 条。阿部・畑編 2009: p.426）

＊16　http://www.thecorpusjuris.com/laws/constitutions/tem/1899-constitution.
html（参照 2015/5/19）

＊17　松村一登（更新日 2004/04/25）http://www.kmatsum.info/uomi/langsitu/
perustuslaki.html（参照 2015/6/1）

＊18　http://www.irishstatutebook.ie/1922/en/act/pub/001/print.html（参照 2015/
6/1）

＊19　http://www.cortenacional.gob.ec/cnj/images/df/constituciones/37％20
1929.pdf（参照 2015/5/17）
　　この憲法には女性の投票権（13 条、18 条）、ヘイビアス・コーパス（151 条
8）などの進歩的な規定がある。

＊20　この後の 1945 年憲法（5 条）から 1946 年（7 条）、1967 年（7 条）、
1978 年（1 条）、1998 年（1 条）、2008 年（2 条）の各憲法は、idioma nacio-
nal（国語）ではなく、idioma oficial（公用語）とし、また español（スペイン
語）という呼び名でなく、castellano（カスティーリャ語）という呼び名を
使っている。1945 年憲法："Artículo 5.- El castellano es el idioma oficial de la
República. Se reconocen el quechua y demás lenguas aborígenes como elemen-
tos de la cultura nacional."（5 条 カスティーリャ語が共和国の公用語である。
ケチュア語及び他の先住民言語も国の文化要素として認められる。）ベラス
コ・イバラ大統領（José María Velasco Ibarra）の 2 度目の政権下による憲法
である。過去の各エクアドル憲法参照先：http://www.cancilleria.gob.ec/cons
tituciones-del-ecuador-desde-1830-hasta-2008/（参照 2015/5/17）

＊21　スペイン史上初めてであることは、新田（2013: p99, p100）に Fer-
nando González Ollé. (1978). "Establecimiento del castellano como lengua
oficial". BRAE, 58, 229–80 からとして示されている。

＊22　http://www.cervantesvirtual.com/portales/onstituciones_hispanoamericanas/
obra/constitucion-de-la-republica-espanola-de-9-de-diciembre-1931/（参　照
2015/5/17）

＊23　http://www.cervantesvirtual.com/portales/onstituciones_hispanoamericanas/
obra/anteproyecto-de-constitucion-de-la-monarquia-espanola-de-1929/（参照
2015/5/17）

＊24　南北アメリカ諸国の中で公用語を憲法で規定した最初は、Alvar（1982）
（1995）によると、ハイチの 1935 年憲法である。"*Article 12. – Le Français
est la langue officielle. Son emploi est obligatoire dans les Services Publics.*"
（12 条 フランス語は公用語である。その使用は公共サービスで義務である）
http://www.archive.org/details/constitutiondela04hait（参照 2015/5/17）
　　1915 年からハイチを占領していたアメリカ合衆国海兵隊の撤退を 1934 年に
実現させたバンサン（Sténio Vincent）大統領（在任 1930～1940）政権下の憲
法である。アメリカ合衆国占領からの決別という意味からフランス語が公用語

56　I　序論

であることを憲法上で規定したのではないかと考えられる。

＊25　http://enriquebolanos.org/constituciones_politicas.fm?cap=13（参照2015/5/19）

＊26　http://www.cervantesvirtual.com/portales/onstituciones_hispanoamericanas/obra-visor-din/constitucion-del-25-agosto-de-1967/html/2b52633b-6d61-431c-9e72-9a705b619eba_2.html#I_0_（参照2015/5/24）

＊27　"Artículo 92.- El Estado fomentará la cultura en todas sus manifestaciones. Protegerá la lengua guaraní y promoverá su enseñanza, evolución y perfeccionamiento."（92条-国家はすべての表現における文化を振興するものとする。グアラニ語を保護しかつその教育、発展、上達を推進するものとする。）
　　このパラグアイ1967年憲法（8月25日公布）より3カ月早いエクアドル1967年憲法（5月25日公布）には、生徒の母語である先住民言語を使うことによってスペイン語教育を推進することを規定している："Artículo 38.-En la educación se prestará especial atención al campesino. Se propenderá a que los maestros y funcionarios que traten con él, conozcan el idioma quichua y otras lenguas vernáculas.

En las escuelas establecidas en las zonas de redominante población indígena se usará de ser necesario además del español, el quichua o la lengua aborigen respectiva, para que el educando conciba en su propio idioma la cultura nacional y practique luego el castellano.（38条-教育において農民に特別の注意を払うこととする。農民に応対する教師及び公務員は、キチュア語及び他の土着の言語を知っているようにすることとする。先住民人口が圧倒的な地域に設立された学校においては、生徒が自分の言語において国民文化の概念形成をしてその後スペイン語を練習するよう、必要な場合、スペイン語に加えてキチュア語又は当該の先住民言語を使用することとする。）

＊28　パラグアイ憲法には、この1967年憲法の前、1940年憲法には国語や公用語についての記載がない。次の1992年の現行憲法でスペイン語とグアラニ語を並べて公用語と規定している。先住民言語について最初に言及した憲法は、エクアドル1945年憲法5条である。（注20および3.4.参照）

＊29　"Título V. DE LAS DISPOSICIONES FINALES Y TRANSITORIAS ... Artículo 18. ... En caso de duda de interpretación, se estará al texto redactado en idioma castellano."（5編　末則および経過規定（略）18条（略）解釈に疑義がある場合、カスティーリャ語によって作成された本文による）

＊30　"muchas Constituciones establecen fórmulas legales y lemas heráldicos que se formulan, precisamente en una lengua que por ese solo motivo es ya nacional y oficial, aunque no conste ningún artículo específico que a ella se refiera. Así los juramentos redactados en español por las Constituciones de la Argentina, Bolivia, Colombia, Costa Rica, Chile, Ecuador, Honduras, Méjico, Nicaragua, Perú"（多くの憲法が、国語や公用語に関する条文はなくても、法的な形式や題辞を、まさにこのことをもって国語であり公用語であることになる言語でもって表している。アルゼンチン、ボリビア、コロンビア、コスタリカ、チリ、エクアドル、ホンジュラス、メキシコ、ニカラグア、ペルーの憲法

にはスペイン語で宣誓が書かれている)

＊31 再選されたクリスティーナ・フェルナンデス・デ・キルチネル大統領は、2011年12月10日に次のような文言での就任宣誓を行っている："Yo, Cristina Fernández de Kirchner, juro por Dios, por la patria, y sobre los Santos Evangelios desempeñar con lealtad y patriotismo el cargo de presidenta de la Nación, y observar y hacer observar en lo que a mí dependa, la Constitución de la Nación Argentina. Si así no lo hiciere, que Dios, la patria y él me lo demanden." (http://redaccion.lamula.pe/2011/12/11/presidenta-otra-vez-las-mejores-fotos-de-cristina-fernandez-de-kirchner-en-su-juramentacion/jackhurtado (参照2015/7/28) の記事にある文章を、ウエブ上にある就任宣誓式典のテレビ放送録画の音声により一部訂正した) (私、クリスティーナ・フェルナンデス・デ・キルチネルは、神と祖国にかけて、聖なる福音書に、国の大統領職を忠誠及び愛国心をもって執行し、アルゼンチン国憲法を忠実に遵守し、私に属する中で遵守させることを誓う。もしも、私がこのとおり行わないならば、神、祖国及び彼がこれを私に要求するように。)

　presidente のところを presidenta と発言している他にも憲法上の語句と一部違うところがある。"él"(彼) とは、夫の故ネストル・キルチネル前大統領とのこと。

＊32 亀井他 (1988–93) に日本語名がある場合はそれを使う。ただ guaraní は「ワラニー語」でなく「グアラニ語」とする。この辞典典拠の場合、項目名のみ示したところがある。

＊33 亀井他 (1988–93: s.v. エクアドル＝ケチュア語) の「他の地域のケチュア語と対比して、特に「キチュア語」と呼ばれることもある」により、この表記を用いる。新木 (2012: 111) に「ケチュア語は、エクアドル領内ではキチュア (kichua) 語と表記されるのが一般的である。実際にはケチュア語とキチュア語の差異は、ペルー国内におけるケチュア語の方言レベルの差異ほど大きくないほどだが、(略) キチュア語という表記にはナショナリズムの反映がうかがわれる。」とある。

＊34 新木編著 (2012)、新木 (2014) は「シュアール語」、吉田稔 (2013: p.305) は「シュワール語」と表記している。

＊35 https://sites.google.com/site/fundacionindigenaeenhayek/ (参照2015/7/28)

＊36 以下の先住民表現が何語によるものなのか筆者が調べ得た言語名を記す。実際は同系で他の言語・方言によるものかもしれない。また拙訳はスペイン語の訳であり、原語とずれがありうる。青木・青木 (2005)：〜するな！(ama!)、怠惰な、怠け者の (qella)、嘘つきの (llulla)、泥棒、盗む (suwa)。参考：MARIACA, Margot, "Principio del Ama Qhilla, Ama Llulla, Ama Suwa", http://jorgemachicado.blogspot.com/2010/07/cpe008.html (参照2015/6/1)

＊37 De Lucca (1987)："*SUMA* Acabado, perfecto. // agradable, bonito, hermoso."(終わった、完全な；楽しい、きれいな、美しい)、"*QAMAÑA* Morar, residir. // Descansar en el camino, morar por poco tiempo. // Ocuparse, hacer algo. // Hacer el bien."(住む、居住する；途中で休む、短い時間住む；従事する、何かをする；善を行う)

＊38 Ortiz (1980): "*Ñandé*. pr. Nosotros, as (…), / Nuestro, a / Nos"（私た
ち［包括形］）, "*Recó*. … s. Costumbre; calidad; conducta; estado; modal; ente"
（習慣、質、ふるまい、状態、礼儀、存在）。参考：COLEGIO EXPERIMENTAL
PARAGUAY – BRASIL. 2014. http://www.cepb.una.py/web/index.php/tradiciones/
nandereko（参照 2015/6/1）

＊39 Ortiz（1980）: "*Tecó*. s. Idiosincracia; ser; vida. / Costumbre."（特異性、
存在、生活 / 習慣）。参考：http://www.circuloachocalla.org/teko-kavi-el-punto-
de-vista-guarani-teko-kavi-el-punto-de-vista-guarani-teko-kavi-el-punto-de-vista-
guarani-teko-kavi-el-punto-de-vista-guarani-teko-kavi-el-punto-de-vista-guarani/
（参照 2015/6/3）

＊40 Ortiz（1980）: "*Îvî*. s. Tierra; suelo./ Terreo. / Predio o heredad; bien
inmobiliario"（土地、地面；地所；所有地、田畑、不動産）, "*Îvî-marae-în*" =
"*Îvî -marave-în*. s. Tierra sin mancha; tierra de promisión y de bienaventu-
ranza."（欠点の無い土地、約束の・至福の地）。参考："Algunos elementos
culturales para comprender el Ivi Maraei". Emilio Hurtado Guzmán".
15/08/2011. http://www.alainet.org/es/active/48705（参照 2015/6/1）

＊41 青木・青木（2005）：金持ちの（*kaqniyoq, qhapaq*）, 有力な（*qhapaq*）,
道路（*ñan*）。参考：http://www.cancilleria.gob.bo/node/812（参照 2015/6/3）

＊42 吉田稔（2011: p.201, p.202）の訳を参考にした拙訳。

＊43 DISPOSICIONES TRANSITORIAS "Décima. El requisito de hablar al
menos dos idiomas oficiales para el desempeño de funciones públicas determi-
nado en el Artículo 235［*sic*］. 7 será de aplicación progresiva de acuerdo a
Ley."（経過規定 10.　行政機関の職務に就くために少なくとも 2 つの公用語を
話すことという 235 条［ママ］7 項に規定する要件は法律に従い徐々に適用す
るものとする）

＊44 http://www.cancilleria.gob.ec/wp-content/uploads/013/06/constitucion_
1945.pdf（参照 2015/7/28）

＊45 http://www.mofa.go.jp/mofaj/gaiko/kiyaku/（参照 2015/7/30）

＊46 http://www.un.org/esa/socdev/unpfii/documents/RIPS_japanese.pdf（参
照 2015/7/30）
スペイン語圏ではコロンビアが棄権、赤道ギニアが投票せず、他の 18 か国は
賛成している。http://unbisnet.un.org:8080/ipac20/ipac.jsp?profile=voting&
index=.VM&term=ares61295#focus（参照 2015/7/28）

＊47 http://www.un.org/disabilities/convention/onventionfull.shtml（参照 2015/
7/28）
スペイン語版：http://www.un.org/esa/socdev/enable/ocuments/tccconvs.pdf
（参照 2015/7/28）

＊48 http://www.mofa.go.jp/mofaj/gaiko/jinken/idex_shogaisha.html（参 照 2015/
7/28）

(Resumen)

Lenguas en las constituciones de los países hispanohablantes

HOTTA Hideo

En el presente capítulo hemos examinado el tratamiento de las lenguas o los idiomas en las constituciones vigentes de los 21 países hispanohablantes. Entre ellas las de nueve países utilizan la denominación "español" y las de ocho "castellano". Dieciséis países declaran, en su constitución, que la lengua oficial del país es el español o castellano, mientras que Argentina, Chile, Puerto Rico, Uruguay y México no lo declaran expresamente. Aparte del español, en la constitución de Bolivia se citan los 36 idiomas de los pueblos indígenas. En la de Ecuador se menciona "el kichwa y el shuar", en la de Guatemala, las "lenguas Quiché, Mam, Cakchiquel y Kekchi", en la de Guinea Ecuatorial, "el francés", en la de Paraguay, "el guaraní", en la de Perú, "el quechua, el aimara" y en la de Puerto Rico, el "inglés". Las constituciones de estos y algunos otros países reconocen que las lenguas de los pueblos autóctonos o de las minorías lingüísticas forman parte del patrimonio cultural del país y son objeto de respeto y protección. Bolivia, Colombia, Ecuador, España, Nicaragua, Paraguay, Perú y Venezuela prescriben los derechos del uso oficial de las lenguas de la minoría en determinados territorios o en ámbitos de uso determinados.

Las constituciones de Ecuador, Colombia, República Dominicana, Nicaragua, Perú y Venezuela tienen un artículo que prohíbe la discriminación por motivo de idioma entre otras índoles. Bolivia, Ecuador, Nicaragua, Paraguay México y Venezuela reconocen al individuo de una minoría lingüística el derecho a ser asistido por intérpretes que tengan conocimiento de su lengua o a ser informado en su lengua propia en los juicios y procedimientos. Bolivia, Ecuador y Venezuela reconocen a las personas con discapacidad el derecho de la comunicación en un lenguaje alternativo como el lenguaje de señas.

II
法固有の場面におけるスペイン語の諸相

第3章
日本国憲法スペイン語訳とスペイン語圏諸国憲法における組織名・職名の通用性

堀田英夫

1. はじめに＊1

　日本国憲法のスペイン語訳が、在キューバ日本国大使館＊2 と外務省のサイト *Web Japan*＊3 に掲載されている＊4。日本の公的機関によって公開されているこのスペイン語訳日本国憲法（以下「日本憲法西語訳」と略記）の用語のいくつかを、スペイン語を公用語としている21か国（プエルトリコも含め）の現行憲法条文上の用語と比較し、国ごとの違いと通用性という観点から考察する。制度についての考察ではなく、言語面で、主に共時的、通所的に語の使用を見る。一部の名称の歴史的経緯も調べた。

　上記のものより前の版がある。TEMAS sobre JAPÓN というタイトルで、平成16年11月に破産した財団法人国際教育情報センターの英語名＊5 の記載がある小冊子である。調査対象版と訳語など一部違いがある。以下、対象とする版と異なる用語のみ「旧西語訳版」として言及する。

2. 憲法条文上の用語

2.1. 立法

2.1.1 「国会」

　日本憲法西語訳で、前文に Dieta Nacional、7条以下38か所で、Dieta が使われている。スペイン語圏諸国憲法では「国会」に相当する議会の名称として、核になっている語が Asamblea, Congreso, Parlamento, Cortes の4種類ある。以下、使われている主たる条項を括弧内に示す。

63

Asamblea を使っている国は、Asamblea Nacional がエクアドル（118条）、ニカラグア（132条）、パナマ（146条）、ベネズエラ（186条）、Asamblea Legislativa でエルサルバドル（121条）、コスタリカ（105条）、プエルトリコ（3条1節）、Asamblea Legislativa Plurinacional がボリビア（145条）、Asamblea Nacional del Poder Popular がキューバ（69条）、Asamblea General がウルグアイ（83条）で、計10か国ある。

Congreso がアルゼンチン（44条）、パラグアイ（182条）、ペルー（90条）、メキシコ（50条. 他に Congreso de la Unión. 2条, Congreso Federal. 37条）、Congreso Nacional がチリ（46条）とドミニカ共和国（76条）である。ホンジュラスは、Congreso de Diputados（189条. 他に Congreso Nacional. 190条）。Congreso de la República がグアテマラ（157条）とコロンビア（114条）で、Congreso が核の名称は計9か国である。

赤道ギニアは、Parlamento（54条）で、スペインでは、Cortes Generales（66条）である。

ラテンアメリカ諸国が独立に際し制定した憲法は、「アメリカ合衆国憲法（*Constitution of the United States*）」（1788年）やフランスの「人および市民の権利宣言（1789年）（*Déclaration des Droits de l'Homme et du Citoyen de 1789*）」の影響があったとされている（大貫他 2013: s.v. 法律、など）。1774年にイギリスの北アメリカ植民地13州代表が集まって開催された *Continental Congress*（大陸会議）を継承する名称 *Congress of the United States*（合衆国議会）が独立後のアメリカ合衆国1788年憲法（1条1節）に使われている。「人および市民の権利宣言（1789年）」の前文には、同年にフランスで三部会から分離して組織された *Assemblée Nationale*（国民議会）の名称が出てくる。（現在の1958年憲法は、これが *Sénat* と共に *Parlement* を構成している）。スペイン語圏諸国が、アメリカ合衆国独立やフランス革命から、直接、間接に影響を受け、congreso と asamblea の語形に、国民の代表者の議会の意味（*signifié*）を持たせて憲法に使ったものと考えられる。

Asamblea を使っているのと Congreso の使用の違いは、制度や

制定年、地理的分布との関連はないようである。アルゼンチンは
Congreso の名称を使っているが、大統領就任宣誓の条項で "ante
el Congreso reunido en Asamblea"（93条）（Asamblea［会］に集
う Congreso［議会］の前で／議会の集会において）とある。同じ
く Congreso の名称を使うペルー憲法に Parlamento Nacional とし
ている条項（91条, 191条, 194条）もある。

　asamblea, congreso, parlamento と cortes の語形（*signifiant*）は、
近代立憲主義に基づき制定されたスペイン語圏諸国の憲法条文上で
使われる前からスペイン語に存在していた。1726年から1739年
にかけて刊行された最初のスペイン王立学士院の辞書（Real Aca-
demia 1979）にこれらの見出し語があり、assamblea［1741年正
書法以前の ss の綴り］は1643年、congresso［同じく ss の綴り］
は1684年、parlamento は1589年 と1601年、cortes は1581年、
1601年、1627年の用例が掲載されている。assamblea と con-
gresso には集会や議会の語義説明がある。cortes には王の諮問機関
としての "Ciudades y Villas"（都市）の "Procuradores"（代表
者）の集会という語義説明がある。parlamento は、"razonamiento
ù oración"（演説）と "Tribunal supremo"（最高裁判所）の語義
のみであり、1822年のスペイン王立学士院の辞書第6版までほぼ
同じ、1832年の第7版から "Congreso que hay en algunas nacio-
nes, donde se tratan y resuelven los negocios mas
[*sic*] importantes"（いくつかの国にある議会で、そこで最重要用
件を扱い解決する）のように、「国会」もしくは議会の語義説明が
加わっている*6。

　イギリス議会のウエブサイトによるとイギリスで議会に *Parlia-
ment* という語が公的に使われた最初は1236年とのことである*7。
スペイン語の parlamento は、1406–1411年の Crónica de Juan II
de Castilla（カスティリャのフアン2世の年代記）に議会の意味で
の用例 "segund que avía seido declarado en el parlamento de la
ciudad de Calatayud"（カラタユ市の議会で宣言されたことに従い）
がある*8。

　赤道ギニアの「国会」に相当する機関は最近まで Cámara de los

Representantes del pueblo（60条）という名称の一院制であった
が、2012年2月公布された新憲法で Cámara de los diputados と
Senado の二院からなる Parlamento（55条）とした。

　スペインの「国会」を表す Cortes の語は、スペイン中世のナバ
ラやカスティリャ王国での王の諮問機関の名称を継承した語である。
Menéndez Pidal（1977: p.598）には、単数形 cort の説明の中に複
数形 cortes も同じ意味で使われていたとある。複数形の使用を『エ
ル・シードの歌』から引用する。

　　"Aduga melos a vistas o a juntas o a <u>cortes</u> commo aya dere-
　　cho de ifantes de Carrion, ca tan grant es la rencura dentro en
　　mi coraçon."（2914–2916. ed. de Colin Smith）

　　「さればわが権利を行使せんがため　カリオーンの公子兄弟
　　にたいする / 地方会議（ビスタス）か地区会議（フンタス）か
　　あるいは　宮廷会議（コルテス）への召喚を訴願せよ。/ わが
　　胸のうちはかれらにたいする　深き怨恨にうずくのじゃ。」（長
　　南実訳）

　バイヨンヌ憲法（1808年）でもこの語が Juntas de la Nación
（国（民）の集会）という言い換えを付けて用いられている。
"Título IX. De las <u>Cortes</u>. Artículo 61.- Habrá <u>Cortes</u> o Juntas de
la Nación"（9編　国会について. 61条　国会又は国（民）の集会を
設けることとする）。スペイン人による最初の憲法であるカディス
憲法（1812年）（3編1章27条）*9 では Cortes のみで表している。
Bleiberg（1981: s.v.Cortes de la época constitucional）には、この
カディス憲法の制定者達は、憲法に立脚した議会と中世の Cortes
との違いを無視したのではなく、スペインの伝統との結びつきを望
み、スペイン統治の精髄であり専制政治の歯止めであったかつての
Cortes を適応させ完成させたのがカディス憲法による新しい
Cortes であると見たゆえの命名であるという解釈が示されている。
フランコ時代にもこの語が用いられていた（1942年国会設置法1
条 Ley Constitutiva de las <u>Cortes</u> de 1942, Art.1）。

　日本憲法西語訳の Dieta という語は、現行日本国憲法英語版*10
（以下「日本憲法英語版」と略記）の *National Diet, Diet*（前文、

41条）に相当し、マッカーサー草案（前文、40条. Inoue 1991: p.303, p.308）でも同じ語が使われていて、大日本帝国憲法（1889年）英語版（伊東巳代治訳）*11 の Imperial Diet（帝国議会）（33条）までさかのぼる。これは、大日本帝国憲法制定においてプロイセンの影響を受けているとされている（石村 2010: pp.91–92、など）ことからドイツ語の Tag（会議、集会；Reichstag, Landtag）に相当する英語 Diet を使用したためと考えられる。ただプロイセン憲法（1850年）*12 には Reichstag の語は使われていない。Kammern（両院）（62条）とある。ドイツ帝国憲法（1871年）*13 には 20条に Reichstag（帝国議会）の名称等記載がある。

　スペイン王立学士院の辞書第22版の dieta には "Quizá del b. lat. dieta, trad. del al. Tag"（ドイツ語 Tag の訳、中世ラテン語 dieta からか）と語源説明がある。Corominas & Pascual（1980: s.v.dieta）は、ドイツ語 tagen 'reunirse en asamblea'（会に集う／集会を開く）が 14世紀まで使われていないのに対し、すでに 1300年頃に中世ラテン語でドイツの議会・集会の意味で di(a)eta と書かれていることなどで古典ラテン語 Diaeta 'piso superior'（上の階）が語源であると示唆している。cortes と dieta を分離の接続詞 o で繋いで使用し、同義と解釈できる 17世紀の用例を見つけることができた："Lo cual se concluyó el año siguiente en las cortes o dieta que el Emperador tuvo en Viena."*14（皇帝がウィーンで開いた議会で翌年決着をみた。）

　日本憲法西語訳の Dieta の語の通用性について考察する。日本の他にドイツ、スウェーデン、デンマークの「国会」が Dieta という名称とされている*15。しかし現在この 3カ国は自国「国会」の紹介に Dieta でなく Parlamento を使っている："El Bundestag es el Parlamento alemán."*16（Bundestag はドイツの国会である）、"El parlamento sueco promulga leyes y decide sobre los presupuestos del Estado."*17（スウェーデン国会は法律を公布し国家予算を決める）、"El sistema político danés se basa en una estructura multi-partido, en la que varios partidos pueden estar representados simultáneamente en el Parlamento."*18（デンマークの政治体制は

複数政党制に基礎を置いていて、いくつかの政党から同時に国会に代表が出ることができる）

スペイン語圏の報道で日本の「国会」を意味するのにParlamentoを使う場合と、Dietaを使ってもParlamentoで説明しているのが見受けられる："El Parlamento japonés aprobó hoy una resolución de apoyo a la candidatura de Tokio para los Juegos Olímpicos 2016."[19], "Las dos Cámaras de la Dieta（Parlamento）de Japón han elegido hoy a Shinzo Abe."[20], "La Cámara Baja del Parlamento（Dieta）de Japón ha nombrado este martes al hasta ahora titular de Economía, Yoshihiko Noda, nuevo primer ministro"[21], "A través de Twitter, el Presidente de México celebra la victoria de Shinzo Abe tras su éxito por haber sido electo por el parlamento japonés"[22], "El primer ministro nipón, Shinzo Abe, anunció la convocatoria de unas inminentes elecciones anticipadas, dos años antes de lo previsto, y ante la disolución, el próximo viernes, de la Cámara Baja del Parlamento de Japón"[23], "El presupuesto extraordinario para la reconstrucción presentado este jueves en la Dieta（Parlamento）, por un total de 4,02 billones de yenes"[24].

現在、日本以外で「国会」にこのDietaの名称は使われていないようであり、スペイン語圏の報道で言い換えが行われていることを見ると、通用性は大きくないと判断できる。

2.1.2 「衆議院」「参議院」

日本憲法西語訳で「衆議院」はCámara de Representantes（42条）の訳語が使われている。日本憲法英語版の *House of Representatives* に相当する。スペイン語圏諸国で日本と同じ二院制の国11か国のうち、ウルグアイ（84条）、コロンビア（114条）、プエルトリコ（3条1節）の憲法は、「衆議院」に相当する議院を日本と同じCámara de Representantesの名称で呼んでいる。アルゼンチン（45条）、赤道ギニア（55条）、チリ（42条）、ドミニカ共和国（76条）、パラグアイ（182条）、ボリビア（145条）、メキシコ

（51条）の7か国は Cámara de Diputados で一致している。このうち赤道ギニアは、diputados の前に定冠詞 los が付いている。スペイン（66条）は Congreso de los Diputados である。

　日本憲法西語訳の「参議院」は Cámara de Consejeros という訳語が使われている。スペイン語圏諸国憲法で「参議院」にあたる議院の名称は、アルゼンチン（54条）、コロンビア（114条）、スペイン（66条）、赤道ギニア（55条）、チリ（42条）、プエルトリコ（3条1節）での Senado、ドミニカ共和国（76条）が Senado de la República で senado を使っている。ただし Senado の語を使っている国々の憲法にも Cámara（議院）の1つとしての記載である。ウルグアイ（84条）、パラグアイ（182条）、ボリビア（145条）の3か国は、Cámara de Senadores である。メキシコ憲法（89条他）には Cámara de Senadores と Senado の両方が出てくる。

　日本憲法西語訳の「参議院」Cámara de Consejeros は、日本憲法英語版（42条）House of Councillors の訳である。councillor と consejero がそれぞれ council と consejo のメンバーを意味し、council と consejo それぞれがラテン語 concilium（会合、議会）から派生しているということからは英語とスペイン語は対応している。ではなぜ日本憲法英語版で House of Councillors の語が使われたのだろうか。「参議」とは、奈良・平安時代（大臣、大中納言に次ぐ重職）、明治2年から18年（朝政に参与した正三位相当の重職、左右大臣の次）、昭和12年から18年（内閣総理大臣の諮問機関、内閣参議）までの官職名として使われた歴史がある＊25。英訳 House of Councillors は、新憲法の「国会」について論議された昭和21年2月1日の閣議での松本国務大臣の発言にある＊26。ただこの英語用語使用の理由は示されていない。大日本帝国憲法（1889）英語版（伊東巳代治訳）（56条）には Councillors の語が天皇の諮問機関である枢密院（Privy Council）のメンバーである「枢密顧問」の英訳 Privy Councillors として使われている。「参議院」にこの語が使われたことは、枢密院や貴族院の性格の一部を残すような名称を意図したのではないかと考えられる。ただし、現行憲法の参議院は、衆議院と同じく「全国民を代表する選挙された議員でこれを組

織する」（43条）とあるので、議員選出方法や役割は貴族院や枢密院と異なる。

　日本憲法西語訳での「参議院」の訳語 Cámara de Consejeros は、日本語の歴史的意味と、国王の顧問会議として歴史的に使われていたスペイン語 Consejo のメンバーとしての名称 consejero とは共通している。しかしながら通用性という点から、スペイン語圏諸国憲法上で、以下で見るような意味で "Consejero" の語が使われていること、それに、スペイン語圏の新聞で日本の「参議院」を呼ぶのに Cámara Alta や Senado の語を使うか、あるいは日本憲法西語訳と同じ Cámara de Consejeros の用語を使う場合でも、前2者の語句を使って説明していることから、日本憲法西語訳の Cámara de Consejeros の通用性は低いと考えられる。

　スペイン語圏諸国憲法条文上の Consejero の意味：ウルグアイは、Entes Autónomos（国営企業）と Servicios Descentralizados（国営企業）の理事（92条, 100条, 200条）、エクアドルは、Consejo de Participación Ciudadana y Control Social（市民参加社会監視機関）の審議官（207条）、Consejo Nacional Electoral（国家選挙機関）の評議員（218条）、consejero regional で地方議会議員（251条）、チリも同じく Consejo Regional（地方議会）の議員（57条, 58条, 113条, 124条）、ボリビアは、consejero departamental で departamento（州）の議会議員（274条）、メキシコは、Instituto Federal Electoral（連邦選挙機関）の理事（41条, 110条）、Comisión Nacional de los Derechos Humanos（人権委員会）の Consejo Consultivo（諮問機関）委員、最高裁判所と憲法裁判所以外の下級裁判所を監督する Consejo de la Judicatura Federal（連邦司法会議）の議員で使われている。

　スペイン語圏新聞で日本の「参議院」を表す例：

　"La Cámara Baja nipona aprobó hoy por mayoría la nominación como nuevo gobernador del Banco de Japón (BOJ) del economista Haruhiko Kuroda, que deberá ser refrendado mañana por la Cámara Alta para poder acceder al cargo." *27, "El Senado de Japón aprueba una polémica reforma de las pensiones ... La

70　　II 法固有の場面におけるスペイン語の諸相

Cámara de Consejeros (Cámara alta, semejante al Senado) aprobó ayer una polémica reforma de las pensiones en una sesión plenaria no exenta de alboroto, según la agencia japonesa Kyodo News."*28, "La Cámara de Consejeros, la cámara alta japonesa, también nombró a Kikuo Iwata y Hiroshi Nakaso como nuevos vicegobernadores de la entidad"*29

　以上、スペイン語圏の報道では、参議院のことを Cámara Alta あるいは Senado と呼ぶか、あるいは Cámara de Consejeros という用語を使っても、Cámara Alta や Senado で説明している。

2.1.3 「国会議員」

　日本憲法西語訳で「国会議員」は、los miembros de la Dieta（7条4、67条、68条、99条）、「衆議院」と「参議院」の「議員」は、miembro de la Cámara（45条、46条）で表現されている。日本憲法英語版の *members of the Diet* や *members of the House* に相当している。スペイン語圏諸国憲法で「国会議員」を示す語は、構成員という意味で miembro が使われている条項もある。例えば、チリ憲法47条には、"La Cámara de Diputados está integrada por 120 miembros elegidos en votación directa por los distritos electorales"（下院は、選挙区ごとに直接選挙により選出される120名の構成員からなる）

　スペイン語圏諸国で一院制10か国の憲法で「国会議員」を示す語は、diputado がほとんどである：エルサルバドル（121条）、キューバ（71条）、グアテマラ（157条）、コスタリカ（106条）、ニカラグア（132条）、パナマ（147条）、ベネズエラ（186条）、ホンジュラス（189条）。ペルーでは congresista（90条）、エクアドルでは asambleístas（118条）という語が使われている。

　二院制のスペイン語圏諸国11か国の憲法で「衆議院議員」に相当する語としては、diputado と representante が使われている。diputado が使われているのは、アルゼンチン（46条）、スペイン（68条）、赤道ギニア（56条）、チリ（48条）、ドミニカ共和国（77条）、パラグアイ（187条）、ボリビア（146条II）、メキシコ（52

条）である。また、これらのうち「両議院の議員」の意味では、スペインで parlamentario（67条3と151条2. 2º）、ドミニカ共和国で legislador（77条）、ボリビアで asambleísta（147条）という語が使われている。

representante が使われているのは、ウルグアイ（88条）、コロンビア（132条）、プエルトリコ（3条2節）である。アルゼンチン憲法では45条に representantes とあるが、代表者の意味と解釈でき、上記のように「衆議院議員」の意味では46条の diputado と考える。

スペイン語圏諸国憲法で「参議院議員」に相当する議員を表す語は、二院制の11か国すべてで senador が使われている。アルゼンチン（54条）、ウルグアイ（95条）、コロンビア（132条）、スペイン（69条）、赤道ギニア（56条）、チリ（49条）、ドミニカ共和国（77条）、パラグアイ（187条）、プエルトリコ（3条2節）、ボリビア（148条.II）、メキシコ（56条）。

2.2. 行政

2.2.1 日本

日本憲法西語訳の65条で「内閣」は Gabinete、「内閣総理大臣」（66条）は Primer Ministro、「国務大臣」（66条）は Ministros de Estado で訳されている。それぞれ日本憲法英語版 *Cabinet*、*Prime Minister*、*Ministers of State* に相当している。「旧西語訳版」では「内閣」が Consejo de Ministros となっていた。

2.2.2 キューバとスペイン

キューバは、「国会」（人民権力全国議会*30）が Consejo de Estado（国家評議会）（74条）の構成員を「国会議員」の中から選出し、その presidente（国家評議会議長）が国家元首かつ行政の長であり、その提案により、Consejo de Ministros（閣僚評議会）（75条II）の構成員を指名する。さらにこの閣僚評議会の中心メンバーで Comité Ejecutivo を構成（97条）し、この機関が、閣僚評議会の開催されていない期間、その代わりの決議をすることができ

72　　II 法固有の場面におけるスペイン語の諸相

ることになっている。

　スペインの「国王は、国会に代表を有する政治団体により指名された代表者と事前に協議した上で」*31（99条1）Presidente del Gobierno「内閣総理大臣」候補者を推挙、その候補者は、組織予定のGobierno「内閣」（99条2）の政治プログラムを開陳し、それを衆議院が信任したら、国王が候補者を総理大臣に任命（99条3）する。他にMinistro「国務大臣」（98条1）、Consejo de Ministros（61条f）「閣議」と内閣の諸問機関Consejo de Estado「枢密院」（107条）の記載が憲法にある。

2.2.3　大統領

　他の18か国は、国民の選挙で選ばれる大統領（Presidente）が国家元首（Jefe del Estado）であるとともに行政を行う。ただし内閣が存在し、いわゆるアメリカ合衆国型大統領制とは異なる型の国が多い（川畑2013: pp.6–7）。プエルトリコは、アメリカ合衆国の自由連合州なのでPresidenteではなくGobernador（4条1節）と記載されている。

　大統領をPresidente de la Repúblicaと表現しているのは、ウルグアイ（149条）、エクアドル（164条）、エルサルバドル（150条）、グアテマラ（182条）、コスタリカ（130条）、コロンビア（115条）、赤道ギニア（32条）、チリ（24条）、ドミニカ共和国（49条）、ニカラグア（144条）、パナマ（170条）、パラグアイ（226条）、ベネズエラ（225条）、ペルー（110条）、ホンジュラス（235条）、ボリビア（165条）である*32。アルゼンチンは、Presidente de la Nación Argentina（87条）、メキシコはPresidente de los Estados Unidos Mexicanos（80条）という名称としている。

2.2.4　大統領を補佐する機関と大臣

　大統領を補佐する機関にあたる語は、主にConsejo de Ministrosという語で表現される。ウルグアイ（149条）、エルサルバドル（166条）、グアテマラ（195条）、赤道ギニア（46条）、ドミニカ共和国（137条）、ニカラグア（151条）、パラグアイ（239条,

第3章　日本国憲法スペイン語訳とスペイン語圏諸国憲法における組織名・職名の通用性　　73

243条)、ベネズエラ（242条）、ペルー（121条）、ボリビア（165条, 174条3）が、Consejo de Ministros と記載している。これらのうち、ペルー憲法には内閣総辞職にあたる語句として crisis total del gabinete（133条）という表現が使われている。またボリビア憲法には、gabinete ministerial（172条22）という記載もある。

ホンジュラス憲法には、Consejo de Secretarios de Estado（5条, 242条）と Consejo de Ministros（252条）の両方の記載がある。大臣は Secretario de Estado（247条）と ministros（248条）がある。

アルゼンチンが gabinete de ministros（100条）とあり、大臣が ministro secretario（100条）と表現されている。コスタリカは Consejo de Gobierno（147条）で大臣が Ministros de Gobierno（141条）、コロンビア（115条）が Gobierno（Nacional）で大臣が ministros de despacho、パナマ（199条）が Consejo de Gabinete と大臣が Ministros（de Estado）である。プエルトリコ（4条5節）が Consejo de Secretarios を使い、大臣に相当する者は Secretarios de Gobierno という名称である。

エクアドル、チリ、メキシコの憲法では、内閣あるいは大統領を補佐する機関にあたる表現の記載を見つけられなかった。大臣およびこれに相当する職は、エクアドルで ministras y ministros de Estado（154条）、チリが Ministros de Estado（33条）、メキシコで secretarios de（Estado）（89条）の語で表されている。

「内閣総理大臣」にあたる日本憲法西語訳の訳語 Primer Ministro と同じ語句は、大統領も存在する赤道ギニアの憲法（32条3）にのみある。アルゼンチンが jefe de gabinete de ministros（100条）、ペルーが Presidente del Consejo de Ministros（121条, 122条）という名称が使われている。他は、大統領が内閣あるいは大統領を補佐する機関の長を兼任している。

2.3. 司法

2.3.1 「最高裁判所」

日本憲法西語訳で「最高裁判所」は、6条2で Corte Suprema de

Justicia、76条以降でCorte Supremaと訳されている。日本憲法英語版はどちらも*Supreme Court*である。81条に"La Corte Suprema es el tribunal definitivo para determinar la constitucionalidad de cualquier ley"「最高裁判所は、一切の法律、命令、規則又は処分が憲法に適合するかしないかを決定する権限を有する終審裁判所である」とあるように、「裁判所」としてtribunalの語を使い、その中の「最高裁判所」をCorte Supremaと訳している。これは「公平な裁判所」（37条）をun tribunal imparcial、「下級裁判所」（76条1、77条、80条）をtribunales inferiores、「特別裁判所」（76条2）をtribunales extraordinariosとしていることからも言える。ただ、「弾劾裁判所」（64条）はuna corte procesalとしている。日本憲法英語版では「弾劾裁判所」（64条）も含め、「裁判所」を*cort*（76条1, 77条, 80条, 81条）と表現し、「特別裁判所」（76条2）のみ*extraordinary tribunal*として*tribunal*を使っている。「旧西語訳版」では「最高裁判所」（76条）（6条2は脱落）Tribunal Supremo、「弾劾裁判所」（64条）tribunal especialも含め、「裁判所」をtribunalで表現している。

「最高裁判所」を日本と同じCorte Suprema de Justiciaと呼んでいるのが、アルゼンチン（108条）、エルサルバドル（172条）、グアテマラ（214条）、コスタリカ（157条）、コロンビア（234条）、赤道ギニア（97条）、チリ（78条）、ニカラグア（163条）、パナマ（203条）、パラグアイ（258条）、ペルー（143条）、ホンジュラス（308条）の各憲法である。ウルグアイ（234条）、ドミニカ共和国（149条）、メキシコ（94条）はSuprema Corte de Justiciaの語順、エクアドルはCorte Nacional de Justicia（182条）である。

スペイン（123条）、プエルトリコ（5条）、ベネズエラ（262条）、ボリビア（181条）は、Tribunal Supremo（de Justicia）で、キューバはTribunal Supremo Popular（121条）である。

2.3.2 最高裁判所の裁判官

「最高裁判所の長たる裁判官」（6条）（最高裁判所長官）は、日本憲法西語訳でPresidente de la Corte Suprema de Justiciaとある。

その他の「裁判官」は、弾劾裁判に関する 64 条のみ magistrados judiciales を使い、これ以外では、最高裁判所の「長たる裁判官以外の裁判官」（79 条）（最高裁判所判事）を含め、juez で訳されている。日本憲法英語版は「長たる裁判官」（6 条）*the Chief Judge* も含め、すべて *judge* である。「旧西語訳版」は最高裁判所判事（79 条）を magistrados、下級裁判所（80 条）も含め「裁判官」を jueces と表現している。

　スペイン語圏諸国憲法で、最高裁判所裁判官を magistrado としているのが、アルゼンチン（99 条 4）（他に juez: 110 条, miembro: 111 条）（下級裁判所判事も magistrado: 114 条）、エルサルバドル（176 条）、グアテマラ（214 条）、コスタリカ（157 条）、コロンビア（232 条）、赤道ギニア（97 条）、ドミニカ共和国（178 条 7）、ニカラグア（163 条）、パナマ（203 条）、ベネズエラ（magistrado o magistrada: 263 条）、ボリビア（Magistradas y Magistrados: 181 条）（juezas y jueces: 195 条 2）、ホンジュラス（309 条）の 12 か国で、チリは、magistrado（81 条）と ministro（78 条）の両方が使われている。パラグアイ（225 条）とメキシコ（94 条）は ministro を使っている。

　スペインは、Jueces y Magistrados（117 条）と裁判官一般について記載があるが、最高裁判所裁判官の名称は見つけられなかった。juez を使っているのが、エクアドル（juezas y jueces: 182 条）、キューバ（75 条 m）、プエルトリコ（un juez presidente y cuatro jueces asociados: 5 条 3 節, 8 節）である。プエルトリコは、El Juez Presidente のことを magistrado（5 条 7 節）と言っているところもある。ウルグアイ（234 条）は、miembro を使っている。

　ペルーは、最高裁判所長官に相当する Presidente de la Corte Suprema（80 条, 144 条）と、最高裁判所判事に vocales de la Corte Suprema（99 条, 154 条 3, 156 条, 201 条）、それに magistrado（magistrados supremos: 39 条、Magistrado de la Corte Suprema: 147 条、179 条）で表現している。

3. まとめ

国会、衆議院、参議院、衆議院議員、参議院議員、行政の長、最高裁判所の7つに相当する機関や職にどのような名称を使っているか、日本を含め22か国で比較し共通性をまとめてみる。国会が一院制の国については、国会、国会議員、行政の長、最高裁判所の4つを比較した。内閣、大臣、最高裁判所裁判官については、この考察からは除外している。

7つの概念の中での日本憲法西語訳は、Cámara de Representantes「衆議院」でウルグアイ、コロンビア、プエルトリコと共通、Corte Suprema de Justicia「最高裁判所」でアルゼンチン、エルサルバドル、グアテマラ、コスタリカ、コロンビア、赤道ギニア、チリ、ニカラグア、パナマ、パラグアイ、ペルー、ホンジュラスと共通で、これらのうち、コロンビアのみが2語とも日本憲法西語訳と共通である。他の5つ（Dieta, Cámara de Consejeros, miembros de la Dieta / de la Cámara, Primer Ministro）については、日本憲法西語訳とスペイン語圏諸国憲法上の用語との共通性はない。日本憲法西語訳と同じ Primer Ministro を赤道ギニアでも使っているが、行政の長として後者は Presidente なので、共通でないとする。

以下は、スペイン語圏諸国憲法間での比較をまとめる。エルサルバドル、コスタリカ、ニカラグア、パナマは一院制のため比較が4つの用語に過ぎないが、Asamblea, diputado, Presidente de la República, Corte Suprema で同じ用語を使っている。この4か国のうち、パナマ以外が、グアテマラ、ホンジュラスと一緒にかつて制定した República Federal de Centro América（中米連邦共和国）憲法（1824年）と現行憲法の用語とは、各州議会（現在の各国議会）の Asamblea（177条）、連邦共和国大統領（副大統領）を el presidente（y vicepresidente）de la República（42条）、最高裁判所の Corte Suprema（ただし137条, 144条の2か所のみ、8編など15か所は Suprema Corte の語順）は共通と言える。

二院制の国で共通する用語が多いのは、チリとドミニカ共和国の間で、7つの用語のうち、1つ「最高裁判所」が Corte Suprema と

Suprema Corte との語順のみの違いで、他の6つ Congreso, Cámara de Diputados, Senado, diputado, senador, Presidente de la República が共通である。次に共通性が多いのが、チリとパラグアイ（Congreso, Cámara de Diputados, diputado, senador, Presidente de la República, Corte Suprema の6つが共通。Senado と Cámara de Senadores の違い）、チリとアルゼンチンの間（Congreso, Cámara de Diputados, Senado, diputado, senador, Corte Suprema の6つが共通。違いは Presidente de la República と Presidente de la Nación の de の後ろの国を表す部分が異なっている）である。

　ドミニカ共和国とメキシコの間では、Congreso, Cámara de Diputados, diputado, senador, Suprema Corte の5つが共通し、メキシコの Cámara de Senadores と Senado の2つの表現の後者がドミニカ共和国と共通で、「行政の長」の正式名称が Presidente de la República と Presidente de los Estados Unidos Mexicanos と国を表す部分の違いである。スペインと赤道ギニアは3つ（Senado, diputado, senador）、ウルグアイと赤道ギニアは、2つ（senador, Presidente de la República）共通で、エクアドルと赤道ギニア（Presidente de la República）、キューバと赤道ギニア（diputado）、ペルーとメキシコ（Congreso）の間は、1つの用語においてのみ共通である。

　以上見てきた限りでは、スペイン語圏諸国憲法の用語の違いと各国の地理的位置との関連は中米の場合を除いて薄い。以上は、憲法条文上の用語を調べたものであるが、これらと一般の人々に使われている語形との関連を第4章でみる。

＊1　本章は、拙稿「日本国憲法スペイン語訳とスペイン語圏諸国憲法における用語」（*HISPÁNICA*. 57号、2013年、pp.49–67）に加筆修正をしたものである。
＊2　本文中の引用文の下線はすべて筆者による。

http://www.cu.emb-japan.go.jp/es/docs/constitucion_japon.pdf（参照2012-9-17）"Realizado para el Ministerio de Relaciones Exteriores por Kodansha International Ltd., responsable del contenido de este artículo"（外務省のために講談社インターナショナルが作成し内容について責任を持つ）とある。

＊3　http://web-japan.org/factsheet/es/pdf/es09_constitution.pdf（参照：2012/9/17）

＊4　在キューバ日本大使館版と *Web Japan* 版は、前者は Ficha informativa sobre Japón、後者は *Japan Fact Sheet* のタイトルで、体裁は異なるものの、訳文は同じで、2か所の誤植がある。前文の"Nosotros, el pueblo japonés, actuando por intermedio de los representases［*sic* 正しくは representantes］"と、54条2項「参議院の緊急集会を求める」を"convocar a la Cámara de Representantes（衆議院）［*sic* 正しくは Consejeros（参議院）］a sesión de emergencia"とあるのが共通している。

＊5　"*The International Society for Educational Information, Inc., Tokyo*"調査対象版の上記の誤植は無い。

＊6　Real Academia. *Nuevo tesoro lexicográfico de la lengua española*（NTLLE）を参照した。

＊7　*UK Parliament. The first Parliaments.* http://www.parliament.uk/about/living-heritage/evolutionofparliament/riginsofparliament/birthofparliament/overview/ firstparliaments/（参照：2013/03/20）

＊8　*Real Academia. Corpus diacrónico del español*（CORDE）（スペイン語通時コーパス）を参照した。

＊9　"TITULO III. DE LAS CÓRTES. CAPITULO I. Del modo de formarse las Córtes. ART. 27. Las Córtes son la reunion de todos los diputados que representan la Nacion,..."（3編コルテスについて. 1章コルテスの構成方法について. 27条「コルテスは、（中略）国民を代表する全代議員の集合体である」（北原1991: pp.63–64）

＊10　首相官邸ウエブサイト：http://www.kantei.go.jp/foreign/constitution_and_government_of_japan/constitution_e.html（参照：2012/9/17）など、公的機関で英語版が公開されている。

＊11　http://history.hanover.edu/texts/1889con.html（参照：2012/10/5）*From Hirobumi Ito, Commentaries on the constitution of the empire of Japan,trans. Miyoji Ito (Tokyo: Igirisu-horitsu gakko, 22nd year of Meiji, 1889), Hanover Historical Texts Project, Scanned by Jonathan Dresner, Harvard University.* 伊東巳代治は、大日本帝国憲法起草に参画している。参考：http://www.ndl.go.jp/portrait/datas/14.html（参照2015/6/4）

＊12　*Verfassungsurkunde für den Preußischen Staat*（31.01.1850), in: documentArchiv.de［Hrsg.],（参照2013/3/17）

＊13　*Gesetz betreffend die Verfassung des Deutschen Reiches*（16.04.1871), in: documentArchiv.de［Hrsg.],（参照2013/3/17）

＊14　Sandoval, Fray Prudencio de（1604–1618). *Historia de la vida y hechos del Emperador Carlos V.*（Real Academia. CORDE から引用）

＊15　『現代スペイン語辞典改訂版』白水社, 2001、『プエルタ新スペイン語辞

典』研究社, 2006、『クラウン西和辞典』三省堂, 2006 の dieta の項目。

＊16 http://www.tatsachen-ueber-deutschland.de/es/el- sistema-politico/main-content-04/el-bundestag.html（参照 2013/3/25）

＊17 http://www.riksdagen.se/es/Start/Espanol-spanska-/ Funciones-del-Parlamento-y-del-Gobierno/（参照 2013/3/25）

＊18 http://denmark.dk/es/sociedad/gobierno-y-politica/（参照 2013/3/25）

＊19 以下、新聞やラジオの記事はウエブ版を参照した。http://www.eluniversal.com.mx/notas/584180.html（参照 2013/3/25）2009 年 3 月 17 日の記事。（メキシコ紙 El Universal: 日本の Parlamento［国会］は、今日 2016 年オリンピックに立候補することを支持する決議を承認した）。通信社 EFE の記載がある。以下の記事も含めて用語選択にはニュース源が通信社である場合その文章の影響が考えられる。しかし自国読者を想定して最終的な用語選択をしているはずである。

＊20 http://internacional.elpais.com/internacional/2012/12/26/actualidad/1356512216_745584.html（参照 2013/3/25）（スペイン紙 El País: 日本の Dieta (Parlamento)［国会］の両院は今日、安倍晋三を選出した）

＊21 http://www.elmundo.es/elmundo/2011/08/30/ internacional/1314674778.html（参照 2013/3/25）（スペイン紙 El Mundo: 日本の Parlamento (Dieta)［国会］の Cámara Baja［衆議院］はこの火曜日、財務大臣野田佳彦を内閣総理大臣に指名した）

＊22 http://www.excelsior.com.mx/2012/12/26/nacional/ 876700（参照 2013/3/25）（メキシコ紙 Excelsior: ツイッターを通じてメキシコ大統領は、日本の parlamento［国会］で選出されるという成功を収めた安倍晋三の勝利を祝っている）

＊23 2014 年 11 月 18 日午前 10:09 の日時記載がある。http://www.radionacional.com.ar/?tag=camara-baja-del-parlamento-de-japon（参照 2015/6/5）（アルゼンチンのラジオ局 Radio Nacional Argentina: 日本の総理大臣安倍晋三は、予定より 2 年前倒し、日本の Parlamento［国会］の Cámara Baja［衆議院］選挙を実施すると、来週金曜日の解散より前に発表した。）

＊24 http://elcomercio.pe/mundo/actualidad/japon-demorara-tres-anos-retirar-escombros-terremoto-noticia-750333（参照 2015/6/5）（ペルー紙 El Comercio: 今週木曜日に Dieta (Parlamento)［国会］に提出された復興のための特別予算は、合計 4 兆 200 億円）

＊25 日本国語大辞典, ジャパンナレッジ（オンライン）「参議」の項 http://www.jkn21.com（参照 2013/3/20）

＊26 佐藤達夫『日本国憲法成立史』2 巻, 有斐閣, 1964, pp.637–639、田中嘉彦（2004: p.32）の引用による。

＊27 http://economia.elpais.com/economia/2013/03/14/ agencias/1363249648_343395.html（参照: 2013/3/25）.（スペイン紙 El País: 日本の Cámara Baja［衆議院］は今日、経済学者の黒田東彦を日本銀行の新しい総裁に任命することを承認した。就任のためには明日 Cámara Alta［参議院］で承認されなければならない）. この記事のように、日本の「衆議院」も日本憲法西語訳とは異なる Cámara Baja と呼んでいる記事がある。

80　　Ⅱ　法固有の場面におけるスペイン語の諸相

*28 http://elpais.com/diario/2004/06/06/economia/ 1086472802_850215. htm（Agencias Tokio 2004-06-06）（参照：2013/3/25）（スペイン紙 El País: 日本の Senado［参議院］論争となっている年金改革を承認（略）日本の共同通信社によると、Cámara de Consejeros［参議院］（Senado に似た Cámara alta）は、昨日、論争となっている年金改革を、本会議で混乱の中承認した。）

*29 http://www.eluniversal.com.mx/notas/910404.html（参照：2013/3/15）（メキシコ紙 El Universal: 日本の Cámara de Consejeros, la cámara alta［参議院］は、また岩田規久男と中曽宏をその機関［日銀］の副総裁に任命した。）

*30 キューバの用語は、日本国外務省使用の訳語を添える。http://www.mofa.go.jp/mofaj/area/cuba/data.html（参照：2013/3/27）

*31 用語の和訳も含め黒田（1982）より引用。

*32 このうち、エクアドル（63条）、ドミニカ共和国（122条）、ベネズエラ（225条）、ボリビア（165条）の各憲法には男女両形が記載されている。

(Resumen)
Algunos términos en las constituciones de Japón y
de los países hispanohablantes

HOTTA Hideo

Hemos examinado algunos de los términos principales sobre los poderes
legislativo, ejecutivo y jurídico en las constituciones vigentes de los 21 países
hispanohablantes y en la traducción española semioficial de la Constitución
japonesa. Hemos constatado, entre otros: que existe mucha variedad termino-
lógica y que los términos "Dieta" y "Cámara de Consejeros" de la
Constitución japonesa son traducciones fieles de su versión inglesa y contienen
un matiz que corresponde a la tradición histórica japonesa, aunque no se utili-
zan en ninguna de las constituciones actuales de los países hispanohablantes.

第4章

地域差研究における
スペイン語圏諸国憲法条文上の用語

堀田英夫

1. はじめに

1.1. 目的*1

「フアン・M・ロペ・ブランチ・スペイン語圏教養規範プロジェクト」*2（Proyecto de la norma culta hispánica Juan M. Lope Blanch）の一環としての「主要都市教養口語語彙」（Léxico del habla culta de las principales ciudades）の調査結果が、現在までのところ10か国（プエルトリコも含め）、14都市のものが出版されている*3。この語彙調査は、21分野、4,452項目の質問票に基づいて、各都市3つの年齢層からなる十数人から二十数人の教養ある階層*4 のインフォーマント男女を対象にした面接による語彙調査の結果である。

質問票には、項目番号3083から3169までの「国政」*5（La política nacional）という意味分野があり、その中に、3090 'congreso nacional'「国会」や3097 'corte suprema de justicia'「最高裁判所」のような国の公的職名や機関名の項目がある。

これらの語は、衣食住に関する語のように日常生活の中で家族や友人などから習い覚えるというよりは、学校教育やマスコミでの使用から記憶することが多い語ではないかと考えられる。その源泉は自国の組織の名称ならばそれぞれの国の憲法や法律やそれに基づく公的機関からの広報であると考えられる。そうであるなら、言語の地域差研究の対象としては、他の種類の語と別の扱いをする必要があるのではないかということが提起できる*6。本章では、これら10か国、14都市の語彙調査結果に含まれる国の公的職名や機関名10項目の回答の語形と、当該国の憲法条文上の用語とを比較し、日常語と憲法条文上の用語との関連を調べてみる。

83

1.2. 語彙項目の検討

サンチアゴ（チリ）(1987)*7、ラ・パス（1996)、コルドバ（アルゼンチン）(2000)、セビリャ（2005)、ハバナ（2010）の調査結果報告書には、調査時の質問文が掲載されている。今回検討した語彙項目について、前四者は、同じ質問文であり、ハバナ（2010）のみ項目によっては、一部語句が異なった質問文が示されている。以下、異なった文が示されている場合、ハバナ（2010）としてそれを示す。調査者は都市ごとに異なるが、各都市でおおむねこのような文で質問して得られた回答が収録されているはずである。

3085 'Jefe de Estado' 「国家元首」

¿Y la autoridad máxima del gobierno?（政府の最高権威者は？）

スペインは「議会君主制」（Monarquía parlamentaria)（1条1）で、国王が国家元首であり、行政の長は別に存在するので、見出し語と質問文とが一致していない。インフォーマントに通常は質問だけが提示されるので、行政の長を回答することが推定される。その他のスペイン語圏の国々は、行政の長が国家元首を兼ねているので見出し語と質問文とは一致している。

3086 'ministro' 「大臣」

¿Y cada ciudadano nombrado por el presidente para que se ocupe de asuntos como educación, economía, etc.?（大統領に指名され、教育、経済等のような事柄を扱う各市民は？）

ハバナ（2010）: ¿Y cada ciudadano nombrado por el jefe de gobierno para que se ocupe de asuntos como educación, economía?（政府の長に指名され、教育、経済のような事柄を扱う各市民は？）

スペイン語圏諸国は、キューバとスペインの他は大統領制をとっていて、日本の「大臣」とは異なった職責となっている国もある。質問文は行政長官としての「大臣」を尋ねてい

る。

3090 'congreso nacional' 「国会」

¿Y la institución en que opera? （それ［立法権］が行われる機関は?）

ハバナ（2010）: 'PARLAMENTO'「議会」: ¿Y la institución en la que opera? （それ［立法権］が行われる機関は?）

　この項目の直前は、3089 'poder legislativo'「立法権」¿Y el poder que se ocupa de elaborar las leyes? （法律を作ることを扱う権限は?）という項目なので、立法権を行う機関を尋ねていることがわかる。

3091 'cámara de representantes' 「下院」

¿Cómo se llama el cuerpo inferior de colegisladores en un gobierno representativo? （代議政体において共同立法の下位機関はどう呼ばれているか?）

ハバナ（2010）: ¿Cómo se llama el cuerpo inferior de colegiatura en un gobierno representativo? （代議政体において同僚＊8の下位機関はどう呼ばれているか?）

3092 'senado' 「上院」

¿Y el superior? （上位機関は?）

　語彙調査結果が公刊されている10か国には、一院制の国、あるいは時期により一院制であった国もある。一院制での3091「下院」、3092「上院」、3093「下院議員」、3094「上院議員」の項目へは、マスコミで扱われる他の国の制度を回答していると考えられる。また、二院制では、質問文中の"inferior"（下位）と"superior"（上位）という表現が、制度上優越した地位を持つ議院と理解されると、3091と3092とが入れ替わった回答が得られる可能性がある。

3093 'representante, diputado' 「下院議員」

¿Cómo se llama cada integrante de la cámara baja? （下院の各構成員はどう呼ばれているか?）

3094 'senador' 「上院議員」

¿Y de la cámara alta? （上院のは？）

ハバナ（2010）：¿Y el de la cámara alta? （上院のそれは？）

3097 'corte suprema de justicia' 「最高裁判所」

¿Y la institución de la que dependen todas las destinadas a administrar justicia? （司法行政を担うすべてが属している機関は？）

　この質問へは、各国の制度によって、最高裁判所ではなく、司法省やその他の機関を回答する可能性がある。直前の3096で 'Ministro de justicia'「法務大臣」または「司法大臣」を ¿Y la autoridad máxima de la cartera de justicia?（政府の行政機関で司法業務の最高権威は？）と尋ねている。3096と3097を同じ語句で答えているインフォーマントもいる。

3098 'tribunal' 「裁判所」

¿Y el lugar donde se pronuncian las sentencias? （判決が言い渡される場所は？）

　この質問へは、裁判所一般のみならず最高裁判所も含めて回答する可能性がある。

3099 'juez' 「裁判官」

¿Y la persona que las pronuncia? （それを言い渡す人は？）

　この質問も、最高裁判所判事も含む裁判官一般を回答する可能性がある。

2162 'juez'「裁判官」

¿Y el funcionario encargado de administrar justicia? （司法行政を担う公務員は？）

　3099と2162は、この項目が並んでいる分野が異なる。すなわちインフォーマントにとっては、その前に尋ねられた語彙項目が異なる。また上記のように質問文も異なる。しかし、今回見た調査結果14都市のうち11都市の調査結果は、両項目とも都市ごとで同じ数のインフォーマントが同じ語形を回答している。残りの3都市も都市ごとの各語形を答えたインフォーマントの数は少し異なるものの語形およびイン

86　　Ⅱ　法固有の場面におけるスペイン語の諸相

フォーマント数の順位は同じである：サン・フアン（プエルトリコ）：3099: juez(12)＊9; 2162: juez(9)、サンチアゴ（チ　リ）：3099: juez(13), magistrado(3); 2162: juez(13), magistrado(2)、メキシコ市：3099: juez(25); 2162: juez(23)。したがって、両項目の回答は実質異ならないと判断し、以下では、3099のみ記載することとする。

　以上の質問文を踏まえ、主要都市教養口語語彙（Léxico del habla culta de las principales ciudades）の調査結果を検討する。各都市、各項目の回答のうち、原則としてインフォーマント2名以上の回答があった語形を考察の対象とする。核となる語が同一であっても、別の語との組み合わせや語順の違いは、別の回答として調査結果が示されているものは、回答数もこれに従った数を基準とした。以下、国別に各都市の、立法：3090「国会」、3091「下院」、3092「上院」、3093「下院議員」、3094「上院議員」、行政：3085「国家元首」、3086「大臣」、司法：3097「最高裁判所」、3098「裁判所」、3099「裁判官」の順に見ていく。憲法条文上の語形は引用符を付けない場合、大文字で引用し、語彙調査の回答は、憲法条文上にあるのと同じ語形はすべて大文字で、条文上に無い語形は、すべて小文字にして引用する。条文上の語形に近いと考えられる語形には下線を引き、説明を加えた。

2. 語彙調査結果と憲法上の語との比較

2.1. アルゼンチン
　アルゼンチンは、ブエノスアイレス（1998）とコルドバ（2000）の調査結果が公刊されている。ブエノスアイレスの調査年は、1969年から1971年当初で、インフォーマントは12名（Academia Argentina 1998: pp.13–14）、コルドバは、1995年から1997年に調査が実施され、インフォーマントは当初12名で、1996–1997年は13名とある（Malanca et al. 2000: t. I. p.XIV, XIX）。ブエノスアイレスは現行憲法（1994年12月15日承認、翌

第4章　地域差研究におけるスペイン語圏諸国憲法条文上の用語　　87

1995年1月3日公布）の施行より前の調査なので1853年旧憲法
（その後の改訂）と比較、コルドバの調査は、施行直後の調査なの
で旧憲法と現憲法の両方を参照した。ただ、今回調べた10項目で
新旧憲法条文上の基本的な違いは無い。3090「国会」に、現憲法
は、行政権について記載している条項ではCONGRESO（44条）
を使い、他の部分で、CONGRESO DE LA NACIÓN（75条24）、
CONGRESO FEDERAL（32条）、CONGRESO NACIONAL
（124条）も使っている。これは、1853年憲法（1860, 1866,
1898, 1957改訂）の行政権を記載した条項でCONGRESO（36
条）を使い、他に、CONGRESO FEDERAL（32条）、CON-
GRESO DEL ESTADO DE LA NACIÓN（86条11）も使っている
のとほぼ同じである。1949年改訂で、CONGRESO NACIONAL
（4条）の語形が使われ、1993年12月29日公布された憲法改訂の
法律24,309番でもCONGRESO NACIONAL（3条）が使われて
いる。

　　ブエノスアイレス（括弧内の条文番号は、旧憲法）3090:
CONGRESO NACIONAL(11)(1949改訂4条); 3091:
CÁMARA DE DIPUTADOS(12)(37条); 3092: SENADO(9)
(46条), cámara de senadores(3); 3093: DIPUTADO(12)(38
条); 3094: SENADOR(12)(46条); 3085: PRESIDENTE(12)
(74条＝PRESIDENTE DE LA NACIÓN ARGENTINA), jefe
de estado(6); 3086: MINISTRO(12)(86条10); 3097:
CORTE SUPREMA（DE JUSTICIA)(12)(94条), suprema
corte(10); 3098: TRIBUNAL(12)(94条), juzgado(10); 3099:
JUEZ(12)(96条)

　　コルドバ（旧憲法と現憲法の条文番号を括弧内に；で分けて
並べる）: 3090: CONGRESO NACIONAL(8)(1949改訂4
条；124条), LEGISLATURA(6)(38条；46条. 国会開催の意
味＊10), 3091: CÁMARA DE DIPUTADOS(7)(37条；45条),
cámara de representantes(3); 3092: SENADO(9)(46条；54
条), cámara de senadores(3), cámara alta(2); 3093: DIPU-
TADO(13)(38条；46条); 3094: SENADOR(13)(46条；54

条); 3085: PRESIDENTE (9) (74条; 88条), jefe de estado (7); 3086: MINISTRO (S) (13) (86条10; Cap. 4); 3097: CORTE SUPREMA DE JUSTICIA (9) (94条; 108条), suprema corte de justicia (2); 3098: TRIBUNAL (9) (94条; 108条), LOS TRIBUNALES (2) (94条; 108条), juzgado (2); 3099: JUEZ (13) (96条; 18条)

　語彙調査の回答にあったこれら語形のうち、3092: cámara de senadores は、この形でこそ条文上には無いが、旧憲法36条、現44条の条文："Un Congreso compuesto de dos Cámaras, una de Diputados de la Nación y otra de Senadores de las provincias y de la Capital［現憲法：de la ciudad de Buenos Aires］, será investido del Poder Legislativo de la Nación."（国会は、1つは国の代議員による議院で、もう1つは州と首都［ブエノスアイレス市］からの上院議員による議院の2院からなり、国の立法権を付与されるものとする）という記載から、旧46条、現54条のSENADOと同じであることが推論される*11。

　今回考察した項目でブエノスアイレス市で2名以上の回答があった語形の回答者数を合計すると延べ145名、そのうち、旧憲法条文上にある用語と同じ語形を回答した回答者数は延べ116名であり、全回答者延べ数の80.0%である。コルドバ市で2名以上の回答があった語形の回答者数は延べ130名、そのうち、条文上にある用語の回答者数は、新旧同じで、延べ111名、全回答者数の85.4%である。

2.2.　キューバ

　首都ハバナの調査結果が公刊（2010）されている。調査年は、1995年から1997年にかけて（Universidad de La Habana 2010: p.12）、21名のインフォーマント対象の調査である。一院制なので、3091「下院」、3092「上院」、3093「下院議員」、3094「上院議員」は、マスコミなどで扱われる他の国の制度を回答していると考えられる。1976年施行の現行憲法の条文上の用語と比較する。

　3090: parlamento (13), congreso (3); 3091: cámara de

representantes(6), cámara baja(3), cámara de diputados(2); 3092: senado(10), cámara alta(2); 3093: representante(s)(6), DIPUTADO(S)(5)(71条); 3094: senador(13); 3085: PRESI-DENTE(13)(74条), JEFE DE ESTADO(9)(74条), JEFE DE GOBIERNO(4)(74条), primer ministro(3); 3086: MINIS-TRO(21)(96条); 3097: TRIBUNAL SUPREMO(12)(121条), ministerio de justicia(4); 3098: TRIBUNAL(19)(120条), juz-gado(4); 3099: JUEZ(19)(124条)

今回考察した項目で2名以上の回答があった語形の回答者数の合計は延べ181名、そのうち、憲法条文上にある用語の回答者数は、延べ112名で、61.9%である。

2.3. コロンビア

ボゴタの語彙調査結果が1997年に公刊されている。調査年は1987年から1990年（Otálora 1997: p.21）で、25名のインフォーマント対象の調査である。調査年が現行憲法の施行年1991年より前なので、1886年の旧憲法を参照した。ただし、本稿での調査対象の用語は新旧両憲法で基本的に同じである。

3090: CONGRESO(20)(58条), congreso nacional(4), parla-mento(2); 3091: CÁMARA(19)(58条), CÁMARA DE REPRESENTANTES(6)(58条); 3092: SENADO(25)(58条); 3093: REPRESENTANTE(18)(100条), diputado(3)(172条 ＝県(departamento)の議会議員), representante a la cámara (2), representante de la cámara(2); 3094: SENADOR(25)(93 条); 3085: PRESIDENTE(23)(59条), jefe de estado(3); 3086: MINISTRO(22)(59条), ministro de gobierno(3); 3097: CORTE SUPREMA(12)(146条), CORTE SUPREMA DE JUSTICIA(10)(XV章. Sumario I), CONSEJO DE ESTADO(2)(XIII章＝最高行政諮問機関); 3098: TRIBUNAL (13)(60条), TRIBUNAL SUPERIOR(2)(153条), CORTE(2) (148条＝最高裁判所、170条＝軍事裁判所); 3099: JUEZ(25) (156条)

90   II 法固有の場面におけるスペイン語の諸相

回答したインフォーマント数延べ243名、条文上の語形回答者数延べ224名で92.2%である。

2.4.　スペイン

　マドリード（1981）、グラナダ（1991）、ラス・パルマス（1998）、セビリャ（2005）の4都市の調査結果が公刊されている。マドリードの調査年は記載が無い。調査票*12の公刊された1971年〜1973年頃から、この調査結果が公刊された年1981年までの間と推定される。インフォーマントは、16名である。グラナダの調査年は、"dedicación durante más de un año"（1年以上従事し）（Salvador 1991: p.14 n.5）とあるので、公刊年1991年より1年以上前に開始したと推定される。インフォーマントは25名。ラス・パルマスの調査年は1991年と 1992年（Samper 1998: p.x）とあり、インフォーマントは12名。セビリャの調査年は、"un trabajo de varios años"（数年の作業）（Carbonero 2005: p.17）とあるので公刊年2005年から数年前以前に調査が開始されたことが推定できる。インフォーマントの数は、12名である。

　マドリードの調査は、フランコ体制から現体制への移行期と考えられる。本章で調査対象としている用語で時代による違いがあるのは、国会の議院に関するものである。「国会設置法」（Ley Constitutiva de las Cortes de 1942）および「国家組織法」（Ley Orgánica del Estado de 1967）に基づくフランコ時代の一院制から、「政治改革法」（Ley para la Reforma Política de 1977）により1977年7月15日*13の選挙で議員が選ばれた憲法制定のための国会と、現行憲法（1978年）による国会の二院制への変化である（ロドリゲス 2010: pp.46–47）。「国会」の名称は、政治改革法でCORTES（2条1）であったのが現行憲法ではCORTES GENERALES（66条）が正式名称で、部分的にCORTES（168条）を使っている。

　マドリードの調査結果は、senadoやsenadorの回答が無く、一院制としての回答なので、調査は、1977年の選挙以前と考えられる。回答を国家組織法の条文上の用語と比較する。

　マドリード3090: (LAS) CORTES(15)(50条); 3091: no existe

en el país(16); 3092: no existe en el país(16); 3093: PROCU-
RADOR(9)(7条b), diputado(3), diputado en cortes(2);
3094: no existe(16); 3085: JEFE DE(L) ESTADO(9)(6条),
jefe de (l) gobierno(4), (el) REY(2)(経過規定1条I), 3086:
MINISTRO(16)(13条II); 3097: TRIBUNAL SUPREMO(16)
(33条); 3098: TRIBUNAL(16)(30条); 3099: JUEZ(16)(34
条)

　全回答者数は、延べ156名、そのうち国家組織法の条文上の回
答および同法に即した"no existe"（存在しない）と回答した数は
延べ147名で、94.2％である。

　以下の3都市は、senadoやsenadorの回答があり、政治改革法
および現行憲法施行以降の調査年と考えられるので、現行憲法条文
上の用語と比較する。

　グラナダ 3090: congreso de diputados(16), parlamento(7),
CORTES(2)(168条); 3091: congreso representantes(11),
cortes(6), cámara de representantes(4), diputados(3); 3092:
SENADO(24)(66条); 3093: DIPUTADOS(25)(68条1);
3094: SENADOR(ES)(25)(69条2); 3085: jefe de estado(21)
（条文では JEFE DEL ESTADO 56条1＝国王), presidente de
gobierno(2)（条文では PRESIDENTE DEL GOBIERNO 62条
d), jefe de gobierno(2); 3086: MINISTRO(25)(98条1);
3097: TRIBUNAL SUPREMO(20)(123条), corte suprema de
justicia(5); 3098: TRIBUNAL(ES)(24)(117条3); 3099:
JUEZ(25)(117条1)

　同じスペインの他都市の調査結果では、前置詞deの後ろの定冠
詞あるなしに関わらず同じ回答としているので、定冠詞の無い回答
を定冠詞のある条文上の語句と一致しているものとして数える。そ
の結果、グラナダの調査結果で、条文上にある語句の回答者数は、
延べ193名、全体の延べ247名のうちの78.1％である。

　ラス・パルマス 3090: parlamento(6), cámara legislativa(5),
congreso(4); 3091: CONGRESO DE LOS DIPUTADOS(6)
(66条), parlamento(3), CONGRESO(2)(68条1), cámara de

diputados（2）; 3092: SENADO（12）（66条）; 3093: DIPU-TADO（12）（68条1）, congresista（2）, PARLAMENTARIO（2）（67条 = 両院議員）; 3094: SENADOR（12）（69条2）; 3085: JEFE DE（L）ESTADO（12）（56条1 = 国王）; 3086: MINISTRO（12）（98条1）; 3097: TRIBUNAL SUPREMO（10）（123条）, tribunal superior de justicia（2）（152条1 = 自治州の最高裁判所）; 3098: TRIBUNAL（11）（117条3）; 3099: JUEZ（12）（117条1）

全回答者数延べ127名のうち、条文上の語句の回答は延べ103名で81.1%である。

セビリャ 3090: parlamento（8）, congreso（2）; 3091: cámara baja（6）; 3092: SENADO（5）（66条）, cámara alta（3）; 3093: DIPUTADO（7）（68条1）, PARLAMENTARIO（2）（67条 = 両院議員）, senador（2）; 3094: SENADOR（10）（69条2）, diputado（2）; 3085: PRESIDENTE（9）（98条）, primer ministro（2）; 3086: MINISTRO（12）（98条1）; 3097: ministerio de justicia（5）; 3098: JUZGADO（6）（117条3）, TRIBUNAL（5）（117条3）; 3099: JUEZ（11）（117条1）

全回答者数延べ97名のうち、条文上の語句回答者数は延べ67名で、69.1%である。

現行憲法での、国の立法議会の名称は、CORTES GENERALESであるが、条文中に、議会の形容詞形および議員の意味としてPARLAMENTARIOを使用している。

"el control parlamentario"（議会の支配）（20条3, 55条2）

"las reuniones de parlamentarios"（議員集会）（67条3）

これらから、名詞形のparlamentoを国会の意味で使うことが想定できる。

2.5. チリ

首都サンチアゴの調査結果が公刊（1987）されている。調査年は、1969年から1971年とあり（Rabanales & Contreras 1987: p.VII）、インフォーマントは、13名である。現行憲法施行年は

1980年なので1925年の旧憲法と比較する。ただし、本稿で対象としている用語に関して、両者の基本的な違いは無い。現行憲法で大統領をJEFE DEL ESTADO（24条）（国家元首）としているのを旧憲法では、JEFE SUPREMO DE LA NACIÓN（60条）（国家最高元首）としている違いがある。

> 3090: CONGRESO NACIONAL(10)(24条), CONGRESO (3)(43条); 3091: CÁMARA DE DIPUTADOS(13)(24条), cámara baja(2); 3092: SENADO(12)(24条), cámara de senadores(3); 3093: DIPUTADO(13)(25条); 3094: SENADOR (13)(25条); 3085: jefe de estado(9), PRESIDENTE(8)(72条), PRESIDENTE DE LA REPÚBLICA(4)(60条), primer mandatario(3), jefe de gobierno(3); 3086: MINISTRO(13) (73条), secretario de estado(3); 3097: CORTE SUPREMA (11)(86条), corte suprema de justicia(4); 3098: TRIBUNAL (9)(80条), juzgado(4), tribunal de justicia(2); 3099: JUEZ (13)(84条), MAGISTRADO(3)(72条6 = Tribunales Superiores de Justicia の裁判官)

全回答者数延べ158名で、条文上語句回答者数は、延べ125名、79.1%である。

2.6. プエルトリコ

サン・フアン市の調査結果が1986年に公刊されている。調査年の記載は無い。12名のインフォーマント対象の調査である。1952年施行の現行憲法の用語と比較する。

> 3090: congreso nacional(5), legislatura(4), congreso(3); 3091: CÁMARA DE REPRESENTANTES(12)(III条1); 3092: SENADO(12)(III条; 3093: REPRESENTANTE (11) (III条2), LEGISLADOR(6)(III条15 = 両院議員); 3094: SENADOR(12)(III条2); 3085: GOBERNADOR(7)(IV条1), presidente(4), jefe de estado(3); 3086: SECRETARIO(12)(IV条5), ministro(2); 3097: TRIBUNAL SUPREMO(9)(V条1), corte suprema (de justicia)(4); 3098: TRIBUNAL(7)(V条1),

corte(6); 3099: JUEZ(12)(V条3)

条文上の語形回答者は延べ100名で、全回答者延べ131名中の76.3%である。

アメリカ合衆国の自由連合州であるプエルトリコの調査結果は、アメリカ合衆国の政治体制とプエルトリコの政治体制との二重構造を反映しているようである。3090「国会」への1名のみの回答なので、上記の引用に含めていないが、プエルトリコ憲法と同じASAMBLEA LEGISLATIVA (III条1) と回答したインフォーマントが1名いた。congreso nacional と答えた5名と congreso と回答した3名は、アメリカ合衆国1787年憲法（1条1）にある合衆国連邦議会 *Congress of the United States* のスペイン語版 Congreso (de los Estados Unidos) を答えていると考えられる。3085「国家元首」を GOBERNADOR と答えた7名はプエルトリコ自由連合州を意識し、presidente と答えた4名はアメリカ合衆国（II条1）を意識して答えた可能性がある。3091「下院」と3092「上院」は憲法と同じ CÁMARA DE REPRESENTANTES と SENADO を12名全員が答えている。これらは合衆国憲法 *Senate and House of Representatives*（I条1）とも同じ用語である。3097「最高裁判所」の9名は、プエルトリコ憲法の用語 TRIBUNAL SUPREMO を答えているが、4名は、アメリカ合衆国憲法の *supreme Court* (III条1) のスペイン語 corte suprema を回答しているとも推測できる。

2.7. ベネズエラ

カラカス市の調査結果（1998）で、1980年から1981年 (Sedano 1998: p.10) に、12名のインフォーマントを対象に調査が行われた。現行憲法施行年は、1999年なので、1909年の旧憲法と比較した。

旧憲法では CONGRESO DE LOS ESTADOS UNIDOS DE VENEZUELA（35条）という国会で2院制だったのに対し、現行憲法は、ASAMBLEA NACIONAL（186条）という1院制の国会になっている。最高裁判所の名称にも違いがある。

3090: CONGRESO(12)(2条); 3091: CÁMARA DE DIPUTA-
DOS(12)(36条); 3092: cámara de senadores(10), SENADO
(8)(53条); 3093: DIPUTADO(11)(37条); 3094: SENADOR
(11)(41条); 3085: PRESIDENTE(11)(86条); 3086: MINIS-
TRO(12)(59条); 3097: corte suprema de justicia(12)(12. 3
に CORTE SUPREMA という記載がある。正式には CORTE
FEDERAL Y DE CASACIÓN. 108条); 3098: TRIBUNAL(12)
(106条); 3099: juez(12)

　全回答者数は延べ 123 名で、条文上語句回答者数は延べ 89 名、
72. 4% である。

2.8.　ペルー

　リマ市の調査結果で初版が 2000 年、第 2 刷が 2002 年に公刊さ
れている。調査は、"empezó ... durante el segundo semestre lec-
tivo de 1993"（1993 年度後期に始まった）（Caravedo 2002: p. 9）
とあり、12 名のインフォーマントである。調査実施時期と、現行
憲法制定の手続きが進められていた時期と重なっている。以下、川
畑（2013: pp. 116–122）により現行憲法制定の過程を見る。

　1992 年 4 月 5 日にフジモリ大統領が、1979 年憲法の停止、議会
の一時的解散、司法府の閉鎖と再編などを含む「国民への声明」
（Mensaje a la nación）を発表した。同年 8 月 20 日付け「デクレ
ト・レイ（Decreto Ley）」（緊急命令）*14 No. 25684 で一院制の
憲法制定議会（Congreso Constituyente Democrático（1 章 1））と、
その議員（Congresista（7条））選出のための選挙を規定、この規
定に基づき 11 月 22 日に選挙実施、12 月 31 日憲法制定議会設置、
翌 1993 年 10 月 31 日の国民投票により憲法案承認、同年 12 月 29
日新憲法が公布され、31 日に発効した。1995 年 4 月に新憲法での
総選挙が実施された。

　語彙調査が実施された時期は、現行憲法の国民投票が実施された
頃から公布、発効した時期と重なっている。現行憲法に基づく国会
は、まだ選挙実施が行われていなかった。語彙調査結果を 1979 年
の旧憲法（二院制）と 1993 年の現行憲法（一院制）の両方と比較

する。括弧内の；の前に旧憲法、後ろに現行憲法の条文番号を示す。

3090: CONGRESO(12)(164条；90条 = CONGRESO（DE LA REPÚBLICA)); 3091: CÁMARA DE DIPUTADOS(8) (164条；-), CÁMARA(2)(- ；90条), cámara baja(2); 3092: cámara de senadores(7), SENADO(5)(164条；-); 3093: DIPUTADO(12)(167条；-); 3094: SENADOR(12)(166条; -); 3085: PRESIDENTE(12)(201条; 110条 = PRESIDENTE DE LA REPÚBLICA), JEFE DE ESTADO(2)(201条；110条 = JEFE DEL ESTADO); 3086: MINISTRO(12)(212条;122条); 3097: CORTE SUPREMA(8)(238条;144条), D(2)［Dとは、項目の語句 "corte suprema de justicia" を示しての質問への回答（Caravedo 2002: p.46）とのことなので、この語形を確実に再生できなかったと判断し、回答者数には数えるけれども条文上語句の回答者数に入れないこととする］; 3098: TRIBUNAL(4)(283条; 63条), JUZGADO(4)(237条3; 143条); 3099: JUEZ(12)(248条; 150条)

全回答者数延べ116名のうち、旧憲法条文上語句の回答者は延べ103名、88.8%、現憲法条文上語句回答者数は、延べ68名で、58.6% である。それぞれ両憲法で同じ語句の回答者数を含む。リマ市調査のインフォーマントには、現行憲法条文上の用語がまだ良く知られていなかったと考えられる。

2.9. ボリビア

ラ・パス市（1996）の調査は、1991年から1994年（Mendoza 1996: p.VIII）、インフォーマントは12名である。現行憲法は2009年施行なので、1967年の旧憲法と比較した。旧憲法から現行憲法へは、各職名を女性形と男性形を並べることなどの他に、国会の名称がCONGRESO NACIONAL（46条）からASAMBLEA LEGISLATIVA PLURINACIONAL（145条）へ、最高裁判所がCORTE SUPREMA DE JUSTICIA DE LA NACIÓN（116条）からTRIBUNAL SUPREMO DE JUSTICIA（181条）へ変わっている。

3090: CONGRESO NACIONAL(6)(46条), parlamento(6), palacio legislativo(2); 3091: CÁMARA DE DIPUTADOS(5) (60条), cámara de representantes(4), cámara baja(2); 3092: SENADO(8)(42条3), CÁMARA DE SENADORES(5)(66条); 3093: DIPUTADO(12)(60条2), representante(3); 3094: SENADOR(12)(63条); 3085: jefe de estado(9), PRESIDENTE(9)(85条=PRESIDENTE DE LA REPÚBLICA), primer mandatario(5), PRESIDENTE DE LA REPÚBLICA(3) (85条), gobernante(2); 3086: MINISTRO(11)(71条I), MINISTRO DE ESTADO(2)(99条); 3097: CORTE SUPREMA DE JUSTICIA(9)(116条I), LA CORTE SUPREMA(3)(116条III); 3098: TRIBUNAL (11)(116条I), JUZGADO(3)(116条I); 3099: (EL) JUEZ(12)(116条I)

回答者数延べ144名のうち、条文上語句回答者は延べ111名で77.1%である。

2.10. メキシコ

メキシコ市の調査結果（1978）で、調査年は、1972年全部と1973年当初（Lope Blanch 1978: p.8）、25名のインフォーマントが対象である。1917年施行（いくつかの改訂は行われている）の現行憲法の用語と比較する。

3090: congreso nacional(10), CONGRESO DE LA UNIÓN (6)(3条VIII), CONGRESO(5)(50条), cámara(2); 3091: CÁMARA DE DIPUTADOS(14+3*15)(50条), cámara de representantes(4), cámara(s)(2); 3092: SENADO(15)(76条), CÁMARA DE SENADORES(13)(50条); 3093: DIPUTADO(25)(52条); 3094: SENADOR(25)(56条); 3085: PRESIDENTE(14)(80条=PRESIDENTE DE LOS ESTADOS UNIDOS MEXICANOS), PRESIDENTE DE LA REPÚBLICA (9)(83条), jefe de estado(9), mandatario(2); 3086: ministro (17), SECRETARIO(11)(89条II=SECRETARIO DE ESTADO), SECRETARIO DE ESTADO(4)(89条II); 3097:

SUPREMA CORTE（DE JUSTICIA）（25）（94条）; 3098: TRIBUNAL（20）（94条），JUZGADO（9）（94条）; 3099: JUEZ（25）（2. A. II, 97条＝JUECES DE DISTRITO）

　語形ごとの全回答者数を足すと延べ269名、その内、憲法条文上の用語の回答は、延べ223名で、82.9％である。

3.　考察

3.1.　憲法条文上の用語の回答者数の割合

　憲法条文上の用語の回答者数の割合を、一致率が低いものから都市ごとに並べると表1になる。これを棒グラフにしたのがグラフ1である。一番低いリマの現行憲法との比較の58.6％は、表に含めなかった。先に見たように、インフォーマントには、まだ新憲法の用語に馴染みが無かった時期の調査結果と考えられるので考察からは除外し、リマについては、旧憲法との一致率のみを見る。

　その他の都市は、調査時期に有効であった憲法との比較、あるいは、憲法改定時期に重なっていても、本稿で対象とした用語については新旧で基本的に同じであった場合である。その中で一番低かったのは、ハバナの61.9％である。次がセビリャの69.1％、一致率が一番高かったのは、マドリードの94.2％、これに次ぐのがボゴタの92.2％である。

表1

都市名	一致率		ブエノスアイレス	80.0%
ハバナ	61.9%		ラス・パルマス	81.1%
セビリャ	69.1%		メキシコ市	82.9%
カラカス	72.4%		コルドバ	85.4%
サン・フアン	76.3%		リマ（旧憲法）	88.8%
ラ・パス	77.1%		ボゴタ	92.2%
グラナダ	78.1%		マドリード	94.2%
サンチアゴ	79.1%			

インフォーマントの国の憲法条文上用語と回答語との一致率について、グラフ1からもわかるように地域との関係は見い出されない。
　調査年＊16との関係を散布図と近似曲線（グラフ2）で見てみるとR-2乗値が0.0852なので相関は強くないけれども、傾向としては、調査年が古いほど、インフォーマントの国の条文上用語と、回答した語との一致率が高くなっている。

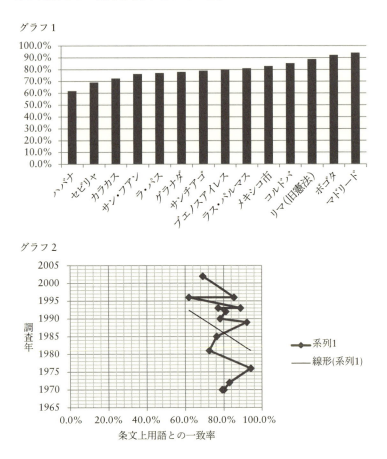

　この理由は、近年になるほど、交通、通信やマスコミの発達による外国の情報に接する機会が多くなり、外国の公的機関名や職名を知る人が多くなったとも推測され得るけれども、結論づけるためには、回答語とマスコミ等で使われる語との関係を調べる必要がある。

3.2. 普通名詞と固有名詞

以上の結果は、国政に関する組織や職名が、普通名詞と固有名詞の違いから考えて、固有名詞に近い性格を持っていることを示していると考えられる。

例えば、スペイン語圏諸国21か国（プエルトリコも含め）の現行憲法条文上に記載されている国レベルの立法機関を示す名称として、核になっている語は、Asamblea, Congreso, Parlamento, Cortes の4種類ある。しかし、Parlamento を使っているのは、赤道ギニアの憲法のみで、Cortes を使っているのはスペイン憲法のみである。

普通名詞は、「物を個体としてではなく、その物を類概念として捉えて（独 begreifen）、それを示すためにその名詞を用いるのである。」「これに対して、固有名詞の場合は、指向（refer）される対象（referent）は、その個体に限られる。したがって、他の物をもっては換えがたい唯一のものである。」（亀井他 1996: s.v. 固有名詞）という普通名詞と固有名詞の定義から見て、少なくとも憲法条文上の言語使用において、Parlamento は、赤道ギニアの立法機関、Cortes は、スペインの立法機関を示す固有名詞である。またAsamblea あるいは Congreso を憲法条文上で使っている19か国では、それぞれの国でそれぞれの語形が自国の立法機関を示す正式な語形であるため、公的かつ正式には、それぞれの語形しか使えないはずで、これも固有名詞と考えられる。

1.2. で検討した語彙項目の質問文では、必ずしも自国の組織名、職名を尋ねているわけではない。しかし、自国の憲法条文上の語形を答えた62％以上のインフォーマントは、自国の組織名、職名を答えたと考えられる。普通名詞としての組織名、職名を調査するためには、質問のしかたを工夫する必要があると考えられる。

ただし、憲法条文上の語でも、普通名詞として使われることもあり、上位語、下位語の関係、あるいは普通名詞として使われることの多い語と、あまり多くない語がある。以下、立法議会を示す語でこの点を調べてみた。

3.2.1 ASAMBLEA

スペイン王立学士院の辞書（Real Academia 2001）には、asamblea の語義説明 *17 には、1.で「会議」あるいは「集会」、2.で「立法のための政治的機関」とある。この asamblea の語が、congreso の語義説明："En algunos países, asamblea nacional."（いくつかの国において国の asamblea）、および parlamento の語義説明："Cámara o asamblea legislativa, nacional o provincial."（議院あるいは、立法の国あるいは地方レベルの asamblea）に用いられている上位語である。1945 年までのベネズエラ憲法の表現："El Poder Legislativo se ejerce por una Asamblea que se denomina «Congreso de los Estados Unidos de Venezuela»"（55 条）（立法権は「ベネズエラ合衆国 Congreso」と名づけられる一つの Asamblea によって行使される）も asamblea と congreso の関係を示している。

3.2.2 PARLAMENTO

キューバの国会にあたる「人民権力全国議会」*18（Asamblea Nacional del Poder Popular）の公式ウェブサイト *19 には、"¿Cómo funciona el Parlamento cubano?"（キューバ議会はどのように機能しているのか?）というタイトルのページがあり、憲法条文上の用語 ASAMBLEA NACIONAL DEL PODER POPULAR を使っているのが 10 回、このうち、この後ろに括弧の中で "Parlamento" を付けた表記が、冒頭を含め 3 か所、この他 23 か所では、"Parlamento" を使っている。

"La Asamblea Nacional del Poder Popular de la República de Cuba (Parlamento), constituida en 1976"（キューバ共和国の人民権力全国議会（議会）は、1976 年に設立され）

"Quienes critican el actual sistema político de Cuba, de buena o mala fe, desconocen o quieren desconocer que el Parlamento cubano se sostiene en cinco pilares de una democracia genuina y verdadera"（キューバの現在の政治体制を、善意であろうと悪意であろうと、批判しようとする人たちは、キューバ議会が真の本物の民主主義の 5 つの柱に支えら

れているということを知らないか、知ろうとしていない）

3.2.3　立法議会を示す語のまとめ

スペインの Congreso de los Diputados（下院）の公式ウェブページ＊20 にある議会テレビ局は"Canal Parlamento"という名称であり、senado（上院）のウエブページ＊21 の国会の説明文でParlamento および asamblea を使っている。

"Cortes Generales es el nombre oficial del Parlamento espa-
ñol, compuesto de dos Cámaras (Congreso de los Diputados y
Senado). Este nombre es el tradicional en España: las asam-
bleas medievales de diversos reinos peninsulares se
denominaban Cortes."（Cortes Generales は、スペイン議会
の公式名であり、二つの議院（Congreso de los Diputados
（下院）と Senado（上院））からなる。この名称はスペインで
伝統的なものであり、［イベリア］半島のいくつかの王国の中
世の asamblea は Cortes と名づけられていた。）

コロンビア国会の公式ウエブサイト掲載の文章＊22 で Juan
Pablo Cruz Montaño 氏は、3 つの語の関係を述べている。

"Es de resaltar que el término "parlamento" ha quedado
como genérico para designar a la asamblea de representantes
del pueblo de un Estado o región, aunque en cada país existe
en mayor o menor medida un término propio para denomi-
narla, en Colombia es Congreso."（parlamento という用語は、
一つの国家や地域の住民の代表者の asamblea を名づける総称
となっているということを強調すべきである。各国には多かれ
少なかれ固有の用語が存在し、コロンビアでのそれは Con-
greso である。）

以上から、asamblea が、「会議」あるいは「集会」一般を表す上
位語、parlamento が立法権を行使する「議会」、congreso や cortes
は、固有名詞に近い語と考えられる。

第4章　地域差研究におけるスペイン語圏諸国憲法条文上の用語　103

4. まとめ

スペイン語の「主要都市教養口語語彙」調査で、国の公的職名や機関名の項目は、日常生活の中で家族や友人などから習い覚える衣食住に関する語とは異なり、その源泉は自国の組織の名称ならばそれぞれの国の憲法や法律やそれに基づく公的機関からの広報であると考えられる。各都市のインフォーマントの62%から94%が、調査時点の憲法条文上の語形を回答している。それぞれの国の機関名や職名は固有名詞としての性格を持つ。そのため、言語の地域差研究としては、他の種類の語と別の扱いをする必要がある。あるいは自国の機関名や職名と、普通名詞として使う語を分けて質問するなどのを工夫する必要がある。

＊1　本章は、拙稿「スペイン語圏の憲法条文上の用語と日常語」(『愛知県立大学外国語学部紀要言語・文学編』46号、2014年、pp.245–268) に加筆修正したものである。

＊2　2003年9月以前は、「イベロアメリカとイベリア半島の主要都市教養言語規範共同研究プロジェクト (Proyecto de estudio coordinado de la norma lingüística culta de las principales ciudades de Iberoamérica y de la Península Ibérica)」という名称であった。提唱者の Juan M. Lope Blanch (1927–2002) にちなみ名称変更がされた。
http://74.200.74.244/~munadmin/sites/default/files/proyectos/Proyecto_norma_culta.htm　(参照 2013/08/20)

＊3　以下国名の五十音順、同じ国では出版年順：アルゼンチン、ブエノス・アイレス：Academia Argentina (1998)、アルゼンチン、コルドバ：Malanca et al. (2000)、キューバ、ハバナ：Universidad de La Habana (2010)、コロンビア、(サンタ・フェ・デ・) ボゴタ：Otálora (1997)、スペイン、マドリード：Torres (1981)、スペイン、グラナダ：Salvador (1991)、スペイン、ラス・パルマス (・デ・グラン・カナリア)：Samper (1998)、スペイン、セビリャ：Carbonero (2005)、チリ、サンチアゴ：Rabanales & Contreras (1987)、プエルト・リコ、サン・フアン：López (1986)、ベネズエラ、カラカス：Sedano (1998)、ペルー、リマ：Caravedo (2002)、ボリビア、ラ・パス：Mendoza (1996)、メキシコ、メキシコ市：Lope Blanch (1978)

＊4　「教養ある階層」について、Comisión de Lingüística Iberoamericanas. (1973: pp.XV-XVI) には、次のような社会文化的要素に注目してインフォー

マントを選択するとある：家族環境、「制度的、あるいは非組織的な学習（読書習慣、外国語など）によって受けた教育」、職業、旅行や他の文化的経験。Rabanales（1992: pp.256–261）には、1）大学教育を修めた、2）少なくとも一つの外国語ができる、3）意義のある読書をした、4）できれば、外国旅行を経験した人という条件が列挙され、説明が加えられている。客観的に分別できるのは1）の条件のみである。これらの要素から総合的に「教養ある階層」と判断するということのようである。

＊5　以下の語彙項目は、調査票の Comisión de Lingüística Iberoamericanas（1971）のスペイン語見出しに、浦和（2006）の和訳をカギ括弧に入れて付けた。ただし、この "La política nacional" という分野名は、浦和訳は「内政」とあるが、国内行政のみならず、立法、司法すべてを含んだ語彙項目が並んでいるので「国政」とした。

＊6　ロペ・ブランチ・プロジェクトの目的は、「地域差研究」という一面のみで理解するのは正しくない。南北アメリカ（直にイベリア半島が加わる）のスペイン語（後にポルトガル語も加わる）の実像を、正確に知ること、そのために、それぞれの国全土の言語規範となりうる主要な都市の、それも民衆層や書記言語にも規範となりうる教養ある階層の話し言葉を、共通の方法で調査し、記述することが目的である。その調査結果が、言語学研究（その一部に地域差研究も入る）の重要な資料となり、また各国でのスペイン語教育や外国語話者へのスペイン語教育の基礎資料ともなることを目指したプロジェクトである。cf. Lope Blanch（2001），Rabanales（1992），Comisión de Lingüística Iberoamericanas（1973）.

＊7　各語彙調査結果報告書を都市名と出版年で示す。調査結果の一覧では都市名のみで示した。

＊8　"colegiatura" という語は、Corominas & Pascual（1980）の colega の見出し語の中に、派生語の一つとしての記載がある。colega はラテン語 collēga 'compañero en una magistratura'（一つの官職の同僚）から派生とあり、共和制ローマ時代の官職で、2人（以上）の人物が同じ権限を有することを意味する語と解釈し、「同僚」と訳した。

＊9　以下、回答語形の後ろの括弧内に、その語形を回答したインフォーマントの数を引用する。

＊10　"Los diputados para la primera Legislatura se nombrarán en la proporción siguiente:..."（38条；46条）（第1回の国会の議員は、次の割合で指名されるものとする（以下略））

＊11　この点は、メキシコ憲法（89条他）で Cámara de senadores と Senado の両方が使われているように、他の国々でも憲法条文上で Senado の語のみが使われていても Cámara（議院）の一つの扱いをしているはずである。

＊12　Comisión de Lingüística Iberoamericanas（P.I.L.E.I.）（1971）（1972）（1973）

＊13　B. O. del E. Núm.92, 18 abril 1977: 8345. http://www.boe.es/boe/dias/1977/04/18/pdfs/A08345-08345.pdf　（参照 2015/7/28）

＊14　「緊急の必要がある場合に、議会にかけずに行政府が発する命令で、法律に代わる効力を有するもの」（法令用語研究会 2012：s.v. 緊急命令）から、「緊

急命令」と訳せると判断した。

＊15　この回答が14名と3名として二つ掲載されている。どちらかの語形が誤植、あるいは本来一つとして掲載すべきであった可能性がある。

＊16　調査年は、各都市報告書記載のものと、調査結果や出版年から推定した年を使った。また複数年に渡った調査は概ね中間の年を利用した。散布図、近似曲線、R-2乗値にはMicrosoft Excel 2010を利用した。

＊17　"1. f. Reunión numerosa de personas para discutir determinadas cuestiones y adoptar decisiones sobre ellas.　2. f. Órgano político constituido por numerosas personas que asumen total o parcialmente el poder legislativo."（1.特定の問題を議論し、それに対する決議を採択するための何人かの人びとの集会。2.立法権の全体あるいは一部を担う何人かの人びとによって構成される政治的機関）

＊18　日本国外務省使用の用語 http://www.mofa.go.jp/mofaj/area/cuba/data.html（参照 2013/08/28）

＊19　http://www.parlamentocubano.cu/index.php/democracia/95-icomo-funciona-el-parlamento-cubano.html（参照 2013/08/28）

＊20　http://www.congreso.es/portal/page/portal/Congreso/Congreso/CongresoTV/CanPar（参照 2013/08/28）

＊21　http://www.senado.es/web/conocersenado/temasclave/cortesgenerales/index.html（参照 2013/08/28）

＊22　http://www.camara.gov.co/portal2011/gestor-documental/doc_download/214-jpc1.（参照 2013/08/28）文章にある肩書きは、"Jefe de Planeación y Sistemas. Cámara de Representantes"（（コロンビア）下院、計画組織部門長）とある。Linkedinの記載によると2010年10月から2012年10月までこの職に就いていた。http://co.linkedin.com/pub/juan-pablo-cruz-monta%C3%B1o/23/b81/856（参照 2015/7/28）

(Resumen)
Términos en las constituciones de los países hispanohablantes
en el estudio de las variedades regionales

HOTTA Hideo

Se han publicado hasta ahora los resultados de las 14 ciudades de los diez países hispanohablantes de la encuesta del *Léxico del habla culta de las principales ciudades del Proyecto de la norma culta hispánica Juan M. Lope Blanch*. Entre las 4.452 entradas de las 21 áreas temáticas de su encuesta, se encuentran las entradas en que se preguntan las designaciones de las instituciones o de los cargos de las autoridades de la política nacional.

Hemos cotejado las respuestas de los informantes de diez entradas de esta índole con los términos de la constitución de su país, que son 3085: Jefe de Estado, 3086: ministro, 3090: congreso nacional, 3091: cámara de representantes, 3092: senado, 3093: representante, diputado, 3094: senador, 3097: corte suprema de justicia, 3098: tribunal, 3099 (=2162): juez.

Entre el 62% y el 94% de las respuestas de cada ciudad, son los términos que están en su constitución vigente en el momento de la encuesta. Las designaciones de las instituciones y de los cargos de autoridades tienen un carácter diferente de las demás palabras que se usan en la vida cotidiana. Adquirimos estas en el trato con los familiares y los amigos, mientras que aprendemos los primeros a través de la educación escolar, las informaciones gubernamentales o en los medios de comunicación, que se basan en la designación oficial vigente de la legislación de su país. Además las designaciones oficiales de las instituciones y de los cargos de autoridades de cada nación tienen el carácter de nombre propio. Por ejemplo en el mundo hispánico cada país tiene su propia designación del cuerpo legislativo: Asamblea, Congreso, Parlamento y Cortes.

Por lo tanto para el estudio de la variedad regional lingüística será necesario componer las dos clases de preguntas, una en la que pidan los términos de las instituciones y de los cargos de su propio país y otra para investigar las palabras que se usan como nombre común.

第5章

Terminología del lenguaje jurídico en el dinamismo de un proceso criminal – penal
法廷空間における法言語の用法

Ana Isabel García・川畑博昭

(要約)

　2010年にペルーで起きたある刑事事件の記録を分析することによって、本章では、ペルーの刑事訴訟という法律分野において用いられている用語を調べる。この調査の目的は2つである。1つは、南北アメリカの、具体的にはペルーの、特定領域としての法律分野における法律スペイン語の研究に貢献すること。2つ目は、日本における法律分野での異文化間媒介、翻訳、通訳のサービスに役立つようにという目的である。

　本章は、2部からなり、第1部は、ペルー刑法の基礎を理解できるようその枠組みの概略を提示する。このことによって分析する用語を刑法の枠の中に適切に位置づけ、また解釈することができる。第2部では、Juez de Investigación Preparatoria, Vocal o Fiscal Supremo のようなペルー刑法の法律専門用語と、それに、fundamentación のような、日常言語でありながら刑事訴訟において特別な意味でよく使われる語や表現、そして、apersonarse, correr traslado o los actuados のような刑事訴訟の中で創作された語彙を分析する。

1. Introducción

1.1. Objetivos y justificación del estudio

Tradicionalmente en los estudios de lingüística se ha considerado Japón como un país que goza de una relativa homogeneidad lingüística. No obstante, presenta un escenario sociolingüístico cada vez más complejo con las diferentes lenguas que ha ido introduciendo la población inmigrante, situación que se ha acentuado en las dos últimas décadas debido a una mayor apertura a la inmigración proveniente de países hispanoamericanos, especialmente de Perú y de Brasil. Nos interesa la situación del español como lengua de inmigración en Japón, que en la actualidad es objeto de diferentes políticas de los gobiernos central y provinciales, los cuales han implementado medidas destinadas principalmente a la mediación intercultural y la traducción e interpretación en los ámbitos jurídico, educativo, de la salud asi como de emergencias frente a desastres naturales. Dentro del campo jurídico se observa una sensibilización creciente, que se pone de manifiesto en la contratación de traductores e intérpretes, y en la publicación de varios diccionarios y repertorios de vocabulario jurídico español-japonés/japonés-español. Sin embargo, estas acciones se han revelado insuficientes, especialmente por el desconocimiento de las distintas variedades del español en el campo jurídico y de la propia estructura del sistema judicial de la mayoría de países hispanohablantes, lo que deriva en ocasiones en una falta de garantías en los procesos judiciales que requieren de un servicio de traducción e interpretación.

Con el fin de contribuir en alguna medida a paliar esta laguna, el presente trabajo tiene como propósito examinar los términos empleados en el lenguaje jurídico procesal penal peruano partiendo del análisis de los documentos de un caso criminal-penal ocurrido en Perú en el año 2010, con un doble fin: por un lado, contribuir al estudio del español jurídico como lengua de especialidad, especialmente en el ámbito del derecho hispanoamericano, y más concretamente del peruano, que frente a las investigaciones realizadas sobre el español peninsular adolece de falta de estudios lingüísticos especializados; en segundo lugar, pretendemos ofrecer un análisis de los términos empleados que pueda ser consultado o sirva como apoyo en la labor de los servicios de mediación intercultural, traducción e interpretación en el ámbito jurídico en Japón.

1.2. El español jurídico en la escena procesal penal

El español jurídico ha sido encuadrado dentro de las denominadas lenguas de especialidad, término que se refiere a los lenguajes específicos que utilizan los profesionales y académicos para transmitir de forma más refinada y precisa los saberes y prácticas profesionales de una determinada área de conocimiento. Así, desde un punto de vista lingüístico se ha enfatizado el carácter técnico y especializado del lenguaje del derecho, y se han llevado a cabo numerosos estudios descriptivos sobre sus rasgos diferenciales, por ejemplo, de vocabulario, gramaticales, etc., orientados principalmente a la traducción y a la enseñanza de segundas lenguas[*1].

Teniendo en cuenta el objeto de nuestro análisis, consideramos que para abordar el estudio del lenguaje procesal penal resulta fundamental la relación del español con el sistema jurídico en el que se enmarca, pues el significado preciso de numerosas expresiones y tecnicismos depende de la propia estructura del sistema, y coincide con el ordenamiento de referencia, con su organización interna y sus reglas de funcionamiento. Como veremos en el apartado 2, términos como *Juzgado de la Investigación Preparatoria, Juzgado de Paz Letrado, Juez de Investigación Preparatoria, Juez Penal, Fiscal Provincial, Fiscal Superior, Cortes Superiores, Corte Suprema, Vocal, Fiscal Supremo, Audiencia preliminar,* etc., aluden a unas instancias y agentes judiciales precisos, con una función determinada, y que resulta imprescindible situar dentro del marco jurídico, penal en este caso, para interpretar correctamente estos enunciados y poder llevar a cabo una traducción o interpretación simultánea de unas declaraciones o documentos dados. En este sentido se confirma "el carácter eminentemente 'nacional' de cada ordenamiento y del lenguaje en el que está formulado" (Chierichetti y Garofalo 2010: 8), pues si bien es cierto que el español jurídico comparte muchas características en los diferentes países hispanohablantes, en la medida de que se trata de la misma lengua y la mayoría comparte la misma tradición jurídica, en muchos casos no es posible equiparar los términos técnicos jurídicos del ordenamiento peruano, español, argentino, colombiano, etc. Por ello, consideramos que es un aspecto crucial que se debe tener en cuenta a la hora de trabajar con el español jurídico*2.

Partiendo de estas premisas hemos dividido el trabajo en dos partes diferenciadas: una introducción en la que se ofrece una presentación esquemática del marco jurídico penal peruano que permita entender las bases del Código Penal Peruano*3, así como situar dentro del marco penal e interpretar convenientemente los términos analizados. Y una segunda parte en la que se aborda el análisis de términos y expresiones empleados en el caso analizado.

2. Marco institucional para un proceso penal en Perú

2.1. Derecho procesal penal peruano

El Derecho Penal como parte de las Ciencias Públicas ocupa un espacio estatal, formado por una relación entre el Estado y el ciudadano. Aunque esta distinción está relativizada en buena medida hoy en día*4, creemos que sigue vigente en términos de identificación del objetivo final de un derecho. Para nuestro estudio que tiene como punto de partida dicho esquema analítico, son de mayor importancia dos códigos peruanos: uno Penal como "derecho sustantivo" y otro Procesal Penal como "derecho procesal". Ambos pertenecen a las Ciencias Penales que se encuadran dentro del Derecho Público*5, lo que supone una concepción tridimensional del poder estatal: el legislativo que tiene a cargo la elaboración de leyes o códigos, el ejecutivo-administrativo que se responsabiliza de la puesta en práctica de lo codificado, y finalmente el judicial en el que se encarna la aplicación de las leyes para la resolución de disputas. En estas dimensiones, aparecen los diferentes agentes de ley con sus propios lenguajes y atribuciones: el juez, el fiscal y el abogado defensor.

Al tratar en este trabajo el español jurídico como lenguaje de especialidad, nos hemos servido de un caso penal pues supone varias etapas consecutivas. lo que nos ha permitido contemplar sus agentes y respectivas funciones y condiciones profesionales, así como su propio uso del lenguaje. Consideramos importante tener como premisa estos aspectos y factores que configuran el español jurídico. Por añadidura, aparte del valor académico que tiene dicho caso, por ser peruano lo reforzaría aún más al responder a la exigencia de la realidad en Japón: a partir de los años 90 se ha venido formando una gran comunidad peruana en el país por razones socioeconómicas, lo que ha supuesto su sometimiento a la jurisdicción japonesa donde existe un sistema penal que difiere del mismo de forma considerable. Esta situación ha supuesto un desafío no sólo para esos "nuevos" ciudadanos, sino también para los agentes legales de Japón, razón por la que se recuerda una vez más la validez tanto teórica como práctica de nuestro trabajo.

2.2. Reforma del código procesal

Debido a la reforma del código procesal penal de 2004, en Perú se ha producido un lapso en el que han coexistido dos sistemas procesales penales, lo que ha acarreado un cierto cambio de proceso en el ámbito penal. Esta reforma puede caracterizarse tipológicamente por un cambio de modelo entre el sistema antiguo y el nuevo, del llamado sistema "inquisitivo" al "acusatorio-garantista-adversativo". Pese a ello, creemos pertinente y prudente ceñirnos a abordar el sistema actual, pues el caso tratado en este trabajo se ha resuelto conforme a este＊6.

2.3. Jurisdicción: sus órganos y agentes

A continuación pasemos la vista por la jurisdicción en Perú para entender mejor el panorama de dispositivos del Código Procesal Penal. Actualmente en Perú existen tres instancias: en la primera hay un *Juzgado Penal Colegiado o Unipersonal,* un *Juzgado de la Investigación Preparatoria* y un *Juzgado de Paz Letrado.* El representante del Ministerio Público que participa en dicha instancia es el *Fiscal Provincial.* Los órganos que forman la segunda instancia son las *Cortes Superiores* y las *Fiscalías Superiores.* Un caso penal ve normalmente su culminación en la *Corte Suprema* como la tercera y última instancia con la intervención de la *Fiscalía Suprema.*

Es dentro de esta organización jurisdiccional que debe situarse el sistema procesal penal, estructurado por el Código Procesal Penal. Para nuestro objetivo nos interesan: la *actividad procesal,* el *proceso común* y la *impugnación,* pues se constituyen como partes que establecen diferentes etapas para los agentes de ley. Llegados a este punto conviene no perder de vista un aspecto muy importante en términos lingüísticos: la participación ciudadana. Dicha participación normalmente se presenta bajo la tutela de un *Abogado Defensor* y es a través de este que un ciudadano encuentra un instrumento para hacer jurídico su lenguaje común frente a otros agentes de ley en un proceso en el que se ve involucrado.

2.4. El proceso común en el sistema procesal penal peruano

El Código Procesal Penal prevé el proceso común en tres etapas.

2.4.1   Investigación preliminar y preparatoria

En Perú la *acción penal* es pública y su ejercicio corresponde al Ministerio Público (Art.1). Cualquier incidente o hechos criminosos requieren de una investigación previa bajo la dirección del Fiscal denominada *Investigación Preparatoria* (Art.322). Durante este proceso, el supuesto autor del hecho en cuestión se convierte en un *denunciado* en relación con el *denunciante*. Si el Fiscal llega a la convicción de responsabilidad del denunciado, este pasa a ser *imputado* que supone igualmente que el denunciante se convierte en *agraviado*. Si el Fiscal califica de "delictuoso" el acto denunciado, formaliza la *Investigación Preparatoria* (Art.336). A menos que el Fiscal presente acusación directa con suficientes pruebas y convicción de la intervención del imputado (Art.336.4), las diligencias e investigaciones siguen hasta la culminación de su objeto (Art.343.1). En el caso estudiado se buscó una *Terminación Anticipada*, que es un acuerdo mutuo sobre la imputación y la pena entre las partes procesales, y es viable hasta antes de la presentación de la acusación (Art.468).

2.4.2   Etapa intermedia

Tras la culminación de la investigación preparatoria, el Fiscal formula la *acusación* o procede el *sobreseimiento* (Art. 344 y 345). Si el *Juez de la Investigación Preparatoria* considera fundado el requerimiento fiscal de sobreseimiento, dicta una resolución denominada *Auto de Sobreseimiento*, de lo contrario, el Juez, luego de fundar su desacuerdo (Art.346.1) y para la absolución del caso, ordena el envío de todos los expedientes del caso al Fiscal Superior para su ratificación o rectificación de la decisión fiscal inferior. Es decir, si el Juez discrepa de la decisión fiscal del sobreseimiento, el proceso se pasa a la segunda instancia. De no ser el caso, el Fiscal formula *Acusación* y a partir de este momento el denunciado será *acusado* frente al *agraviado*.

El proceso penal peruano prevé una *Audiencia Preliminar* que instala y dirige el Juez de la Investigación Preparatoria en presencia del Fiscal y del Defensor del *acusado* (Art.351). Esta etapa se ubica entre el inicio de la investigación preliminar y el juicio, razón por la que se llama "intermedia".

2.4.3 Juzgamiento

El juicio se realiza siempre en forma de *audiencia* y oralmente, pero debe dejarse constancia por escrito (Art.361). El juicio oral estará bajo la dirección y el mando del *Juez Penal* o el *Juez Presidente del Juzgado Colegiado* (Art.363). Para la realización de una audiencia es obligatoria la presencia del acusado y de su defensor (Art.367.1). Esto es parte del trámite de preparación del *debate* (Art. 367–370). Después de la identificación de los sujetos procesales y de sus posiciones respectivas, se realiza el *debate probatorio* (Art.375–385) que termina con los *alegatos finales* (Art.386–391). Una vez cerrado el debate, los jueces deliberan el caso en sesión secreta para dictar luego una sentencia por mayoría. En caso de que se le quiera imponer la cadena perpetua al acusado, es requisito que la decisión se tome por unanimidad (Art.392–403). La *sentencia* es bien *absolutoria* (Art.398) o bien *condenatoria* (Art.399).

2.4.4 Impugnación

El Código garantiza la impugnación contra las resoluciones judiciales (Art.404) con diferentes tipos. El que se dio en el caso analizado fue una apelación de sentencias (Art.421–426) que la Fiscal interpuso contra la sentencia del Juzgado Penal, solicitando la revisión de la cuantía de pena aplicada.

3. El corpus: un caso penal peruano como materia de análisis

3.1. Presentación del material

El documento analizado es un expediente facilitado por la Fiscalía Superior de La Libertad, jurisdicción situada en el noreste del Perú. El caso es sobre Violación Sexual de Menor de Edad y la condena fue la Pena Privativa de Libertad. Para una mejor comprensión del caso, sería apropiado dividirlo en tres etapas según el marco institucional antes esbozado.

3.2. El caso

3.2.1 Antecedente sucinto e investigación

Un padre obligó a su propia hija menor de 10 años a mantener relaciones sexuales durante casi 10 meses. Aunque la menor por miedo no pudo contárselo a nadie durante ese tiempo, el hecho salió a la luz un día cuando ella lo confesó ante el padre de una amiga suya que era un agente policial. Esto invocó el ejercicio de acción penal por parte del Fiscal y legalmente fue en ese momento cuando se inició la etapa de investigaciones preliminares que finalmente llegaría a ser formalizada por la Fiscal de turno como Investigación Preparatoria.

3.2.2 Acusación

Tras la formalización de la Investigación Preparatoria, la Fiscal fue desarrollando su actividad probatoria para recoger el mayor número de pruebas, invitando a testigos a rendir sus declaraciones y solicitando opiniones periciales, así como psicológicas y psiquiátricas. Luego de la prisión preventiva que ordenó el Juez, el imputado reconoció la comisión del acto investigado, negando, sin embargo, haberlo hecho durante diez meses, sino únicamente tres meses. Una vez que se concluyeron las investigaciones, el imputado

propuso a través de su abogado defensor una Terminación Antici-
pada. No obstante ello, la Fiscal no la aceptó por falta de
confesión sincera del imputado, y ante esta circunstancia el Juez de
la Investigación Preparatoria declaró "frustrada" esa negociación.

Al llegar a la convicción del delito que el hecho constituía, tipifi-
cado en el Código Penal como "Violación Sexual de Menor de
Edad (Art.173), la Fiscal formula una acusación contra el impu-
tado junto con otro cargo, Violación contra el pudor con
exhibiciones obscenas, puesto que el imputado le enseñó a su hija
videos pornográficos durante sus actos delictuosos. En la acusa-
ción, la Fiscal solicitó la aplicación de cadena perpetua así como la
apertura del juicio ante el Juzgado Penal. Una vez que fue aceptada
la solicitud fiscal por el Juez de la Investigación Preparatoria, esta
resolución judicial se notificó a las partes procesales para su poste-
rior instalación de audiencia pública.

3.3. Juicio y sentencia

Frustrado cl pre-acuerdo entre las partes procesales antes mencio-
nado, el caso siguió el proceso común previsto hasta la instalación
de audiencia pública en el Juzgado Penal Colegiado. Después de la
realización del juicio oral, este órgano jurisdiccional absolvió el
caso con una sentencia condenatoria de 25 años de Pena Privativa
de Libertad y desmintiendo la imputación del delito contra el
pudor con las exhibiciones obscenas. Contra esta resolución judi-
cial, la Fiscal interpuso un recurso de apelación y así el caso quedó
en manos del órgano jurisdiccional de segunda instancia. Tras otra
audiencia pública llevada a cabo a fin de resolver esta apelación, la
Corte Superior elevó la pena dictada en primera instancia de 25 a
30 años. Aquí la sentencia quedó confirmada, pero el caso sigue
aún en su etapa ejecutoria de pena. Por ello, debemos señalar que
procesalmente es cuando se cumpla la pena que el caso queda

resuelto.

4. Terminología en el lenguaje procesal penal peruano

Es sabido que el lenguaje jurídico, debido a que es un lenguaje de especialidad en el que domina la precisión, una estricta formalidad, la impersonalidad y una concepción meramente funcional del lenguaje, se caracteriza por el uso de un vocabulario técnico y el empleo de vocabulario común con significado específico, lo que respondería a los principios de precisión y seguridad en la transmisión de información entre juristas y académicos.

De la misma manera en los documentos analizados abundan los tecnicismos, así como fórmulas y expresiones en las que palabras del lenguaje común adquieren un significado específico en el lenguaje procesal penal y que resultan especialmente complejos de interpretar. Asimismo es frecuente el uso repetido de fórmulas fraseológicas y combinación frecuente de dos términos específicos, por ejemplo: *oídas las partes* (Art. 378.3), *con arreglo a Ley* (Art. 391.2), *a que hubiere lugar* (Art. 27.4), *Rige en lo pertinente lo dispuesto...* (Art. 401.3), *Por intermedio de la presente...*(p.14*7). En este apartado nos detendremos en algunos términos y unidades complejas lexicalizadas o en vías de lexicalización especialmente llamativos y que han adquirido un significado técnico, preciso dentro del discurso procesal penal. Ofrecemos asimismo una definición y un ejemplo real del término en su contexto que permita esclarecer el sentido del mismo. Hemos elegido contextos en los que el término se encuentra rodeado por elementos léxicos que habitualmente aparecen en su entorno, lo que facilita su comprensión y pone de relieve sus rasgos semánticos.

actuados, los	Se utiliza como sinónimo de expediente, o para referirse a las piezas o anexos que forman parte del expediente, los cuales han sido redactados durante el proceso. También actuado/a se usa como sinónimo de todo lo que se ha conseguido y realizado durante el proceso.	*Los informes o dictámenes periciales, así como las actas de examen y debate pericial actuadas con la concurrencia o el debido emplazamiento de las partes* [Art. 383.1 c)]. *De igual manera, en mérito a la prueba actuada en el juicio...* (387.2). *Para estos efectos, se requiere de una suficiente actividad probatoria de cargo, obtenida y actuada con las debidas garantías procesales...* (Art. II, Título Preliminar).
apercibimiento	1. Sanción disciplinaria emanada del superior o del órgano de control interno. 2. Advertencia a las partes procesales sobre las consecuencias de un acto u omisión, como una sanción o un perjuicio.	*Se reciba la declaración de* [*nombre*] , *el día TRECE DE NOVIEMBRE próximo a las once de la mañana, notificándosele para su concurrencia bajo apercibimiento de ser conducida por la fuerza pública* (p.35).
apersonarse	Indica que quien es parte en un proceso judicial se presenta ante la judicatura para intervenir activamente en el proceso.	*Acudo a su despacho, señor Juez, con el fin de apersonarme como Parte Civil...* (p.97). [...] *los sujetos procesales apersonados en la causa...* (p.96)
autos y vistos	Fórmula que en la etapa de la fiscalía se utiliza al inicio de algunos documentos como la formalización de la investigación preparatoria (p.34), disposiciones de archivo de la carpeta fiscal, la prórroga de la investigación preparatoria, etc. También los jueces emplean autos y vistos al inicio de documentos que sirven para resolver excepciones, sobreseimientos, prisiones preventivas, entre otros. Otra expresión común, vistos y oídos, hace referencia a las sentencias en juicio oral con la exposición de los alegatos, sin embargo, en muchas ocasiones los jueces la usan para hacer referencia al acto de emitir sentencia, aunque no hayan sido emitidas en juicio oral＊8.	*AUTOS Y VISTOS: la investigación seguida...* (p.34)

conformidad (de conformidad con / en conformidad a)	Fórmula que se antepone a la invocación de una norma que sustenta una decisión tomada por un órgano jurisdiccional, considerando o a petición de una de las partes.	*Tengo el agrado de dirigirme a usted con motivo de su publicación de fecha 09 de noviembre último en la página de portada y central en conformidad con el numeral 2 del artículo 139 del nuevo Código Procesal Penal que prescribe...* (p.87).
corre en autos	Indica que determinados actos o elementos (oficios, resoluciones, actas, objetos, medios probatorios, etc.) están incorporados o aparecen en expediente judicial. También se emplea corriente en autos.	*[...] dispuso la incautación de los vídeos [...] conforme se aprecia en el Acta de recojo de prendas cuya copia corre en autos...* (p.58). *TERCERO Que, en el caso de autos, como consta del acta de "Recojo de Prendas Personales de............" de fecha nueve de diciembre del dos mil siete a horas......minutos, corriente en autos, efectuado...* (p.58).
correr traslado	Informar a las partes o a un sujeto particular de un acto, un documento o un recurso incorporado al proceso.	*CÓRRASE TRASLADO de la acusación fiscal a los demás sujetos procesales...* (p.174). *El Juez correrá traslado del pedido de la solicitud a los demás sujetos procesales en el plazo de diez días* (345.1).
cuerpo legal	Código citado con anterioridad, se utiliza esta forma para evitar redundancias. También se emplea cuerpo normativo o cuerpo de leyes.	*TÉNGASE presente y conforme al artículo 343, inciso 1, del Código Procesal Penal, concordante con el artículo 344 del mismo cuerpo legal acotado...* (p.150). *[...] asimismo el artículo 102 del mismo cuerpo de leyes establece que...* (p.96).
cursar oficio	Formular una petición o informar de un hecho o acto a una autoridad o funcionario de jerarquía por parte del órgano jurisdiccional.	Se CURSE OFICIO a la Municipalidad Provincial de Trujillo a fin de que EN EL TÉRMINO DE CUARENTIOCHO HORAS remita la partida de nacimiento de la menor agraviada (p.35).
elevar autos	Enviar expedientes judiciales a una autoridad o funcionario de jerarquía por parte del órgano jurisdiccional.	*[...] elevará los autos al Fiscal jerárquicamente superior...* (387.4c).

第5章 Terminología del lenguaje jurídico en el dinamismo de un proceso criminal – penal 　121

fundamentación	Razones fácticas y jurídicas, de hecho y de derecho, que dan sustento a lo que resuelve el juzgador o a lo que exponen las partes en sus peticiones o recursos.	*PARTE CONSIDERATIVA: Los fundamentos fácticos y jurídicos quedan registrados en audio* (p.37).
obrantes (*obrante en autos*)	Documentos o medios probatorios que forman parte del expediente judicial.	*5. Con la fotografía obrante a fs. 48... a fs. 48, que acredita el lugar donde se realizó...* (p.78).
previo traslado	Indica que se ha informado previamente.	*Si se aceptan los hechos objeto de acusación fiscal, [...] el Juez, previo traslado a todas las partes, [...] , establecerá la delimitación del debate...* (372.3).
recepcionar	Recibir y tramitar.	*REALIZAR una entrevista a la menor agraviada respecto de los vídeos incautados, y RECEPCIONAR LA AMPLIACIÓN DE declaración del investigado [...] , el día 10 de noviembre del año en curso... (p.42).*

Por último, cabe mencionar que en el proceso penal estudiado en el que participan no solo los agentes de ley (fiscal, abogado, juez...), sino los ciudadanos implicados (imputado, agraviado...) en el mismo, se aprecia en el lenguaje la participación ciudadana. Esto implica que el español observado en los documentos del proceso penal es más rico que el puramente legislativo procesal penal, pues además de que se presenta en varios géneros se inspira tanto en el lenguaje legislativo del Código Penal (que lo determina y vertebra), como en lenguaje común. Así, en determinados documentos del proceso intervienen diferentes agentes conformado un mosaico de voces discursivas que configuran el escenario procesal penal y que permiten la aparición de palabras o giros propios del español peruano hablado y que habría que considerar y conocer igualmente en el caso de que se trabaje con los documentos o declaraciones de un caso penal. Por ejemplo, en el proceso penal analizado, en la referencial de la menor (p.3) o la declaración del investigado (p.20) encontramos redactadas, aunque en estilo indirecto, las declaraciones de la agraviada y del imputado, y por tanto una mayor presencia del lenguaje común, expresiones coloquiales como *él es mi papá* (p.3), *me da un balazo* (p.25) o *iba a ver cómo andaba en sus notas* (p.27), e incluso la mezcla de estilo indirecto y directo con la narración procesal al mencionar las declaraciones de la agraviada, donde se introducen palabras coloquiales e incluso algunas palabras literales entre comillas: *conjuntamente con otra amiguita han visto a escondidas otro vídeo para adultos pero una parte pues era muy "feo" porque eso hacían las prostitutas* (p.27). También se aprecian peruanismos, tanto léxicos: *truza* (trusa) 'ropa interior femenina, braga' (p.22), *lonche* 'merienda' (p.22), *chacra* 'huerta' (p.22), *malograr* 'estropear' (p.23), *formador* 'sostén para adolescentes' (p.23–24), *chicha* 'bebida alcohólica de maíz fermentado' (p.24), *toalla higiénica* 'compresa' (p.26), *cancelar* 'pagar (una factura)' (p.164), *ambiente* 'habitación, sala'; como gramaticales, por ejemplo, el cambio en el uso de verbos pronominales o la redundancia pronominal: *le di dinero para que se ayudara* (p.24), *me estaba trasladándome en una bicicleta* (p.25) (véase Calvo 2008, Escobar 2011, entre otros). De esta manera no solo es el vocabulario técnico lo que caracteriza el lenguaje procesal penal, sino la existencia de diferentes géneros jurídicos y el grado de implicación o intervención de los agentes civiles en los mismos.

5. Conclusiones

A modo de cierre de este trabajo nos gustaría señalar que para abordar el análisis de los lenguajes con fines específicos, el papel del lingüista así como el del especialista versado en el ámbito de la lengua de especialidad correspondiente resultan imprescindibles, dado que en la lengua se entremezclan aspectos de las dos especialidades, lo que justificaría la presencia de expertos en ambas especialidades para abordar este tipo de estudios e interpretar correctamente los términos empleados.

---

*1 Aguirre Beltrán y Hernando de Larramendi (1997), Alcaraz Varó y Hughes (2009), Fernández (2010), Gutiérrez Álvarez (2010), Montero Annerén y Morales Pastor (2000), Morales Pastor (2004), Prada Rodríguez y otros (2011), entre otros.

*2 Kawabata (2007).

*3 Véase *Código Penal (edición actualizada)* (2011).

*4 No obstante, en Japón el Derecho penal tiende a ser categorizado en el Derecho Privado.

*5 Aparte de estos, hay Derecho Penitenciario y Política Criminal que forman parte de las Ciencias Penales.

*6 Sobre el nuevo sistema véase Lujerio Castro (2011).

*7 Todos los documentos del caso están numerados, en adelante citaremos la página en la que aparece el ejemplo citado.

*8 Interpretación obtenida en comunicación personal (con fecha 21 de septiembre de 2011) con la Dra. Niccy Valencia Llerena, Fiscal Provincial Titular de la Fiscalía Superior de la Libertad, Trujillo, Perú, quien trabajó en el caso de los documentos analizados.

第6章

裁判員裁判に必要な日本の
法廷用語のスペイン語訳

堀田英夫

1. 刑事裁判における言語・通訳 *1

　日本の「裁判所法」*2 74条に「裁判所では、日本語を用いる。」とある。そして「刑事訴訟法」*3（以下「刑訴法」と略称する）175条に「国語に通じない者に陳述をさせる場合には、通訳人に通訳をさせなければならない。」とある。続く176条には、「耳の聞えない者又は口のきけない者に陳述をさせる場合には、通訳人に通訳をさせることができる。」とある。いずれも「陳述をさせる場合」とあり、被告人が「国語に通じない者」あるいは「耳の聞えない者」であった場合に、その被告人に対して、裁判で行われていることを知らせるための通訳をしなければならないということはこれらの条項には規定されていない。「国語でない文字又は符号は、これを翻訳させることができる。」という177条も外国語から日本語への一方向の規定であり、日本語の書類を外国語へ翻訳し、被告人等に見せることは規定されていない。

　日本国が1979年に批准している「市民及び政治的権利に関する国際規約（自由権規約）」14条3に、刑事上の罪の決定においてすべての者に保障される権利の1つとして「(f) 裁判所において使用される言語を理解すること又は話すことができない場合には、無料で通訳の援助を受ける」とある。ここには「理解すること」が含まれている。

　刑訴法175条と自由権規約14条3 (f) の規定の「視点の相異が日本の通訳人の立場に関する理解を混乱させている。」と渡辺他（2006: p.13）に書かれている。自由権規約14条3 (f) の規定によれば、通訳は「「被告人のため」に存在することになるが、実際

125

は、日本での法廷通訳人運用の基本は刑訴法175条に基づいて「裁判所のため」（公正な裁判の実現）の要員という理解」（p.13）とある。「日本の法廷通訳人の運用は決して外国人の権利を守るためではなく、裁判を迅速かつ公正に行うための媒体であることは明らかである。」（p.12）とも明言されている。

　刑訴法1条には「この法律は、刑事事件につき、公共の福祉の維持と個人の基本的人権の保障とを全うしつつ、事案の真相を明らかにし、刑罰法令を適正且つ迅速に適用実現することを目的とする。」と、この法律の目的に「個人の基本的人権の保障」が含まれている。このことからすれば、被告が「国語に通じない者」あるいは「耳の聞えない者又は口のきけない者」であった場合にも、この法律の運用上は、これらの者に対する基本的人権への十分な配慮をする必要がある。日本は、自由権規約を批准し、日本国憲法98条2項に「日本国が締結した条約及び確立された国際法規は、これを誠実に遵守する事を必要とする。」とあることから、通訳人は、被告人の発言を日本語に通訳するだけでなく、「裁判官、検察官、弁護人、証人などの発言を外国語に通訳して、日本語が分からない被告人と裁判官、検察官、弁護人などとの間の橋渡し役」となることで「通訳人は、被告人の人権を保障し、適正な裁判を実現する上で非常に重要な役割」*4 を果たすという裁判所の説明になる。

　ただし、「橋渡し役」という表現で、「国語に通じない者」と被告人の言語に通じない者（裁判官等）との間の問答のみに通訳を限定するのであれば、被告人の人権を十分に保障することにはならない。最高裁判所事務総局刑事局監修（2012）『法廷通訳ハンドブック実践編【スペイン語】改訂版』、法曹会（以下、『改訂版』と略称する）には「法廷での裁判官と検察官、弁護人とのやり取りについては、裁判長が必要な事項を要約することが多いと思われます。通訳すべき範囲を自分で判断するのではなく、裁判長の指示に従って通訳を行ってください。」（p.1）とあり、上に引用した渡辺他（2006: pp.12, 13）の記述と符合する。「被告人の人権を保障」するという視点からは、裁判の結果に関係する法廷内でのやり取りすべてを被告人の言語に訳す必要がある。また、『改訂版』によると「起訴状

の概要を被告人の理解できる言語に翻訳した上、第1回公判期日前のできるだけ早い時期にその翻訳文を被告人に送付するという取り扱い」（p.4）をしているとのことなので、実際は、翻訳についても日本語への翻訳のみではないことが分かる。

2. 法廷通訳に求められる正確性

どのような場面であれ、共通言語を持たない者同士のコミュニケーションを手助けする通訳（および翻訳）*5 には「正確性」が求められる。しかしその「正確性」は、どのような場面での通訳なのかによってその性質が異なってくるということは想像できる。ここでは、刑事裁判における通訳に求められる正確性について考察する。

2.1. 裁判所側が求める「正確性」

「証人尋問や被告人質問は、裁判の証拠として、犯罪事実の認定や刑の量定の基礎になる特に重要なもの」（改訂版：p.1）なので、そのため『改訂版』には、被告人や証人の発言の通訳に裁判所が次のような正確性を求めていることが書かれている：被告人や証人の公判廷の場での発言を、発言者と同じ表現を使い逐語訳する。例えば、丁寧語にするなどしない、直接話法で、貨幣や度量衡の単位もそのまま、仲間うちの特殊な用語もそのまま、訂正があれば訂正前の表現と訂正後の両方を通訳し、曖昧でも曖昧のまま通訳する。身振り手振りは繰り返す必要はなく、言葉だけを通訳する。質問と答えがちぐはぐでもそのまま、省略したり内容をまとめたりしてはいけない。被告人等が発言しない場合も発言を促すようなことはしない。通訳人は原則として自ら発言することはなく、理解できなくて通訳できないとき、聞き返したりしていいかどうかは裁判官の指示・許可が必要である（改訂版：pp.1–34）。

法律専門家（裁判官、検察官、弁護人など）の発話通訳については、「被告人が質問の内容を理解していないと思われる場合」「通訳人の判断で被告人に説明したりせず、よく理解できていないという

ことを裁判官に告げてください。」(改訂版：p.34) と書かれている。通訳とは、共通言語を持たない者同士が理解し合うのを助けるという役割を担うという一般的な考え方からは、片方に理解されていない場合は、通訳者が自分の判断で説明を補うなり言い換えるなりすべきと考えるが、法廷ではそうではないということである。

文化の違いについては、「法制度や歴史的背景の違い等から、被告人が通訳人に対し敵対心を持つことや、逆に被告人の言おうとする本当の意味が分からないことがある」ことを認め「したがって、法廷通訳を行うに当たっては、語学的な面だけでなく、その国の文化や法制度等を理解するよう日ごろから努めてください。」(改訂版：pp.17, 18) と通訳人を務める者に自己研鑽を求めている。

2.2. 法廷通訳者に求められる「理想」

法廷通訳者からは、「正確性」に関して、次のような説明がある。長尾 (2006) は、「真に黒子になりきらなければならない。分かり難くい発言は分かり難く、曖昧な表現は曖昧に、支離滅裂な言葉は支離滅裂に、言葉を付け足すことなく、解説をせずに淡々と通訳をする。これは法廷通訳としての大原則である。」(p.17) 水野 (2008) には、裁判は、事実関係を認定するとともに、ある人間の人格を判断する場でもあり、日本の場合は特に、「反省しているか」、「更生可能か」という点が非常に重きをなす。通訳人は被告人や証人といった人物に関する誤った印象を与えるような訳し方をすべきではない (pp.82–83) とある。「司法の現場は「人物」を判断する場でもあり」「司法通訳人は、事実関係についてだけでなく、言葉のニュアンス、文化、人物像など、あらゆる意味で正確に訳されねばならない」(p.74) ともある。

法律専門家の発話通訳について、「原則的には通訳人は専門語が出てくるとそのまま専門語の言語変換をするべき」(長尾 2006: p.139) とも書かれている。専門語を簡単な言葉に変えて意味が通じるように気配りをする必要はなく、被告人が理解できないと訴えたときに初めて、それを裁判官に伝え、それを解説するかどうかは裁判官の考える領域とされている。

アメリカ合衆国の司法通訳・翻訳者協会（*National Association of Judiciary Interpreters & Translators*）の倫理職責規範（*Code of Ethics and Professional Responsibilities*）*6 の1番目は、「正確性（*Accuracy*）」の表題で、次のような説明がある。

> 原語の元メッセージすべての要素を維持しつつ、目標言語の統語や意味の型に合わせて目標言語に変えられなければならない。訳された文は目標言語で自然に聞こえなければならないし、追加あるいは省略、説明や言い換えでゆがめてはならない。すべてのぼかし語句、フライング、繰り返しを伝え、英語が混ざればそのまま、原語の言語使用域（*register*）*7、文体、調子も保たれなければならない。推測は避けられなければならない。聞き取れなかったあるいは理解できなかった場合、明らかになるよう求めなければならない。誤訳は、記録のためできるだけ早く訂正されなければならない。（拙訳）

これらの言説は、ある言語のA, B, Cという3つの語を、それぞれまったく等価のア、イ、ウという3つの語に置き換えるというような通訳をするようにと言っているように読める。しかしそれは不可能であり、ある言語において一語で表現する概念が、別の言語において、複数の語のうちのいずれかで表現する、あるいは、説明的に表現せざるを得ないことは普通にある。スペイン語と日本語で言えばhermanaが「姉」なのか「妹」なのか、あるいは「修道女」なのか、スペイン語は「（川などが）浅い」を1語で表現できず"poco profundo"と言うけれども、「浅い」と訳していいのか、直訳の「ほとんど深くない」と訳すのか、"pedir prestado"は、「借りる」なのか、「貸すように頼む」のように直訳するのかなどといった例が思いつく。また、「仲間うちの特殊な用語」すなわち隠語を、通訳する2つの言語の両方で、語形とその使用域についての知識のある通訳者がどれだけいるのか疑問に思われる。

2.3. 法廷通訳・模擬裁判における通訳の実際

法廷通訳の正確性が争われた事例の判例にも、通訳の限界の指摘があり、上で述べたような正確性が必ずしも期待されていないこと

が示されている。判例研究である田中康代（1998）に、「もともと、通訳ということは、原供述が通訳人により記憶、記銘されその意味を把握した上で別の言語でこれを表現するものであるから、原供述がその過程で多かれ少なかれ変容を受け、場合によっては不正確になることが避けられ」ないという判決文からの引用がされている。

　灘光（2001）は、通訳人を「透明人間」や「翻訳機械」として捉える裁判所側からの形式的等価を求めることに対する研究者によるいくつかの反論を紹介し、法廷通訳人対象のインタビュー結果から、通訳人たちは、文化が異なることで、ある発言が別の意味や印象を持ってしまうこと*8 を分かっていて、「形式的等価性をできるだけ保持しながらも、文化的側面にも配慮した動的等価性を追求した訳を心がけることが不可欠」（p.77）としているとまとめている。動的等価性とは、訳文の受け手の反応が、原文の受け手の反応と近いことを重視することである。

　模擬法廷などでの通訳実践を対象に、原発言と通訳された表現とのズレを指摘する研究報告がいくつかなされている。吉田理加（2007）は、法廷観察記録の中から、被告人のスペイン語による最終陳述での被害者の姓（呼称）を述べての謝罪が、日本語で「被害者」と訳出されていることを示し、通訳人は単なる「導管」（通訳者が透明な導管のように存在し、ある言語のメッセージを他の言語へ言語コードが変換されることによって訳出されメッセージが伝達されるという考え）としての役割を超え、言語形式の同一性を犠牲にしつつも、発話行為に対する「解釈」の同一性を維持しているとしている。日本語での「名指し行為」は非社会的、暴力的な印象を与える可能性があるのに対し、スペイン語では言及対象個人に対する心的距離の近さを示し「謝罪」の信憑性を高める効果があるという違いを補う訳出を行ったと判断している。中村（2008）は、俗語や卑語をありのまま訳して発話することは、通訳者自身のフェイス侵害行為になる（他者からマイナスの評価になる）ことから、模擬法廷における被害者の罵詈雑言の通訳者による訳において脱落、省略、編集などの「エラー」が多く見られ、効果が弱化されていること（pp.100–102）、そのため裁判員役の人たちが被害者に有利な

印象を持ったことがアンケート調査で示された（pp.102–103）としている。吉田理加（2008）は、証人が被害者の発話を音色を変えて直接引用することで、証拠性が高いという印象を与えているのにもかかわらず、通訳人による言い淀みや沈黙の特徴が加味されることで証言の信頼性、迫真性、証拠性の程度が低くされてしまっていることを示し、通訳人は、理想とされているような、他人のメッセージをその通りリレーする者ではなく、英語 *you* を「お前」と訳すことなど、言語形式を決定する責任を負う者という役割も担わざるを得ないとしている。中村・水野（2009）は、「殴る」を英語通訳人が *beat*（道具で、または、あるところに、ひどく打ち付ける）と訳した質問に被告人が *hit*（単にたたく、当たる）と言い換えて答えているにもかかわらず、日本語には「殴る」と訳すなど通訳人の語彙選択によって、犯罪の成立要件の有無に影響を与えてしまう可能性があることを示している。水野（2010）は日本語せりふを英語へ通訳してもらったものの内、擬態語、感情表現、特殊な動詞表現について、「すべての表現において、何らかの形での「ズレ」が存在することが確認された。」「日本語特有の表現は（略）表現の全体像ではなく、一部の要素しか反映されない訳出になっていた」（p.187）としている。法律用語や法的表現の部分では1つの表現に1つの訳語をあてる「形式の等価」が重要であるが、被告人や証言のような一般的な発話に関しては、「意味の等価」が重視されるべきで、1つの表現に2つ、3つの異なる訳語で補完的に説明することもやむを得ないと述べている（p.184）。法廷通訳では（被告人の）発言スタイルを維持して訳すことで「人となり」「人格」「人間像」「人物像」をも伝える必要があると述べられていることに対し、糸魚川（2010b）は、問題点を指摘している。まず、発言スタイルを維持（言語使用域の一致）したまま通訳することは不可能であること、また言語使用域は通訳人の恣意的な解釈が生じやすい分野であるため、日本語弱者に不利になる可能性があること、発言のスタイルで有罪か無罪かを決定する裁判自体を問うべきであることを指摘している。渡辺他（2010）は、模擬法廷での通訳実践を検討している。日本語質問に無い主語や目的語を訳において補

うリスク、過去と現在の2つの現実の交差の訳し分け、一語が複数の語に相当する場合の語彙選択、訳により元の質問にはない「効果」が生まれる場合、微妙な感情表現のズレと量刑への影響などプロの英語会議通訳者の実践でも、あるいは会議通訳者であるがゆえの原発話と訳出のズレ、間違い、原発言にない言い淀み、言い直しがあったことを示している。この渡辺他 (2010) は、これらの結果から、法廷通訳を目指す人への自学自習の教材の提供と通訳人を利用する法律家へより効果的な通訳を使うための提言を目的としている (p.2)。ただ、この書で指摘されているズレや間違い等は、自学自習によってなくすことができるとは考えられない。同書にも、「通訳人が自分の気持ちを汲んでくれてすべて落とさずに訳してくれると期待しないほうがいい」という被告人役の英語母語話者のコメントがある (p.121)。裁判員の評議では、日本人の価値観 (海外旅行、親子関係、家族などについて) と想像で判断しているとの指摘 (pp.166–174)、また裁判員の分かりにくい質問を分かりにくいまま訳すよう通訳人に求めることは現実的でないとの指摘がある (p.194)。吉田理加 (2011) は、法廷観察記録から、「旅行」、「地図」という一般的な語の解釈においてスペイン語圏の被告人 (事前の綿密な計画なしに、ホテルでもらえる市街図を利用しての旅) と、日本人裁判員 (目的地の地図を事前に購入し、それを基に綿密な計画を立てての旅行) との間で「文化的ステレオタイプ」が共有されていなくて、後者の文化的ステレオタイプを前提として被告人の証言が解釈され、信用性が判断された可能性を指摘し[9]、裁判員制度が「市民感覚」を持ち込むとして導入されたけれども、意識にのぼりにくい語用・文化イデオロギーによって「常識」が超越化・絶対化され、裁判員らを非中立的に参与させていることになっていると指摘している。

2.4.「理想的な」法廷通訳に向けて

法律家である渡辺修氏の渡辺他 (2010) の執筆部分に裁判員裁判で法廷通訳人による誤訳が問題とされた5件の報道が紹介されている (pp.155–157)。その対処法として、司法通訳プロフェッショ

ナリズムの確立（訓練と継続研修、自己研鑽）（pp.161–164）と、法律家に対する通訳人の能力を使いこなす技量を求め（p.164）、その中に（疲労回避などのため）2名の通訳人を選任すること（p.165）を求めている。研修や自己研鑽の他に、法律家の側の技量と2名の通訳人を求めていることは評価できる。

　日本弁護士連合会の「法廷用語の日常語化に関するプロジェクトチーム」による『やさしく読み解く裁判員のための法廷用語ハンドブック』（2008: p.20）に、裁判員が判断を行う上で念頭においてもらいたいことの1つとして、「裁判というと、「人を裁く」という印象があるかもしれません。しかし、刑事裁判で判断の対象となるのは、検察官が「合理的な疑問を残さない程度」の証拠を提出したかどうかなのです。」という説明がある。裁判所のウエブページの「裁判員制度Q＆A」*10 にも、「裁判員は、これら法廷で取り調べられた証拠のみに基づいて、起訴状に書かれた犯罪行為を被告人が犯したのかどうか（有罪かどうか）を判断します。」とある。被告人の「人となり」「人格」「人間像」「人物像」から判断をするようにという指示はない。

　ただ、上で見てきたように、被告人の発話、すなわち通訳人の発話によって、発言内容の信憑性が判断され、信憑性が無いと判断されると、否認している発言内容も信用されず、有罪か無罪かに影響し、あるいは量刑に影響しているという実態があるようである。

　したがって、裁判における証言の信憑性の判断については、文化の違いに対する十分な配慮をする必要がある。被告人や証人の外国語を日本語訳するにも、形式の等価をできるだけ保持しつつも、文化の違いを配慮した意味の等価を求め、それでも発話の理解が十分でないと判断した場合は、通訳人としての解説や説明を加える必要があると考える。

　ペルー刑法15条には、文化が異なる先住民への配慮が規定されている："El que por su cultura o costumbres comete un hecho punible sin poder comprender el carácter delictuoso de su acto o determinarse de acuerdo a esa comprensión, será eximido de responsabilidad."（その者の文化若しくは習慣によって自分の行為の

犯罪性が理解できないで、又はその理解に応じてふるまいを決める
ことができないで処罰に当たる行為を犯した者は、責任を免除され
るものとする。）これは、先住民コミュニティが国内に存在する国
において、行為に対する責任能力について文化の違いの配慮を求め
ているのであり、裁判における証言の信憑性の判断についての配慮
を求めているのではない。しかし、国際的な人の行き来のある現代
社会では、行為に対する責任能力について文化の違いの配慮を求め
ることに加え、裁判における証言の信憑性の判断にも文化の違いへ
の配慮をする必要があると考える。

　また「謝罪」や「反省」のように今現在の心境を聞き出す場面、
それに「確定的故意」「未必の故意」「認識ある過失」の区別のよう
に、過去の心の中を聞き出す場面があるといったことは、通訳人も
知っているべきと考える。検察官や弁護人はこのことを意識して質
問しているのであり、質問の訳もこの区別がつけられる返答が得ら
れるような外国語文を工夫すべきではないだろうか。

　刑訴法1条と自由権規約14条3（f）の規定に基づく「個人の基
本的人権の保障」を全うするためには、通訳人を務める者の研修や
自己研鑽の他に、法律家の側の通訳を介しての発言のやり取りのた
めの技量の向上と複数の通訳人の設置、それに加え、通訳には、形
式的等価のみを求めるのではないことを裁判所内外で認める必要が
あると考える。

3.　日本の法廷用語のスペイン語訳

　一般市民が裁判に裁判員として参加する制度、裁判員制度が
2009年5月21日に発足するに際し、日本弁護士連合会は、2004
年6月に「法廷用語の日常語化に関するプロジェクトチーム」を立
ち上げ、このプロジェクトチームは、「分かりやすくかつ正確な法
廷用語はいかにあるべきか」を検討し、61語・語句の法廷用語を
法律の非専門家にも分かりやすく40項目で説明した報告書『裁判
員時代の法廷用語　法廷用語の日常語化に関するPT最終報告書』
（以下、『日常語化報告』と略称する）を2008年に公刊した。報告

書の本文では、各用語の説明と使用例の後、「裁判員のための解説」と「法律家のための解説」が書かれている。後者においては「法律家が、何に、なぜ、どのような注意を払ってその用語を使ったり、言い換えたり、説明をする必要があるのか」をまとめたと「はじめに」に説明してある（p.3）。

　法廷における専門語が言い換えられたり、日常語で説明された場合、法廷での通訳・翻訳では、その言い換えられた語も訳したり、日常語での説明を訳す必要がある。ここでは、日本の法廷におけるスペイン語との通訳・翻訳のため、および法律分野スペイン語教育のための基礎研究として、上記報告書にとりあげられている用語について、提案されている言い換えや日常語での説明を基にスペイン語訳を検討する。

　専門語は専門語で訳す必要があるということは、発言スタイルの維持とは異なる。法律の専門語は、法律によってその定義が行われ、その意味の範囲などが定められているものがあるからである。例えば、日常語の「軽減」ならば、減らし方や軽くする程度は決まっていない。しかし刑法での「刑の減軽」には、その適用すべき場合と範囲や方法が第14、15、68条で定められている。だから、「刑の減軽」を日常語の軽減と訳しただけでは、厳密な意味が伝わらないことになる。

　ただし、法律専門語を日本語からスペイン語に置き換えるに際し、国による司法制度の違いにより同じ意味概念の語に置き換えることが困難なものがあることは当然予想される。『改訂版』には、起訴状朗読の訳に関しての部分で、「ぴったりと当てはまる訳語がない場合（略）、説明を付加して訳さざるを得ない」（p.21）とも書かれている。また通訳が必要な場合に限らないと思われるが、黙秘権（pp.56–57, pp.62–65）、執行猶予（pp.86–87）、未決勾留日数（pp.86–89）などの対訳の部分は、裁判官からの説明として記載されている。

　同じスペイン語を公用語とする国々の間での制度や名称の違いもあるので、問題はさらに複雑である。第3章で見た憲法上の用語に限っても、例えば、最高裁判所が、スペイン語圏諸国21か国のう

ち、Corte Suprema de Justicia、 が 12 か 国、Suprema Corte de Justicia が 3 か国、他に Corte Nacional de Justicia が 1 か国、Tribunal Supremo（de Justicia）が 4 か国、Tribunal Supremo Popular が 1 か国である。最高裁判所裁判官に当たる職名が、magistrado、ministro、juez、vocal のように異なっている。

　法務省によって 2009 年 4 月 1 日から『日本法令外国語訳データベースシステム』がインターネット上に公開されている。このサイトには、法令用語の日英標準対訳辞書と日本の法令の多く＊11 が英訳との対訳で掲載されている。これは、「法令外国語訳推進のための基盤整備に関する関係省庁連絡会議」の決定による事業であり、会議の決定に「関係府省が法令の英語訳を行う場合（制度の概要等を英語で説明する資料等を作成する場合を含む。）には，検討会議において取りまとめた「法令用語日英標準対訳辞書」に準拠するものとする。」（平成 18 年 3 月 23 日）とあり、日本の法律用語等を英語訳する際の標準として準拠すべきものと考えられる＊12。ただ、「外国語訳」という名称での事業ではあるが、現在のところ専ら英語への訳が進められている＊13。

　スペイン語について、前述のような公的な標準対訳辞書が公開されていない現時点では、日本の法律用語をスペイン語訳する際には、日本の公的な機関の監修・編による以下の語彙集や対訳をまずは参照すべきであろう。

・最高裁判所事務総局刑事局監修（2012）『法廷通訳ハンドブック実践編【スペイン語】改訂版』、法曹会（『改訂版』と略称している。語句引用は［改］と略記する。これの旧版とみなせるものが以下の 2 つである。）
・最高裁判所事務総局刑事局監修（1999）『法廷通訳ハンドブック実践編【スペイン語】』、法曹会 （以下、引用は［実］と略記する。）
・最高裁判所事務総局刑事局監修（1992）『法廷通訳ハンドブック【スペイン語】』、法曹会 （以下、引用は［ハ］と略記する。）
・最高裁判所事務総局家庭局監修（2001）『少年審判通訳ハンド

ブック【スペイン語】』第2版（初版、1994年）、法曹会　（以下、
引用は［少］と略記する。）
・法務省刑事局外国法令研究会編（1991）『法律用語対訳集（スペ
　イン語編)』、商事法務研究会　（以下、引用は［対］と略記す
　る。）

　最高裁判所監修のものは、刑事手続き／少年審判の概要や通訳上
の注意、日本語文とスペイン語文の対訳集（法廷通訳参考例）、語
彙集からなる。法務省のものは、巻末3ページの対訳例の他は日本
語スペイン語の対訳語彙集になっている。語彙集の日本語見出しに
付けてあるスペイン語訳で、訳語が複数並べてあるものや上記5種
で訳語が一致していない項目も多い。日本語の法廷用語をスペイン
語訳する場合には、そのどれを用いても良いのか、あるいはどれか
を選択した場合、それが最良なのかどうかの判断が必要である。
　『日常語化報告』で説明されている61語・語句のうち、「犯罪の
成立にかかわる用語」（pp.90–110）であげられている、故意、確
定的故意（殺意）、未必の故意（殺意）、認識ある過失；正当防衛、
過剰防衛；緊急避難、過剰避難；責任能力；心神喪失、心神耗弱；
既遂、未遂、中止未遂（中止犯）の14語句が、日本の公的機関の
監修・編による語彙集・対訳集（以下、語彙集と略称する）*14 で
どのようなスペイン語訳語があてられているのかについてスペイン
語圏（ペルー、ボリビア、スペイン）*15 の刑法を参照しながら検
討する。ただ、ここで検討する日本の法廷用語は、法律専門家が日
本の法廷で使う専門用語であり、必ずしも法令で使われている用語
ではない。スペイン語圏でも実際の法廷でどのような用語を使って
いるのかを調べることは今後の課題である。

3.1. 故意、確定的故意（殺意）、未必の故意（殺意）、 認識ある過失

3.1.1　日本刑法の用語

「刑法」38条「罪を犯す意思がない行為は、罰しない」の規定に
より、犯罪を行う意思があったかどうか、故意だったかどうかが法

廷で争われる。またその故意の程度についても、結果を確実に分かっている場合の故意（確定的故意）と、確実に分かってはいなくても結果がそうなってもかまわないと思っていた場合の故意（未必の故意）のどちらであったかも争点になり、量刑に関わってくる。同条2項「ただし、法律に特別の規定がある場合は、この限りでない。」の「特別の規定」で失火（116条）や過失傷害（209条）、過失致死（210条）など規定のある過失も犯罪の成立要件となる。

「故意」という語は、上記38条の見出し語として示される。「過失」は、117条、209条、210条など条文中でも使われている。「確定的」、「未必の」の語句は、刑法の条文にはなく、判例で使われている用語である。

3.1.2　語彙集の訳語

「故意＊16」の見出し語には、dolo［改］［対］、intención［実］［少］、intencionalidad［改］、malicia［少］、mens rea［実］［ハ］、voluntariedad intencional［対］［実］の訳語があげてある。「確定的故意」は、この語形で語彙集部分に見出し語はない。「法廷通訳参考例」「第一審における判決理由」の「(10) 殺人罪の例（確定的故意の場合）」という章の見出しのスペイン語訳が"(10) Ejemplo: delito de homicidio (con intención definitiva)"［改 p.109］、"(10) Ejemplo 10: Homicidio (con intención clara)"［実 p.91］、"Por Homicidio (Para Casos de Homicidio Calificado)"［少 p.45］と訳が付けられている。これらから「確定的故意」の訳語は"intención definitiva"［改］、"intención clara"［実］が提示されていることが分かる。Barberán (2007)、アンダーソン他 (2013)、津田編 (2013) には dolo directo とある。

「未必の故意」は、dolo eventual［改］、dolus eventualis［実］［ハ］、conocimiento de la probabilidad del resultado［実］の訳語がある。「28d: 認識ある過失」の中の語彙要素「過失」は、negligencia［改］［実］［ハ］［少］、culpa, falta［対］とある。また「過失犯」として delito culposo［改］、acto punible cometido por negligencia, delito (delincuente) de comisión por omisión［実］、

138　Ⅱ　法固有の場面におけるスペイン語の諸相

delito o crimen por negligencia［少］、negligencia criminal［ハ］。

3.1.3　スペイン語圏刑法の用語

ペルー1991年刑法*17 は、dolo（故意）と culpa（過失）の形容詞形 doloso, culposo（11条）および副詞形 dolosamente（24条）を使っている："Artículo 11. - Son delitos y faltas las acciones u omisiones dolosas o culposas penadas por la ley."（11条　法で罰せられる故意又は過失の作為又は不作為を犯罪及び軽犯罪とする。）

ボリビア1997年刑法*18 も dolo（故意）と culpa（過失）の形容詞形 doloso, culposo（13条の4）、副詞形 dolosamente（14条）、culposamente（15条）を使っている："Artículo 13 Quáter. (DELITO DOLOSO Y CULPOSO). Cuando la ley no conmina expresamente con pena el delito culposo, sólo es punible el delito doloso."（13条の4（故意犯及び過失犯）法で明示的に罰で威嚇していないときには、故意犯のみが罰せられる。）

スペイン1995年刑法*19 では、dolo（故意）と imprudencia（過失）（5条）、形容詞形 doloso, imprudente（10条）、culposo（121条）を使っている："Artículo 5. No hay pena sin dolo o imprudencia."（5条 故意又は過失がなければ刑はない。）、"Artículo 10. Son delitos o faltas las acciones y omisiones dolosas o imprudentes penadas por la Ley."（10条 法で罰せられる故意又は過失の作為及び不作為を犯罪又は軽犯罪とする。）

3.1.4　検討

語彙集の訳語のうち、mens rea と dolus eventualis はラテン語形であり、スペイン語母語話者に理解度が低いので、使用すべきでない*20。スペイン王立学士院の辞書（Real Academia 2001）には、dolo, dolo eventual, culpa, imprudencia, falta の見出し語に対して、法律専門語（Der.）の略号を付けた語義説明がある。「故意」「未必の故意」を専門語として訳すのであれば、dolo, dolo eventual, そして「過失」に culpa, imprudencia, falta のいずれかの語形を使用

することになるだろう。「確定的」「認識ある」の部分は一般語での説明を加えることになる。『日常語化報告』（p.92）には、「未必の故意」は、日本語でも「一般的には知られていない専門用語」なので、裁判員に「言い換え、または、説明をすることが必要」とある。「認識ある過失」や「確定的故意」との対比で説明すると分かりやすいともある。日本語からスペイン語への通訳が必要なスペイン語母語話者にも、これら専門用語は専門用語に訳すのみでなく、言い換えや説明が必要である。

3.2. 正当防衛、過剰防衛；緊急避難、過剰避難

3.2.1 日本刑法の用語

「正当防衛」（36条）と「緊急避難」（37条）は刑法の条文内容の見出し語としてあげてある。「過剰防衛」と「過剰避難」の用語は「刑法」条文にない。これらの概念は、それぞれ36条2項「防衛の程度を超えた行為」、37条「程度を超えた行為」で規定されていることで判断される。

3.2.2 語彙集の訳語

「正当防衛」には、legítima defensa［改］［実］［対］、auto-defensa legítima［少］、defensa propia［ハ］、「過剰防衛」には、defensa propia excesiva［改］［実］［ハ］、defensa excesiva（en respuesta a una amenaza o acto de violencia）［少］、exceso en la defensa［対］の訳語が付けられている。

「緊急避難」は、medida de evacuación inminente［改］、evacuación de emergencia［少］、perjuicio a otra persona para prevenir un peligro inminente en caso de emergencia［実］、prevención de eminente peligro［ハ］、estado de necesidad［対］、「過剰避難」は、uso excesivo de la fuerza para la prevención de un peligro inminente［改］、defensa propia excesiva［改］、uso de excesiva fuerza para la prevención de un peligro inminente［実］、medidas excesivas de prevención en una evacuación de emergencia［少］、prevención excesiva［少］、prevención de inminente peligro por

uso de excesiva fuerza ［ハ］、exceso en el estado de necesidad
［対］とある。

3.2.3　スペイン語圏刑法の用語

　今回参照したスペイン語圏刑法*21 では、罪を問われない場合
の１つとして、「正当防衛」は、要件とともに "el que obra en
defensa"（ペルー20条3、スペイン20条4）（防衛する者）、"El
que en defensa ... rechaza"（ボリビア11条I.1）（防衛において撃
退する者）という表現で規定されている。

　要件の記述から、「正当防衛」に相当するかしないか、あるいは
「過剰防衛」に当たるかどうかの判断となる。ペルー刑法20条3に
"siempre que concurran las circunstancias siguientes:"（以下の情
状が備わっている限り）とあり、"a) Agresión ilegítima"（違法な
侵害）、"b) Necesidad racional del medio empleado para impe-
dirla o repelerla. Se excluye para la valoración de este requisito el
criterio de proporcionalidad de medios, considerándose en su
lugar, entre otras circunstancias, la intensidad y peligrosidad de la
agresión, la forma de proceder del agresor y los medios de que se
disponga para la defensa."（その侵害を防ぐ又は阻止するために用
いた手段の合理的必要性。この要件の評価には手段の均衡という基
準は除外され、その代わりに、諸情状のうち特に侵害の強度及び危
険性、侵害者の行動形式、並びに防衛のために取り得た手段が考慮
される）、"c) Falta de provocación suficiente de quien hace la defensa"
（防衛を行う者の十分な誘発が無かったこと）の３要件が列挙され
ている。ボリビア刑法11条I.1に要件の１つとして、"siempre que
hubiere necesidad racional de la defensa y no existiese evidente
desproporción del medio empleado"（防衛の合理的必要性があり、
及び用いられた手段に明白な不均衡が存在しない限り）として表現
されている。スペイン刑法20条4に要件として "Primero. Agre-
sión ilegítima. En caso de defensa de los bienes se reputará
agresión ilegítima el ataque a los mismos que constituya delito y
los ponga en grave peligro de deterioro o pérdida inminentes. En

caso de defensa de la morada o sus dependencias, se reputará agresión ilegítima la entrada indebida en aquélla o éstas."（一. 違法な侵害。財産の防衛の場合は、犯罪を構成し、かつそれら財産に差し迫った破損又は消失をもたらすような、それら財産への攻撃を違法な侵害とみなされるものとする。住居又は付属建造物の防衛の場合は、前者又は後者への不当な侵入が違法な侵害とみなされるものとする。）、"Segundo. Necesidad racional del medio empleado para impedirla o repelerla."（二. その侵害を防ぐ又は阻止するために用いた手段の合理的必要性）、"Tercero. Falta de provocación suficiente por parte del defensor."（三. 防衛者の側での十分な誘発が無かったこと）が列挙されている。記述は異なっているものの、違法な侵害があったこと、合理的必要性があったこと、防衛する側に誘発が無かったことという 3 要件は 3 カ国刑法とも共通している。

　「緊急避難」は、ペルー刑法では、1975 年ドイツ刑法 34 条と 35 条にならい「正当化的緊急避難」*22（estado de necesidad justificante）の 20 条 4:"realiza un hecho destinado a conjurar dicho peligro"（当該危険を回避することに向けられた行為を行う）と「免責的緊急避難」（estado de necesidad exculpante）の 20 条 5:"realiza un hecho antijurídico... para alejar el peligro de sí mismo o de una persona con quien tiene estrecha vinculación"（自身又は緊密な関係のある人からその危険を遠ざけるために違法行為を行う）に分けて規定されている。ボリビア刑法 12 条:"el que para evitar una lesión a un bien jurídico propio o ajeno, no superable de otra manera, incurra en un tipo penal"（自身又は別の人の法益への毀損を避けるため、他の方法では克服できなかった場合、刑事上の違反を行った者）、スペイン刑法 20 条 5:"El que, en estado de necesidad, para evitar un mal propio o ajeno lesione un bien jurídico de otra persona o infrinja un deber"（緊急事態にあり、他の人から自身又は別の人への侵害を避けるため、他人の法益を毀損するような、又は義務に違反するような者）と記載ある。参照したボリビア刑法の条文見出しに legítima defensa（11 条 I）と estado de necesidad（12 条）がある。estado de necesidad という表現が、ス

142　II　法固有の場面におけるスペイン語の諸相

ペイン刑法（20条5）にもある＊23。

「過剰避難」に関しても、「緊急避難」の部分での要件の記述から、「緊急避難」に当たるかどうか、あるいは「過剰避難」になるかどうかが判断される。ペルー刑法「正当化的緊急避難」の20条4は“a) Cuando de la apreciación de los bienes jurídicos en conflicto afectados y de la intensidad del peligro que amenaza, el bien protegido resulta predominante sobre el interés dañado”（当該の影響を受けた法益の評価において、及び迫った危険の強度において、守られた利益が損害を受けた利益をとりわけ上回った場合）、“b) Cuando se emplee un medio adecuado para vencer el peligro”（その危険を避けるために適切な手段が用いられた場合）、「免責的緊急避難」の20条5は、2項で“No procede esta exención si al agente pudo exigírsele que aceptase o soportase el peligro en atención a las circunstancias; especialmente, si causó el peligro o estuviese obligado por una particular relación jurídica”（もし、行為者に、諸事情をかんがみ、その危険を受忍するよう又は耐えるよう強要することができたなら、特に、その危険を引き起こしたなら、又は特定の法律関係により強制されたのであるなら、この免責は生じない。）とある。

ボリビア刑法12条「緊急避難」の規定では、“no superable de otra manera”（他の方法では克服できなかった場合）の他に、“1) Que la lesión causada no sea mayor que la que se trata de evitar, tomando en cuenta, principalmente, la equivalencia en la calidad de los bienes jurídicos comprometidos”（損なわれる法益の質の均衡を主に考慮し、引き起こされた害が避けようとした害よりも大きくないこと）、“2) Que la lesión que se evita sea inminente o actual, e importante”（避けられる害が目前に迫り又はその場のものでありかつ重要なものであること）、“3) Que la situación de necesidad no hubiera sido provocada intencionadamente por el sujeto”（緊急事態が当事者によって意図的に誘発されたものでないこと）、“4) Que el necesitado no tenga por su oficio o cargo, la obligación de afrontar el peligro.”（緊急事態にある者が職務又は

任務としてその危険に向き合う義務がないこと）とある。

スペイン刑法（20条5）"Primero. Que el mal causado no sea mayor que el que se trate de evitar."（一、引き起こされた危害が避けようとした危害よりも大きくないこと）、"Segundo. Que la situación de necesidad no haya sido provocada intencionadamente por el sujeto."（二、その緊急事態が当事者によって意図的に誘発されたものでないこと）、"Tercero. Que el necesitado no tenga, por su oficio o cargo, obligación de sacrificarse."（三、緊急事態にある者にその職務又は任務として犠牲を受忍する義務がないこと）の要件が記載されている。

3.2.4　検討

スペイン王立学士院の辞書（Real Academia 2001）には、legítima defensa と estado de necesidad の項目で法律専門語としての語義説明がある。estado de necesidad は、「緊急事態」である。行為を意味するのに分かりやすくするには evitar（避ける）などの語を補う必要がある。「過剰防衛」「過剰避難」の「過剰」は一般語での説明をすることになろう。

3.3.　責任能力；心神喪失、心神耗弱

3.3.1　日本刑法の用語

刑法上には「責任能力」の語は使用されていない。39条「心神喪失者の行為は、罰しない。」、2項「心神耗弱者の行為は、その刑を減軽する。」、41条「十四歳に満たない者の行為は、罰しない。」の規定から、責任能力のあるなしが判断されることになる。

3.3.2　語彙集の訳語

「責任能力」は、capacidad de asumir la responsabilidad criminal［改］［実］、capacidad de asumir responsabilidades［少］、responsabilidad criminal［改］、imputabilidad［改］［実］［対］、competencia（capaz de intención criminal）［ハ］といった訳語を語彙集があげている。

「心神喪失」は、pérdida total de facultades intelectivas y volitivas［改］、demencia［実］［ハ］、enajenación mental［実］［対］、「心神耗弱」merma de facultades intelectivas y volitivas［改］、cuasi-enajenación mental［実］［対］、débil mental［実］［ハ］とある。

3.3.3 スペイン語圏刑法の用語

ペルー刑法は、20条に刑事責任（responsabilidad criminal）を免除される者として、1項に"por anomalía psíquica, grave alteración de la conciencia o por sufrir alteraciones en la percepción"（心神異常または意識錯乱により、あるいは知覚錯乱を患っていることにより）現実判断が影響され行為の犯罪性を理解する能力がない者と規定されている。21条が「心神耗弱者」に相当する規定で、20条での責任が完全に消滅するために必要な要件が揃わなかった場合、法的な最小まで刑罰を減少させることができるとある。

ボリビア刑法では17条と18条に「心神喪失者」と「心神耗弱者」に相当する規定がある。17条は"inimputabilidad"（責任阻却）と見出しがあり、行為の当時、"por enfermedad mental o grave perturbación de la conciencia o por grave insuficiencia de la inteligencia"（精神の病若しくは意識の重大な錯乱のため、又は知能の重大な障害のため）行為の違法性を理解できない、あるいはそれによって行動することのできない者は刑罰を免除されるとある。18条は"semi-imputabilidad"（限定責任）と見出しがあり、行為の違法性を理解する能力、あるいはそれによって行動することの能力を完全に除外できないまでも著しく減少させている場合、刑罰を減軽できるとある。

スペイン刑法＊24 20条に"El que al tiempo de cometer la infracción penal, a causa de cualquier anomalía o alteración psíquica, no pueda comprender la ilicitud del hecho o actuar conforme a esa comprensión."（犯行当時、何らかの心神異常又は心神錯乱が理由で、行為の違法性を理解できない、又はその理解に応じてふるまうことができないような者）は、刑事責任（responsabilidad criminal）を免除されるとある。"anomalía o alteración psíquica"（心神異常、心神錯乱）という用語は、心理学的概念であり、以前の1973年刑法では、生物学的、精神医学的概念として"enajenación mental"（精神錯乱）と表現されていたとのことである*25。刑事責任を免除される者として、2項に"el consumo de bebidas alcohólicas, drogas tóxicas, estupefacientes, sustancias psicotrópicas u otras que produzcan efectos análogos"（アルコール飲料、毒性薬物、麻酔薬、向精神薬または同様の作用を生ずる物質の摂取）により違法性が理解できない者、3項には生まれつきや幼児からの"alteraciones en la percepción"（知的障害）で現実意識が錯乱している者が規定されている。

3.3.4　検討

『日常語化報告』（pp.102–106）には、「責任能力」の「能力」が日常語とは異なることの指摘がある。刑事責任（responsabilidad criminal）を負う能力として訳すとしても、同書にある説明、あるいはスペイン語圏刑法にあるような、行為の違法性を理解する能力、あるいはそれによって行動することの能力として説明する必要がある。「心神喪失」も、『日常語化報告』（p.105）の説明を訳すか、行為の違法性を理解できない、あるいはその理解によって行動することができない、すなわち「責任能力」がない状態として説明することになるだろう。「心神耗弱」は、同様に、行為の違法性を理解すること、あるいはその理解によって行動することが非常に困難であった状態という説明になるだろう。

3.4.　既遂、未遂、中止未遂（中止犯）

3.4.1　日本刑法の用語

43条に「犯罪の実行に着手してこれを遂げなかった者は、その刑を減軽することができる。」に「未遂」についての規定がある。未遂の内、本人が自分の意思で中止した場合、「中止未遂」、「中止犯」は、同条ただし書きの規定「ただし、自己の意思により犯罪を中止したときは、その刑を減軽し、又は免除する。」によるもので

146　II　法固有の場面におけるスペイン語の諸相

ある。「既遂」の語は、未遂の対語で、刑法にはなく、判例等で使われる語である。

3.4.2 語彙集の訳語

「33a: 既遂」: consumación de un delito［改］、consumación de una comisión de un delito［実］、consumación total de un delito o crimen［少］、terminación de una comisión de delito［ハ］、consumación［対］

「33b: 未遂」tentativa［改］［実］［対］、conato［改］［実］、intento［ハ］

「33c1: 中止未遂」tentativa por el desistimiento voluntario［改］、conato por interrupción voluntaria［実］、crimen que interrumpe el perpetrador antes de consumarlo［ハ］、desistimiento del delito［対］、「33c2: 中止犯」desistimiento voluntario del delito［改］、perpetrador que interrumpe un crimen antes de consumarlo［ハ］、perpetrador que interrumpe un delito antes de consumarlo［実］、desistimiento del delito［対］

3.4.3 スペイン語圏刑法の用語

ペルー刑法16条から19条で、「未遂」と「中止未遂／中止犯」についての規定がある。16条が"tentativa"「未遂」、17条は"tentativa impune"（刑罰を免ぜられる未遂）、手段が不適切だったために犯罪遂行が不可能であった場合の規定であり、「障害未遂」に相当すると考えられる。18条は、"Desistimiento voluntario - Arrepentimiento activo"（意思による中止 - 積極的な改悛）で、"Si el agente desiste voluntariamente de proseguir los actos de ejecución del delito o impide que se produzca el resultado, será penado sólo cuando los actos practicados constituyen por sí otros delitos."（もし行為者が自らの意思によって犯罪の遂行を継続するのを中断した場合、又は結果の発生を防止した場合、実行した行為がそのことによって他の犯罪を構成する場合のみ罰せられるものとする。）とあり、「中止未遂／中止犯」に相当する。19条は、複数行為者の

中での「中止犯」についての言及である。

　ボリビア刑法8条に"tentativa"「未遂」、9条に"desistimiento y arrepentimiento eficaz"（中止及び（有効な）改悛）「中止未遂／中止犯」、10条に"delito imposible"「障害未遂」に相当する規定がある。

　スペイン刑法16条1項は、「未遂」を規定している。"Hay tentativa cuando el sujeto da principio a la ejecución del delito directamente por hechos exteriores, practicando todos o parte de los actos que objetivamente deberían producir el resultado, y sin embargo éste no se produce por causas independientes de la voluntad del autor."「行為者が外形的な行為によって直接的に犯罪の実行に着手し、客観的には結果が生ずべき行為の全て又はその一部を実行した場合であっても、その者の意思とは別の原因によって結果が生じなかったときは未遂とする」（アラストゥエイ／稲垣. 2010: pp.126-127)。同条2項は、「中止未遂／中止犯」に相当する規定である："Quedará exento de responsabilidad penal por el delito intentado quien evite voluntariamente la consumación del delito, bien desistiendo de la ejecución ya iniciada, bien impidiendo la producción del resultado, sin perjuicio de la responsabilidad en que pudiera haber incurrido por los actos ejecutados, si éstos fueren ya constitutivos de otro delito."「自らの意思によって犯罪の遂行を回避した者は、すでに着手した実行行為を断念した場合にも、結果の発生を防止した場合においても、その意図した犯罪の刑事責任を免除される。但し、実行した行為がすでに他の犯罪あるいは軽犯罪を構成する場合の、それによる責任についてはそのかぎりではない」（アラストゥエイ／稲垣. 2010: p.127)

3.4.4　検討

　「既遂」、「未遂」、「中止未遂（中止犯）」は用語そのものは一般的になじみがないかもしれないが、内容としては、『日常語化報告』（p.108）の説明を一般的な語で訳すことで理解可能と考えられる。専門用語としては、スペイン語圏の刑法上の用語、"tentativa"（未

148　Ⅱ　法固有の場面におけるスペイン語の諸相

遂)、"tentativa impune" ／ "delito imposible"（障害未遂）、"desis-timiento voluntario"（中止未遂）などで訳すことになるだろう。

4. おわりに

刑訴法1条の後段「刑罰法令を適正且つ迅速に適用実現する」という目的のみならず、同条前段と自由権規約14条3（f）の「個人の基本的人権の保障」という目的でもって、日本の法廷で適切な通訳・翻訳が行われるためには、スペイン語圏に限定しても、まだまだ言語面や文化面でも基礎研究を進める必要がある。この章で検討した用語以外についても、裁判員裁判に必要な法廷用語の検討を今後の課題とする。

＊1　本章は、拙稿「日本の法廷用語のスペイン語訳について」（『ことばの世界』2号、2010年、pp.35–52）に、新たな論考を大幅に加筆し、修正したものである。
＊2　（昭和二十二年四月十六日法律第五十九号）最終改正：平成二五年六月一九日法律第四八号
＊3　（昭和二十三年七月十日法律第百三十一号）最終改正：平成二六年六月二五日法律第七九号　「通訳人」とは、訴訟手続での通訳者のことで、その義務やその者への配慮が法律で規定されている。
＊4　「裁判所」の公式ウエブページの「通訳人」の説明 http://www. courts. go.jp/saiban/zinbutu/ tuyakunin/ （参照 2015/6/13）
＊5　以下の論考は、起訴状など事前に用意された文書の翻訳についても同じように考えることができ、「通訳」という言い方で翻訳やその朗読も含める。
＊6　http://www.najit.org/about/NAJITCodeofEthicsFINAL.pdf
（参照 2015/6/19）
＊7　「レジスター」とカタカナでも使用される用語で、特定の職業集団や社会集団に結びつくような言語変種のこと。
＊8　「謝罪」と「反省」を求める日本と「許し」を請う中国、スペイン語圏の夫と妻の姓が異なることが「ふしだら」なイメージを裁判官に与えたこと、日系ブラジル人が漢字の住所を覚えていないこと、中国語の淡白な返答や、スペイン語圏の人の反語的な言い方などの例があげられている。
＊9　スペイン語の原発話が記載されていないため、推測に過ぎないが、スペイン語では、市街図の plano とそれより広い範囲の例えば都市間の街道などを見

るための mapa とで別の語を使用する。裁判員の想起する特定地域の地図や地図帳のようなもの（mapa）と被告人の言うホテルでもらうという「地図」（紙一枚で使い捨てする市街図：plano）との認識の差が出たのではないかとも考えられる。

＊10 http://www.saibanin.courts.go.jp/qa/c4_21.html （参照 2015/6/13）

＊11 法務省サイトでの広報によると、公開開始された時点で、約200本の法令が公開されたとのことである。（http://www.moj.go.jp/ top/link01.html 参照 2009/11/8/）

＊12 「これらの翻訳は公定訳ではありません。法的効力を有するのは日本語の法令自体であり、翻訳はあくまでその理解を助けるための参考資料です。」との注意書きはある

＊13 「第一次的には英語訳を進め、その他の言語への対応については，将来の検討課題とすべきである」とある。

＊14 津田編（2013）、アンダーソン他（2013）のようにスペイン語訳用語を見出しとしスペイン語での解説が付けられている語彙集、他に、西和・和西の法律用語辞典として Barberán（2007）、山田（2006）、田澤（2012）がある。また、日本の法律をスペイン語で解説したものに Barberán et al.（2013）がある。これらも適宜参照した。

＊15 2014年12月総在留外国人の国籍別統計で、ペルー：48,228人（スペイン語圏総在留者の67.6%）、ボリビア：5,385人（7.5%）、スペイン：4,197人（5.9%）のスペイン語圏上位3位（計81.0%）を占める3カ国の刑法を参照した。
在留外国人統計：http://www.e-stat.go.jp/SG1/estat/List. do?lid=000001133760（参照 2015/6/22）

＊16 「犯罪を行なう意思。」（日常語化報告 p.90）

＊17 Código Penal Decreto Legislativo N°635. http://spij. minjus.gob.pe/CLP/contenidos.dll?f=templates&fn=default-codpenal.htm&vid=Ciclope:CLPdemo（参照 2015/6/24）

＊18 Código Penal Bolivia（http://www.oas.org/juridico/ spanish/gapeca_sp_docs_bol1.pdf 参照 2015/6/24）

＊19 Ley Orgánica 10/1995, de 23 de noviembre, del Código Penal.（http://www.boe.es/legislacion/codigos/codigo. php?id=038_Codigo_Penal_y_legislacion_complementaria&modo=1（参照 2015/6/24）

＊20 日本在住母語話者（スペイン4名、ペルー6名、ボリビアとメキシコが各1名）12名を対象に60語（句）について『実践編』（1999）にあるスペイン語訳語がどの程度理解されるかアンケート調査結果を　堀田英夫.（2010）.「日本の法廷用語のスペイン語訳について」.『ことばの世界』. 2, 35-52. に示した。ラテン語の2語句は理解度最低であった。

＊21 以下も含めスペイン刑法和訳には、アラストゥエイ/稲垣（2010: p.124）を参考にした。

＊22 「正当化的緊急避難」と「免責的緊急避難」の日本語用語は、エーザー（2009：p.150、p.154）の訳語である。

＊23 ペルー刑法214条にも estado de necesidad という表現があるが、これは

「困窮状態」の意味で使っている。

＊24　和訳は、アラストゥエイ/稲垣（2010: p.125）を参照したが、訳語すべてはそのままを使っていない。

＊25　Fundación Tomás Moro（2005: s.v.enajenación mental）

(Resumen)

Las traducciones españolas de los términos judiciales de Japón

HOTTA Hideo

Al introducir el sistema de *saiban-in* (juez ciudadano) en Japón en mayo de 2009, la Federación Japonesa de Colegios de Abogados (*Nihon Bengoshi Rengokai*) publicó un informe de investigación sobre términos judiciales, en el que se explican 61 términos técnicos con palabras cotidianas. Uno de los objetivos de la publicación es facilitar a los juristas el uso de palabras fáciles de entender por los ciudadanos convocados a los tribunales. Son términos importantes también para la interpretación-traducción judicial del japonés al español y para la enseñanza de español con fines específicos en el campo jurídico. Entre estos términos he examinado 14 cuyos conceptos tienen estrecha relación con la determinación de la pena, con el fin de establecer su traducción y explicación adecuada en español. Para su análisis se han utilizado los manuales para los intérpretes judiciales que supervisaron los departamentos pertenecientes al Tribunal Supremo y al Ministerio de Justicia de Japón, junto con los términos que figuran en el Código Penal de Perú, Bolivia y España, países que suman el 81,0% de los residentes de los países hispanohablantes (fin de 2014) según el Registro de Extranjería en Japón.

第7章

スペイン語圏諸国の公用語規定
日本との比較において

堀田英夫

1. はじめに

　公用語とは、『言語学大辞典』では「国家、官庁などの国家機関、
公的団体などが、対外的・対内的にその使用を公的に認めている言
語」（亀井他 1996: s.v. 公用語）と定義している。同じ項目の中に、
「限定された地域社会（*comunity*）内で認められている公用語」と
して「地域公用語」という用語もあげている。

　第2章でみたように、スペイン語圏諸国のうち、エクアドル、エ
ルサルバドル、キューバ、グアテマラ、コスタリカ、コロンビア、
スペイン、赤道ギニア、ドミニカ共和国、ニカラグア、パナマ、パ
ラグアイ、ベネズエラ、ペルー、ホンジュラス、ボリビアの16か
国は、español（スペイン語）または castellano（カスティーリャ
語＝スペイン語）を国の公用語（公式語）であると憲法で規定して
いる。これらの内、赤道ギニアは、スペイン語、フランス語、その
他法で定める言語が、パラグアイは、スペイン語とグアラニ語（ワ
ラニー語）が国の公用語であると規定している。エクアドル、コロ
ンビア、スペイン、ニカラグア、ベネズエラ、ボリビアは、地域公
用語としてスペイン語以外の言語をいくつかあげている。さらに、
国の領域や、特定の地域という範囲設定の他に、エクアドルやニカ
ラグアの憲法に規定されているような、異文化間の関係において、
また法律が定める事項や場合における公用語という考え方もあ
る*1。地理的に、あるいはコミュニティによって範囲を決めるの
ではなく、言語が使用される場面・状況により公的な使用を認める
という考え方である。「特定場面公用語」とでも名づけられるだろ
うか。

　アルゼンチン、ウルグアイ、チリ、プエルトリコ、メキシコの憲

法には、公用語の規定がない。本章は*2、これらの5カ国と、同じく憲法での公用語規定のない日本で、国内の公的場面での公用語が、法律のレベルでどのように規定されているのかを調べ、比較することを目的とする。今回は、アルゼンチンの県（Provincias）、メキシコの州（Estados）など地方レベルではなく、国全体の規定を見ることとする。

2．日本の場合

2.1．立法

「国会法」*3 には、国会や国会の委員会において用いる言語の規定がない。平成6年11月9日の第131回国会環境特別委員会第3号の記録*4 に「ニシパウタラ　カッケマクタラ　シネイキンネ　コンカミナ　ネプクネワ　ソモネヤッカ　ニシパエウタラネ　クキカネワ　クコロウタリ　ヨロイラウエ　シペッテッパクノ　クネプキルスイナ　エンカオピュキワ　ウンコレヤン」と、参議院議員萱野茂委員のアイヌ語による発言の記録がある。ただその後に本人により同じ内容が日本語で発言されている*5。同年11月24日の内閣委員会第7号記録*6 には、もう少し長いアイヌ語による発言が記録されている。この記録の萱野委員の発言の中に、委員会事務局からの話として「国会の慣習として外国語を使用する場合は理事会の了解を得ることとしている」とある。アイヌ語は、「外国語」すなわち「外国の言語」という定義にはあてはまらない。アイヌ語での発言も理事会で諮ったが、アイヌ語が外国語であるとはいっていないとの岡野裕委員長発言が記録されている*7。アイヌ語とは別に、理事会の了解が得られれば日本語、アイヌ語以外の外国語での発言も可能と解釈できる。

2.2．司法

「裁判所法」*8 の74条に、「裁判所では、<u>日本語</u>を用いる」とあり、使用する言語が日本語であるとの規定がある。「民事訴訟法」*9 154条でも「口頭弁論に関与する者が<u>日本語</u>に通じないと

き、又は耳が聞こえない者若しくは口がきけない者であるときは、通訳人を立ち会わせる。ただし、耳が聞こえない者又は口がきけない者には、文字で問い、又は陳述をさせることができる。」とある。「刑事訴訟法」*10 では、「国語」という語を使っている。175条「国語に通じない者に陳述をさせる場合には、通訳人に通訳をさせなければならない」、177条「国語でない文字又は符号は、これを翻訳させることができる」である。176条には「耳の聞えない者又は口のきけない者に陳述をさせる場合には、通訳人に通訳をさせることができる」とある。

　「国語」という語には、ある一国における共通語または公用語という文字通りの意味の他に、1つの言語である日本語という意味でも使われている。「刑事訴訟法」の条文にある「国語」は日本語のことを国語といっていると解釈できる（cf. 齋藤2006）。

　日本語にも地域差・方言があり、別の地域の方言話者とは意思疎通が困難なもの、あるいは他の方言や共通語では、的確に表現できない語や表現を持つ方言もある。裁判の中で、これらの方言の使用について、榎澤（2009）に法令や裁判事例に基づく考察がある。国内法の規定における日本語・国語の中に方言が含められていること、方言で意思疎通が困難な場合は「日本語に通じない者」に準ずるとして位置づけられる。「通じる者」か「通じない者」かの境界線は、不明確であり、この判断は裁判所の訴訟指揮権に委ねられると結論している。そして「日本語」の定義や「日本語に通じない者」かどうかの判断が、裁判所ごとの訴訟指揮権に委ねられることで、裁判ごとに範囲が異なるという問題点を提起し、「市民的及び政治的権利に関する規約」に基づき、使用する言語を当事者（特に被告人）に選択させ、裁判の当事者の請求によって通訳人を付けることが必要という問題提起をしている（p.90）。

2.3. 教育や文化振興

　日本語に関する行政、および教育行政に関わる法律では、「国語」という語が使われている。「文部科学省設置法」*11 4条「文部科学省は、前条の任務を達成するため、次に掲げる事務をつかさどる。

（中略）八十五　国語の改善及びその普及に関すること」、「学校教育法」*12 21条「義務教育として行われる普通教育は、教育基本法*13 第五条第二項に規定する目的を実現するため、次に掲げる目標を達成するよう行われるものとする。（中略）五　読書に親しませ、生活に必要な国語を正しく理解し、使用する基礎的な能力を養うこと」、「教育職員免許法」*14 4条で、免許上の種類としての教科名の1つに「国語」がある。

　「文字・活字文化振興法」*15 には「国語」と「日本語」の両方の語が使われている。3条2項では「文字・活字文化の振興に当たっては、国語が日本文化の基盤であることに十分配慮されなければならない」とあり、「国語」が日本語を意味していると読める。一方9条の「外国の出版物の日本語への翻訳の支援、日本語の出版物の外国語への翻訳の支援」という文脈では、外国語との対比で、日本語という語が使われている。「独立行政法人国立高等専門学校機構法」*16 14条には、「国立国語研究所において行われていた国語及び国民の言語生活並びに外国人に対する日本語教育に関する科学的な調査及び研究」とある。「文化芸術振興基本法」*17 は、「国語教育」（18条）と「外国人に対する日本語教育」（19条）を別々の条文に記載している。「文部科学省設置法」*18 において文科省の所管を列挙している4条にも「外国人に対する日本語教育に関すること」（36項）と「国語の改善及びその普及に関すること」（85項）を並べている。これらのことから、法律のレベルでは、日本国内対象の教育の対象たる言語を「国語」、同じ言語ではあるが、外国人対象に教育する言語を「日本語」と称していることが分かる。

　「アイヌ文化の振興並びにアイヌの伝統等に関する知識の普及及び啓発に関する法律」*19 の2条では、「この法律において「アイヌ文化」とは、アイヌ語並びにアイヌにおいて継承されてきた音楽、舞踊、工芸その他の文化的所産及びこれらから発展した文化的所産をいう」とあり、アイヌ語を含むアイヌ文化の振興が図られている。しかし、公的な場面でアイヌ語が使われることを認めるかどうかの規定はない。「沖縄振興特別措置法」*20 には、84条「国及び地方公共団体は、沖縄において伝承されてきた文化的所産の保存及び活

用について適切な措置が講ぜられるよう努めるとともに、地域における文化の振興について適切な配慮をするものとする」とはあるが、「地域における文化」の中に沖縄の言葉を含むかどうかについての記載はない。

「津波対策の推進に関する法律」*21 では日本語弱者への留意も求めている。「国及び地方公共団体は、津波に関する予報又は警報及び避難の勧告又は指示が的確かつ迅速に伝達され、できる限り多くの者が、迅速かつ円滑に避難することができるようにするために必要な体制の整備その他必要な措置を講ずるよう努めなければならない。(中略) 3 第一項の措置を講ずる場合及び前項の計画を定める場合には、高齢者、障害者、乳幼児、旅行者、日本語を理解できない者その他避難について特に配慮を要する者の津波からの避難について留意しなければならない。」(9条)

「障害者自立支援法」*22 77条で市町村の地域生活支援事業を記載している中に2項「聴覚、言語機能、音声機能その他の障害のため意思疎通を図ることに支障がある障害者等その他の日常生活を営むのに支障がある障害者等につき、手話通訳等(手話その他厚生労働省令で定める方法により当該障害者等とその他の者の意思疎通を仲介することをいう。)を行う者の派遣」と書かれている。また、「公職選挙法」*23 197条の2の2、3、4項に、事前に届け出て報酬を支払う選挙運動従事者の中に、手話通訳者を記載している。

2.4. 日本の法律での言語

以上は、法律のレベルで言語についてどのような扱いがされているかを見たものである。榎澤 (2006) は、法律のみでなく、命令や規則、判例も含み言語に関する法令を整理し*24、日本の法令は「少なからず多言語状態を意識はしている」、しかし「重要視されている言語は、標準的な日本語である」、そして、「やはり単一言語国家型を志向しているといえる」とまとめている (p.40)。

「国語」という語を使い、日本語を意味し、単一言語国家であることが前提となっている規定がある一方、外国語との対比では、「日本語」と呼んでいる。公的な場面のうち、裁判では通訳人を立

ち会わせることを規定し、また津波災害に対して日本語が理解でき
ない者への留意が、日常生活と選挙運動には手話通訳を使うことが
配慮されている。

3. アルゼンチン

3.1. 司法

　アルゼンチンの「刑事訴訟法」*25 で、訴訟行為（actos proce-
sales）において、「国語」（idioma nacional）が使用されなければ
ならないとの規定（114条）があり、国語と異なる言語の文書や陳
述を翻訳する必要がある場合、裁判官が、個人的にその言語の知識
がある場合でも、通訳者を指名（nombrar）する（268条）とある。
日本におけるのと同じく、「国語」という表現でスペイン語を意味
することは自明のこととしているようである。

　「民・商法」*26 には、公正証書（escritura pública）（302条）、
および会計帳簿（325条）は、国語で書かれなければならないとす
る条文がある。また登記官（oficial público）の面前での法的な結
婚式において、結婚する2人のいずれか、あるいは両方とも国語が
分からない場合は、公認登録通訳・翻訳者（un traductor público
matriculado）、もしそのような者がいない場合は、適格な通訳者
（un intérprete de reconocida idoneidad）を立ち合わせる（419条）
という規定がある。

　「民・商法訴訟法」*27 でも、すべての訴訟行為において国語が
使用されることとし、陳述を行わなければならない者が国語を知ら
ないときには、裁判官もしくは裁判所が、抽籤によって1人の公的
通訳・翻訳者（traductor público）を指名（designar）する、また
聾唖者に発言を求めるときも通訳者を指名する（115条）とある。

3.2. 教育とマスコミ

　「教育法」*28 には、国による教育政策の目的として、読み書き
の重点を置くことを強める（Fortalecer la centralidad de la lectura
y la escritura）という記述はある（11条I）。読み書きという場合、

スペイン語によるということは当然視されていると考えられる。
ñ) の項には、すべての生徒対象の教育において多文化を評価することを促進することで、先住民族にその言語と文化的アイデンティティを尊重することを保証すること[29]という記述もある。

　幼児教育の目的の条項（20条e)）では、言語および非言語の様々な手段による表現とコミュニケーション能力の促進（Desarrollar la capacidad de expresión y comunicación a través de los distintos lenguajes, verbales y no verbales)、初等教育（27条）の目的では、様々な分野の知識を身につけさえる機会を提供すると記載のある条項の中に、「言語及びコミュニケーション」(la lengua y la comunicación)、それに諸外国語（las lenguas extranjeras）という記載はあるが、スペイン語かどうかは明記してない。中等教育の目的を規定した30条でようやくスペイン語（lengua española）と明示されている。

　　　"d) Desarrollar las competencias lingüísticas, orales y escritas de la lengua española y comprender y expresarse en una lengua extranjera."（スペイン語の口頭及び筆記の言語能力を発展させること、かつ1つの外国語を理解し、及びそれで表現すること）(30条d))

　52条には、二言語異文化間教育（Educación Intercultural Bilingüe）が、先住民が自分たちの文化基準、言語、宇宙観、民族的アイデンティティを守り強化する教育を受ける権利を保障する教育制度の様式であると規定している。この教育で使用する言語についての記載はない。

　2009年1月12日公布の法律[30]で、国の教育制度における中等教育[31]において、またブラジルとの国境を接する県では、初等教育のレベルで、外国語としてのポルトガル語教育を義務化している。南米南部共同市場（MERCOSUR：Mercado Común del Sur）によるブラジルとの関係を緊密化する目的によるものと考えられる[32]。

　1968年公布の「映画活動促進法」[33] には、アルゼンチンの映画としての条件（8条）の最初に"ser habladas en idioma castellano"（カスティーリャ語で話されていること）とある。

第7章　スペイン語圏諸国の公用語規定　159

「視聴覚コミュニケーションサービス法」*34 では、例外として認められた場合以外、すべての放送は、公用語（el idioma oficial）で表現されなければならないと規定している（9条）。この公用語がスペイン語を意味することも自明と考えられる。

「吹き替え法」*35 に、「中立カスティーリャ語」（idioma castellano neutro）という表現が使われている。

"El doblaje para la televisación de películas (...) deberá ser realizado en idioma castellano neutro, según su uso corriente en nuestro país, pero comprensible para todo el público de América hispanohablante."（1条）（テレビ放映の映画（中略）の吹き替えは、わが国で一般的に用いられている用法に従い、しかしスペイン語系南北アメリカで一般に理解される、中立カスティーリャ語で、行われなければならない）

この中立カスティーリャ語という表現は、他のスペイン語系南北アメリカ諸国のスペイン語と異なる特徴を持つアルゼンチン・スペイン語を意識しつつ、しかし、吹き替えをした映画を販売する市場としての他のスペイン語圏諸国を意識したものと考えられる。

4.　ウルグアイ *36

「刑事訴訟法（Ley Nº 16.893. Código del Proceso Penal. 1997)」の95条は、裁判での言語（Idioma）を規定していて、1項で、訴訟行為はカスティーリャ語（el idioma castellano）で行わなければならないとし、2項で、カスティーリャ語を知らない者、聾唖者による陳述・表明は、しかるべく翻訳・通訳されることとしている。178条にも証人の証言について同様の記述がある。

「民法（Código Civil. 2010*37)」の遺言証書（testamento solemne）についての記述の中で、カスティーリャ語が分からない遺言者による遺言は、言葉の分かる2人の通訳者と3人の証人の面前で公証人が開封し、提示することを規定している。すなわち、遺言は、カスティーリャ語で書かれているのが普通のこととして、カスティーリャ語以外の言語で書かれているものを特別のこととして

いることが分かる。

"799. Quien no conozca el castellano, pero se exprese claramente en otro idioma y lo escriba, podrá otorgar testamento abierto en la siguiente forma"（799条. カスティーリャ語が分からないけれど、他の言語で明確に表現でき、かつそれを書くことができる者は、次の形式で公正証書遺言を作成することができるものとする）

「タバコによる健康被害を防ぐ法律（Ley Nº 18.256. 2008）」には、公共施設と職場の閉鎖空間、ならびに閉鎖空間もしくは戸外の保健衛生と教育施設での禁煙を規定し、そこにスペイン語で（en idioma español）、次のように表記することを義務付けている："Prohibido fumar, ambiente 100% libre de humo de tabaco"（禁煙、タバコの煙から100%自由な環境）。

「教育基本法（Ley General de Educación. aprobado en la Cámara de Senadores el 10 de diciembre de 2008）*38」には、何語で教育を行うかについての規定はない。40条には、ウルグアイに存在する母語として、スペイン語、ポルトガル語、ウルグアイ手話*39をあげている：

"5) La educación lingüística tendrá como propósito el desarrollo de las competencias comunicativas de las personas, el dominio de la lengua escrita, el respeto de las variedades lingüísticas, la reflexión sobre la lengua, la consideración de las diferentes lenguas maternas existentes en el país (español del Uruguay, portugués del Uruguay, lengua de señas uruguaya) y la formación plurilingüe a través de la enseñanza de segundas lenguas y lenguas extranjeras."（言語教育は、人々のコミュニケーション能力の発達、書記言語の習得、言語多様性への尊重、言語について考えること、（我が）国に存在する様々な母語（ウルグアイ・スペイン語、ウルグアイ・ポルトガル語、ウルグアイ手話）への配慮、並びに、第2言語及び外国語教育によって複数言語の教育を目的とするものとする）

「商標法（Ley de Marcas. 1998）*40」の4条の記載からは、ウ

ルグアイでは、スペイン語が一般的に使われ、理解される言語と解釈できる。

　　　"12° Las palabras o las combinaciones de palabras en idioma extranjero cuya traducción al idioma español esté comprendida en las prohibiciones de los numerales 9°), 10) y 11) precedentes."（12項　外国語の語又は語の結合で、そのスペイン語訳が前項の9, 10及び11項の禁止事項と解釈される場合）

5．チリ＊41

「刑事訴訟法（Código Procesal Penal; Ley no. 19.696. 2000）」で口頭主義を規定する291条に、カスティーリャ語（el idioma castellano）が分からない者や口頭でのコミュニケーションができない者には、筆記や通訳によることを認めている。

「家庭裁判所法（Ley Núm. 19.968 Crea los Tribunales de Familia. 2004）」の43条には、証人がカスティーリャ語を知らない時には、18歳以上の通訳者によって証言を得ると規定してある。

　　　"De la necesidad de intérprete. Si el testigo no supiere el idioma castellano, será examinado por medio de un intérprete mayor de dieciocho años, quien prestará juramento o promesa de desempeñar bien y fielmente el cargo, y por cuyo conducto se interrogará al testigo y se recibirán sus contestaciones."（通訳の必要性について。もし証人がカスティーリャ語を知らないならば、18歳以上の通訳者によって取り調べられるものとする。通訳者は務めをうまく、かつ誠実に果たすことを誓約又は約束することとし、その通訳者を通じて証人に尋問し、かつ回答を得ることとする）

「婚姻法（Ley no. 19.947. 2004）」13条には、先住民族の場合、婚姻の表明や情報、それに結婚式が、母語で実施されることを請求することができると規定してある。また聾唖者の場合は、手話を知っている人によって通訳させると規定してある。

"Las personas pertenecientes a una etnia indígena, ... podrán solicitar que la manifestación, la información para el matrimonio y la celebración de éste se efectúen en su lengua materna. En este caso, así como en el que uno o ambos contrayentes no conocieren el idioma castellano, o fueren sordomudos que no pudieren expresarse por escrito, la manifestación, información y celebración del matrimonio se harán por medio de una persona habilitada para interpretar la lengua de el o los contrayentes o que conozca el lenguaje de señas."（先住民族に属する者は、... 結婚の表明及び情報、並びに結婚式が母語で行われることを請求することができるものとする。この場合、当事者の一方又は両方がカスティーリャ語を知らなければ、又は筆記で自己を表現することができない聾唖者であるならば、結婚の表明、情報及び開催は結婚する片方又は結婚する者たちの言語を通訳する能力のある者、又は手話ができる者を介して行われる）

16条には、婚姻の証人となることができない者として、カスティーリャ語が分からない者、あるいは明白に自分を表現することができない者があげてある。

"No podrán ser testigos en las diligencias previas ni en la celebración del matrimonio: ... 5º Los que no entendieren el idioma castellano o aquellos que estuvieren incapacitados para darse a entender claramente."（次の者は、結婚の事前の手続き及び結婚式の証人になることができないものとする: ... 5. カスティーリャ語が分からない者、又は明白に自分を表現することができない者）

「法律17439号（Ley Nº 17.439. 1980）」の1条には、ラジオ、テレビの生放送や生の興行において、カスティーリャ語で自分を表現する俳優や役者の少なくとも85％がチリ人でなければならないと規定している。

"En los espectáculos artísticos de números vivos que se presenten en radioemisoras, canales de televisión, salas de

第7章　スペイン語圏諸国の公用語規定　163

espectáculos, boites, cabarets, casinos, hosterías, clubes socia-
les, quintas de recreo, restaurantes, rodeos, ramadas,
exposiciones, gimnasios, circos y carpas móviles y estableci-
mientos similares, el 85% de los artistas que se expresen en el
idioma castellano, a lo menos, deberán ser chilenos." (ラジオ
放送、テレビ局、劇場、ナイトクラブ、キャバレー、カジノ、
ホテル、社交クラブ、レクリエーション農場、レストラン、ロ
デオ、見世物小屋、展覧会、ジム、サーカス及びテント小屋並
びに類似の設備において上演される生の演芸・見世物において
は、カスティーリャ語で自分の言いたいことを表現する出演者
の85%が、少なくとも、チリ人でなければならないものとす
る)

　また、「教育体制組織法 (Ley Orgánica Constitucional de Ense-
ñanza＊42)」には、初等教育の生徒たちは、卒業時に、読み書きで
きること、カスティーリャ語で口頭によって、また書くことで自分
を正確に表現できることを到達目標の1番目に掲げている。

　"Artículo 13. Para lograr los objetivos generales señalados
en el artículo anterior, los alumnos de la enseñanza básica
deberán alcanzar los siguientes requisitos mínimos de egreso:

　a) Saber leer y escribir; expresarse correctamente en el
idioma castellano en forma oral y escrita, y ser capaz de apre-
ciar otros modos de comunicación;" (13条. 前条項に示された
一般的な目的を達成するために、初等教育の生徒は、卒業時に
以下の最低限のレベルに到達しなければならないものとする:
a) 読み書きできること; カスティーリャ語で口頭及び書いて
自分が言いたいことを正確に表現できること、かつ他のコミュ
ニケーション方法を尊重できること)

　先住民言語が文化的財産であること、またその教育を選択するこ
とができることは、政令 (decreto) のレベルで規定されてい
る＊43。

6. プエルトリコ

スペインによる植民地であったプエルトリコは、1898年の米西戦争の結果、アメリカ合衆国軍に占領され、アメリカ合衆国大統領が知事を任命する直轄領とされた。1940年に初めてプエルトリコ人知事の任命、1948年に民選知事となり、1952年にアメリカ合衆国の自由連合州という地位を定めた現行憲法が住民投票で承認され、現在に至っている（大貫他2013: p.612）。

アメリカ合衆国が占領した1898年、軍司令部の「命令192号」で、プエルトリコ政府の使用する公用語は英語とされた。1902年2月21日には、スペイン語と英語を区別することなく政府が使うことを認める法律が承認され、1991年4月5日の「法律4号」で、スペイン語を公用語と規定した（Ley. 1. 1993: Exposición de Motivos）。そして1993年1月28日承認の現行の「法律1号」では、スペイン語と英語両方を公用語と規定している。

"Artículo 1.- Se establecen el español y el inglés como idiomas oficiales del Gobierno de Puerto Rico. Ambos se podrán utilizar, indistintamente, en todos los departamentos, municipios, u otras sub-divisiones políticas, agencias, corporaciones públicas, oficinas y dependencias gubernamentales de las Ramas Ejecutiva, Legislativa y Judicial del Estado Libre Asociado de Puerto Rico, conforme a lo dispuesto en esta ley, o lo que por ley especial se dispone."（1条－スペイン語及び英語をプエルトリコ政府の公用語とする。両方が、差別されることなく、この法律又は特別法に規定されるところに従い、プエルトリコ自由連合州の、行政、立法及び司法部門におけるすべての省、自治体、その他の行政下部組織、支所、公社、役所及び所属機関で使用される。）

そして、2条では、必要な場合、翻訳や通訳でどちらの言語でも関係者が理解できるようにすることと規定している。英語も公用語とした理由は、アメリカ合衆国との関係のみならず、国際語としての英語という考えが記載されている。

"El inglés constituye el idioma que más frecuentemente se utiliza para llevar a cabo las comunicaciones internacionales hoy día." (Ley. 1. 1993: Exposición de Motivos) (英語は、今日国際的なコミュニケーションを行うために最も頻繁に使用される言語となっている。)

公教育は、スペイン語と英語の両方、またはいずれかで行うと規定されている。

"La enseñanza se impartirá en español y/o inglés en las escuelas del Sistema." (Ley 149. 15 de julio de 1999. Art. 5.06) (教育制度における学校では、教育はスペイン語及び英語、又はいずれかで行われるものとする)

しかし、プエルトリコの社会で、両言語が同じレベルで使われているわけではない。2000年の統計で、プエルトリコの5歳以上人口の85.6%が家庭では英語以外を話し、英語能力を4レベルのどのレベルかの質問へは、「とても良く話す」(*Very well*) より低い回答 (*Well, Not well, Not at all*) が71.9%であるとのアメリカ合衆国による国勢調査結果がある*44。Lewis et al. (2014) のデータ*45 でも、スペイン語話者が3,900,000人*46 に対して、英語は、100,000人、第2言語としての英語使用者は1,840,000人である。スペイン語使用者の方が多い。そのため、公用語についての論争は続いており、2014年8月にもスペイン語と英語を共に公用語として認めるとしても、スペイン語を第1公用語、英語を第2公用語とするといった法案が、提案されている。

7. メキシコ

7.1. 先住民言語との関係

メキシコは、憲法2条で、メキシコ国家は不可分であると宣言しつつ、先住民文化を含む複文化構成であると認めている。そして、先住民コミュニティの自己決定権を認めている。自分たちで決めることができることを列挙し、その中に、自分たちの言語を維持し豊かにすること (2条A. IV)、裁判では、通訳者およびその先住民文

化と言語の知識を持った弁護人を付けられる権利（2条 A.VIII.）
をあげている。また、連邦、州、市の行政に先住民の権利擁護のた
めの義務を列挙した中に、二言語の異文化間教育を促進しつつ学校
教育のレベルを上げることを保障することをあげている（2条 B.
II.）。それに経過規定（Transitorios）には、連邦の行政の長が、先
住民言語へ憲法を翻訳することを命じ、先住民共同体に憲法を普及
させることを命じるようにと規定している。しかし公用語について
の規定は、憲法にはない。

公用語（lengua oficial あるいは idioma oficial）という用語は
使ってないけれども、公的な手続きなどの使う言語として、「先住
民族言語権基本法（Ley General de Derechos Lingüísticos de los
Pueblos Indígenas）＊47」に、先住民言語がスペイン語と同じ効力
を持つと規定している。

"ARTÍCULO 4. Las lenguas indígenas que se reconozcan en
los términos de la presente Ley y el español son lenguas nacio-
nales por su origen histórico, y tienen la misma validez en su
territorio, localización y contexto en que se hablen."（4条.
本法の条項において認められている先住民言語及びスペイン語
は、歴史的な成り立ちによって国語であり、かつそれが話され
る領域、場所及び状況において、同等の価値を持っている。）

"ARTÍCULO 7. Las lenguas indígenas serán válidas, al igual
que el español, para cualquier asunto o trámite de carácter
público, así como para acceder plenamente a la gestión, servi-
cios e información pública. Al Estado corresponde garantizar
el ejercicio de los derechos previstos en este artículo, conforme
a lo siguiente:"（7条. 先住民言語は、スペイン語と同じく、公
的な性格を持つ事柄又は手続きにおいて、また公的な手続き、
サービス及び情報に完全にアクセスするために有効であるもの
とする。本条に定められた権利を行使することを保障すること
は、以下に従い、国家の責任である：）

「教育一般法（Ley General de Educación. 1993. Última reforma
publicada DOF 20-05-2014）」には、先住民言語の話し手は、自

分の言語とスペイン語（español）における義務教育を受けること
ができると規定している（7条）。

7.2. 司法

「刑事訴訟国家法（Código Nacional de Procedimientos Penales.
2014年3月」（2016年6月18日までに徐々に有効と経過規定にあ
る）45条で、訴訟行為は、スペイン語（idioma español）で実施
されなければならないものとし、スペイン語を話したり理解したり
できない者には、通訳や翻訳、あるいは他の技術によるコミュニ
ケーションを認めている。また先住民族や先住民共同体のメンバー
の場合、スペイン語を話すことができても、請求すれば、自分の言
語と文化を知る通訳者を指名すると規定されている。「刑事訴訟国
家法」が効力を持つまでの「刑事訴訟連邦法（Código Federal de
Procedimientos Penales. 1934年. Última reforma publicada DOF
13-06-2014)」では、同様の規定が、15条、28条、103条、141
条、154条、246条、278条、388条にカスティーリャ語（idioma
castellano）として記載されている。

7.3. マスコミ

「テレビ・ラジオ放送連邦法（Ley Federal de Telecomunicacio-
nes y Radiodifusión)*48」の230条では、マスコミで使用する言
語を国語（idioma nacional）としつつ、先住民言語の使用を妨げ
るものではない、また外国語による放送は、スペイン語（español）
での字幕や翻訳を使うことを規定している。また、この法律を布告
する政令の経過規定には、手話と聴覚障害者のための字幕について
の記載がある。

> "deberán contar con lenguaje de señas mexicana o subtitu-
> laje oculto en idioma nacional" (43)（メキシコ手話又は国語
> による［通常］隠された字幕を含めなければならない）

「映画連邦法（Ley Federal de Cinematografía. 1992. Última
reforma publicada DOF 28-04-2010)」には、必要な場合、スペイ
ン語（español）の字幕、子供向け映画の場合は、スペイン語での

吹き替えで上映されること（8条）とある。

8. まとめ

　憲法で公用語を規定していない国々のうち、プエルトリコは、ア
メリカ合衆国の自由連合州という地位から、スペイン語と英語のど
ちらを公用語として認めるのか、あるいはどちらを優先させるのか
というせめぎあいの中で、公用語を規定する法律を持っている。メ
キシコは、先住民の言語権を規定する法律を持ち、その中で、先住
民言語とスペイン語を国語（lenguas nacionales）としている。こ
れら以外の国々は、司法の場面や教育などで使用する言語をそれぞ
れの法律で規定している。また、日本で「国語」を日本語の意味で
使うのと同じように、アルゼンチンとメキシコでは、スペイン語の
意味で「国語」という用語を使っている場合がある。また外国語と
の対比では「日本語」という表現をしているのと同じく、外国語と
の対比において「スペイン語」（español, castellano）という語が使
われる。

　「中立カスティーリャ語」（idioma castellano neutro）という表
現が使われているアルゼンチンの法律からは、自国のスペイン語と
異なるスペイン語圏全体での共通スペイン語あるいは標準スペイン
語の存在を意識していることが分かる。

　憲法上に先住民言語について規定している国があるように、アル
ゼンチンとチリ、そして前述のメキシコは、先住民の言語、文化の
存在を認め、複数文化、複数言語としての国の文化、教育を法律の
レベルで規定している。ただ、その場合でも、法律からは、スペイ
ン語が使われることが前提となっているということが見て取れる。

＊1　エクアドル憲法2条で異文化間の関係（relación intercultural）と法の定
める事項（en los términos que fija la ley）と規定し、ニカラグア憲法11条で
法が定める場合（en los casos que establezca la ley）と規定している。

＊2　本章は、拙稿「スペイン語圏諸国と日本の公用語規定」『愛知県立大学大学院国際文化研究科論集』（16号、2015年、pp.1–22）に加筆修正をしたものである。

＊3　昭和二十二年四月三十日法律第七十九号、最終改正：平成二四年六月二七日法律第四七号

＊4　http://kokkai.ndl.go.jp/SENTAKU/sangiin/131/ 1490/13111091490003a. html（参照 2014/10/23）

＊5　「紳士の皆様、淑女の皆様、御一同様にごあいさつを申し上げます。何者でもない私ではありますけれども、皆様の末席に座らせていただき、アイヌ民族の願いである新法制定に向けて力を注ぎます。先生方のお力添えのほどをお願い申し上げたいと思います。」

＊6　http://kokkai.ndl.go.jp/SENTAKU/sangiin/131/ 1020/13111241020007c. html（参照 2014/10/23）

＊7　「委員長（岡野裕君）　萱野茂君に委員長からお話をいたします。

　　アイヌの言葉で先生がお話しになられたいという御意向は理事会で諮ったところであります。しかし、これを外国語だとは言っておりません。それは、国会審議、委員会審議は皆さんで議論を深めるという意味でありますので、皆さんにわかるような言葉でないと審議が進まない。したがって、短時間でアイヌの言葉はとめて、それの通訳をぜひ加えていただきたいといったことでありますので御理解をいただきます。」第131回国会　内閣委員会第7号平成六年十一月二十四日（木曜日）記録。この発言からは、外国語での発言が認められたとしても、（自前で）通訳を加えることが前提となっているようである。

＊8　昭和二十二年四月十六日法律第五十九号、最終改正：平成二三年五月二五日法律第五三号

＊9　平成八年六月二十六日法律第百九号、最終改正：平成二四年五月八日法律第三〇号

＊10　昭和二十三年七月十日法律第百三十一号、最終改正：平成二三年六月二四日法律第七四号

＊11　平成十一年七月十六日法律第九十六号

＊12　昭和二十二年三月三十一日法律第二十六号

＊13　平成十八年法律第百二十号

＊14　昭和二十四年五月三十一日法律第百四十七号

＊15　平成十七年七月二十九日法律第九十一号

＊16　平成十五年七月十六日法律第百十三号、最終改正：平成二一年三月三一日法律第一八号

＊17　平成十三年十二月七日法律第百四十八号

＊18　平成十一年七月十六日法律第九十六号、最終改正：平成二四年八月二二日法律第六七号

＊19　平成九年五月十四日法律第五十二号

＊20　平成十四年三月三十一日法律第十四号

＊21　平成二十三年六月二十四日法律第七十七号

＊22　平成十七年十一月七日法律第百二十三号、最終改正：平成二四年六月二七日法律第五一号

＊23 昭和二十五年四月十五日法律第百号、最終改正：平成二四年八月二二日法律第六七号

＊24 法令整理において、「一定の言語話者に適用されると考えられる法令」と「特定の言語話者のみ適用される法令」とに分けているのは理解できない。後者に外国人等を例示しているが、前者「裁判所、審査・審判、国会」も同じ人たちが関わるはずである。

＊25 Código Procesal Penal. Ley 23984. 21-ago-1991. Publicada en el Boletín Oficial del 09-sep-1991. Número: 27215

＊26 Código Civil y Comercial de la Nación. Ley 26.994. Sancionada: Octubre 1 de 2014, Promulgada: Octubre 7 de 2014

＊27 Código Procesal Civil y Comercial de la Nación. Ley N° 17.454. 20-sep-1967. Publicada en el Boletín Oficial del 07-nov-1967. Número: 21308. Texto ordenado en 1981 por decreto N° 1042/1981 - B.O. 27/08/1981, Segunda Sección.

＊28 Ley de Educación Nacional. Ley 26.206. Sancionada: Diciembre 14 de 2006. Promulgada: Diciembre 27 de 2006

＊29 憲法75条17項の議会の行為規範の一つ、「先住民の民族的文化的存在を認めること：先住民のアイデンティティ及び二言語・異文化間教育を尊重することを保障する」（拙訳）に基づいている。先住民言語の教育がどのようになされているかは、地方レベルでの実態を調べる必要がある。

＊30 Educación. Ley 26.468. Sancionada: Diciembre 17 de 2008. Promulgada de Hecho: Enero 12 de 2009

＊31 "Todas las escuelas secundarias del sistema educativo nacional"（1条）

＊32 水戸（2011: p.132）によるとブラジルはスペイン語教育を「1998年8月11日に上院が2003年までに全国の中等教育で義務化する決定をした」とのことである。

＊33 Texto ordenado de la Ley de Fomento de la Actividad Cinematográfica Nacional nº 17.741 y sus modificatorias (decreto 1248/2001). 引用した条文は、改訂後8条a）、以前は7条b）。

＊34 Servicios de comunicación audiovisual. Ley 26.522. Sancionada: Octubre 10 de 2009. Promulgada: Octubre 10 de 2009.

＊35 DOBLAJE. LEY N° 23.316. Sancionada: Mayo 7 de 1986. Promulgada: Mayo 23 de 1986.

＊36 Leclerc（2013）を参考にした。

＊37 http://www.fder.edu.uy/2014/documentos/ codigo-civil.pdf（参照2014/11/02）

＊38 http://www2.ohchr.org/english/bodies/cat/ docs/AnexoXIV_Ley18437.pdf（参照2014/11/02）

＊39 Ley Nº 17.378（2001年）ウルグアイ手話を自然言語として全土ですべての効力を認め、通訳等によって公的なコミュニケーションを保障するとしている。

＊40 http://www.wipo.int/wipolex/es/text.jsp?file_id=177870 （参照2015/7/28）

＊41　Leclerc（2011）を参考にした。

＊42　Publicada el 10 de marzo de 1990. Publicada en el Diario Oficial el 21 de febrero de 2006, fija texto refundido, coordinado y sistematizado de la ley N° 18.962, Orgánica Constitucional de Enseñanza

＊43　Decreto No 11 Promúlgase la Convención para la Salvaguardia del Patrimonio Cultural Inmaterial de la UNESCO. Decreto N° 280 Modifica Decreto N° 40, de 1996, que establece los Objetivos Fundamentales y Contenidos Mínimos Obligatorios de la Educación Básica y Fija Normas Generales para su Aplicación (25-Sep-2009). Decreto N° 280: ÍNDICE. Objetivos Fundamentales y Contenidos Mínimos Obligatorios de la Educación Básica y Media, Actualización 2009, Ministerio de Educación, República de Chile, Santiago, Diciembre de 2009.

＊44　*Language Use and English-Speaking Ability for the Population 5 Years and Over for the United States, Regions, and States and for Puerto Rico: 1990 and 2000* http://www.census.gov/prod/2003pubs/c2kbr-29.pdf（参照2014/11/02）

＊45　http://www.ethnologue.com/country/PR/languages （参照2015/7/28）スペイン語は2011年、英語は2003年のデータ。

＊46　総人口3,726,000人としている人数より多い理由は不明。

＊47　Nueva Ley publicada en el Diario Oficial de la Federación el 13 de marzo de 2003. Última reforma publicada DOF 09-04-2012.

＊48　texto vigente a partir del 13-08-2014. Nueva Ley publicada en el Diario Oficial de la Federación el 14 de julio de 2014

資料　（参照：2014年5月から11月）
日本：法令データ提供システム／総務省行政管理局
　　　http://law.e-gov.go.jp/cgi-bin/idxsearch.cgi
アルゼンチン：Información Legislativa y Documental
　　　http://www.infoleg.gov.ar/
　　　Biblioteca Digital del Ministerio de Justicia y Derechos Humanos
　　　http://www.biblioteca.jus.gov.ar/
ウルグアイ：Poder Legislativo / Consulta de Leyes
　　　http://www.parlamento.gub.uy/indexdb/leyes/ConsultaLeyesSIPXXI.asp
チリ：Biblioteca del Congreso Nacional
　　　http://www.leychile.cl/Consulta
プエルトリコ：Oficina de Servicios Legislativos de Puerto Rico
　　　http://www.oslpr.org/LeyesPuertoRico.asp
メキシコ：LEYES Federales de México - Cámara de Diputados
　　　http://www.diputados.gob.mx/LeyesBiblio/pdf/257.pdf

(Resumen)
Las lenguas oficiales en las leyes de los países hispanohablantes y Japón

HOTTA Hideo

Las constituciones de los países: Argentina, Uruguay, Chile, Puerto Rico y México, como también la de Japón, no hacen referencia a la lengua oficial. Entre estos países Puerto Rico, Estado Libre Asociado de los Estados Unidos de América, tiene una ley en que establece sus lenguas oficiales debido a la rivalidad entre el español y el inglés. Por su parte México reconoce que el español y las lenguas indígenas son lenguas nacionales en la Ley General de Derechos Lingüísticos de los Pueblos Indígenas. Los demás países; Argentina, Uruguay, Chile y Japón cuentan con disposiciones del uso del idioma en cada ley que reglamenta los actos procesales, educación, cinematografía y televisión etc. El español, y el japonés en el caso de Japón, es la lengua oficial *de facto* y las leyes de Argentina, México y Japón las más de las veces se refieren a ella con la denominación de *lengua o idioma nacional* sin mencionar qué lengua es. En una ley de Argentina se usa el término *idioma castellano neutro*, quizá por la conciencia de la peculiaridad regional del español que se habla en su país.

III

日常空間における法律スペイン語の多様性

第8章

法律における「性」の記述*1

糸魚川美樹

1. はじめに

　ジェンダー（género/gender）＝社会的文化的性別という概念の登場により、それまで「性別」として表されていた概念＝セックス（sexo/sex）が、生物学的性別＝セックスと社会的文化的性別＝ジェンダーにわけて考えられるようになった。さらにその後、セックスとジェンダーの二項対立に疑問が投げかけられ、ジェンダー論では、「生物学的性別」もジェンダーであるという議論が起こり、ジェンダーの概念や用法を厳密に定義するのは現在でも難しい。日本語では、これらの概念に言及する場合、「性」という漢字を使うことが多く、そのことから、「性／性別」が示す内容は多岐にわたっている。文脈によって「体の（生物学的、解剖学的）性（別）」、「社会的文化的性」、「アイデンティティとしての性別」、「性的指向（セクシュアリティ）」、行為としての「性愛」などの解釈が可能である。

　「性」によって指示されるものが多様化する背景には、当然、個人における「性」のあり方が多様であることが認識されつつあることも関連している。ある個人について、「体の性別」が女性または男性であっても、「アイデンティティとしての性別」がそれとは異なる、「性的指向（セクシュアリティ）」も男性または女性であるとは限らないということが理解されつつある。このように多様化する「性」を、性的少数派の権利に関する法整備がすすむスペイン語圏の法律ではどう表しているのか、これが本稿の問いであり考察の目的である。

　まず、第2節でスペイン語における「性」をめぐる問題として、スペイン語では避けてとおることができない文法上の性（género gramatical）について述べる。「社会的文化的性別」としてのジェンダーは、文法上の性と切り離して考えられることが一般的であるが、男性／女性という分類の文法上の性をもつスペイン語でこのふたつが無関係ではありえない。ここではジェンダーと文法上の性との結びつきについて論じる。これをふまえ第3節では、複雑化する「性」概念が法律においてどう表されているかについて、スペイン、アルゼンチン、ウルグアイにおける性自認（ジェンダー・アイデンティティ）に関する法律とコロンビアにおける性別変更に関する判決文をとりあげ、「性」を表す語 sexo/ género/ sexual などを抜き出し分析する。

2. スペイン語における性をめぐる問題

2.1. 文法上の性とジェンダー

スペイン語は他のロマンス諸語と同様、文法上の性をもち、名詞は男性／女性に分類される。これは、名詞の分類であり、代名詞や形容詞との一致の問題である。しかし、動物や人を表す名詞ではこの性が意味および形と結びつき、男性形と女性形という対をなすもの*2 があり、「男には男性形、女には女性形」と説明される。さきにあげた「社会的文化的性差」としてのジェンダーという英語からの借用語は、もとはこの文法上の性を指す言語学用語である。『女性学事典』には次のようにある。「もともとジェンダーは言語学の用語で、名詞を性別化して分類する文法的性別を意味するが、第二波フェミニズム以降の文脈では、社会的・文化的な性差を表すものとして使われている」（井上ほか 2002: s.v. ジェンダー）。

この解釈からすると、文法上の性とジェンダーは切り離して考えられそうである。本稿でも文法用語には「文法上の性」をあて、ジェンダーとは便宜上区別している。しかし、本節でみていく通り、「言語学の用語」としての「ジェンダー」＝文法上の性*3 も、言語によってはその機能がジェンダー同様「人間の集団のあいだに差異の分割線を非対称に引く」（上野 2002: p.17）装置としてはたらいている場合がある。少なくともスペイン語（その他ヨーロッパ諸

言語の一部にもいえることだが）の文法上の性は、人類をどちらかの性に分類する差異化装置としても機能しており、分類された対象は対称な関係を文法上でも与えられていない。「言語自体、社会を構成する要素の一つ」（木村1999: p.35）という考え方からすれば、もともと名詞の分類であった「ジェンダー」＝文法上の性が「社会的・文化的につくられた性差」として使用され始めたこと自体にも合点がいく。ジェンダーとしての文法上の性の機能についてもう少し詳しくみてみよう。

　スペイン語では一般的に人を表す名詞の性は自然の性（sexo）にしたがう、または一致すると説明される。たとえば、madre「母」、amiga「女ともだち」は女性名詞で、padre「父」、amigo「男ともだち」は男性名詞である。この場合「自然の性」は「生物学的性」と言われることもある。しかし、よく考えてみると、実際の言語活動において話者は指示対象の生物学的性別を確認しながら指示対象に言及する名詞／形容詞の性および形を選択しているわけではない。何らかの理由により、話者は無意識であるかもしれないが、指示対象について男性に分類される（べき）、または女性に分類される（べき）という判断から文法上の性を決定しているはずである＊4。たとえば、名詞chica/chico（若者）の性はそれぞれ女性／男性と決まっているが、ある若者を指してchicaというかchicoというか、また代名詞に女性形ellaを選ぶか男性形élを選ぶかを決めるのは、指示対象の性と生物学的性別との一致からではなく、発話者のジェンダー観からである。生物学的に男性という性別を与えられている異性装者が女性形で言及されることがある。「男っぽい女」を指す名詞marimachoは男性名詞である。また、同性愛の男性が代名詞女性形ellaで言及されることがある。これらの現象は、「文法上の性は生物学的性別に一致する」という説明から逸脱する。人を表す名詞の文法上の性をより包括的に説明するために、話者のジェンダー観という視点の導入をここでは提案したい。

　スペイン語では、名詞の性に男性か女性かの分類しかなく、人が指示対称の場合はこのどちらかに分類しようとする作業が繰り返し実践される。性の二分法の枠組みから外れた言語実践を行うことは、

第8章　法律における「性」の記述　179

とくに外国語としてスペイン語を学ぶ者には難しいといえる*5。

2.2. スペイン語は性差別的か

このように人を表す名詞について、「社会的カテゴリーである性別を基準にした二分法」によって名詞の性が決定されることを筆者は「ジェンダー化」または「性別化」と呼んでいる（糸魚川 2003, 2005, 2010a）。「ジェンダー化」の特徴を強くもつスペイン語は、1980 年代の女性の権利拡大運動のなかで「性差別的」というレッテルをはられる。前述したように、男には男性（形）、女には女性（形）名詞が使用されるという理解のなかで、（ア）混性の存在を表すには男性（形）名詞が使用されること、（イ）社会的権威のある職業を表す名詞には女性形がなく男性形で女性を表していたこと、（ウ）女性形には男性形にない否定的意味合いをおびる語彙が多くあることが理由としてあげられる。これらは、改善すべき点とされ、1980 年代後半、非性差別的言語使用を奨励するパンフレットが行政、各自治体の女性センター（Instituto de la Mujer）、労働組合、教育機関などにより作成され始めた。その後、各機関が非性差別的言語使用の「指針」や「ガイドライン」を作成するようになる。最新のもので、セルバンテス協会が 2011 年に出版した『非性差別的コミュニケーションガイド（*Guía de comunicación no sexista*）』がある（Instituto Cervantes 2011）。

これまで、前述の（イ）については新しい女性形名詞の形成と使用の推進（＝女性化）、（ウ）については否定的な意味合いをおびる女性形は使用しない、という方向で解決策のおおよその一致をみている。（ア）への対応として、総称的／包括的意味での男性（形）名詞（例：「先生」の総称として los profesores）を使用しないで、女性形／男性形を並列すること（las profesoras y los profesores）や集合名詞（profesorado）で置き換えるなどの提案がなされてきた。しかし、男性形の総称的用法はスペイン語文法で認められていること、言語的経済性に反するなどの理由から、並列表現や集合名詞の使用の提案は反発を呼んでいる。とくに、2012 年 3 月にスペイン王立学士院がイグナシオ・ボスケ（Ignacio Bosque）の名で発

表した報告書「言語的性差別と女性の可視性」（Bosque 2012）＊6
は、性差別回避のために並列表現や集合名詞の使用を提案する「非
性差別的言語使用の指針」と指針作成者（自治体、労働組合、教育
機関）を厳しく批判（非難）する内容となっている。これを機に、
「言語上の性差別を回避し、実用にふさわしい基準をもうけるため
に、言語使用に変更を取り入れること」を支持する側と、「非性差
別的言語使用の指針の提案を否定する側での議論が再燃」した
（Márquez 2013: p.7）といわれている。

　このようにスペイン語の文法上の性は、文法範疇でありながら社
会的な文脈で取り上げられることが多い。これは、文法上の性が、
社会的カテゴリーである「性」の区別を使用しており、ジェンダー
機能の一端を担っているからだと考えられる。

3. 法律における性

3.1. 「性」 sexo か género か

　英語において、*gender* が言語学用語としてだけでなく、「社会的
文化的性」、「性のあり方」という概念を指す語として用いられるよ
うになり、さらに *sex* で表されていた「性／性別」にかわって、
gender が使用されるようになると、スペイン語にもその影響が及
ぶ。

　García Mouton（2002）によれば、スペイン語においてジェン
ダー概念を指した género の最初の用法として文献上で確認できる
のは 1987 年出版のもので、その使用が定着してきたのはもっと後
のことであるという。とくに、1995 年世界女性会議北京大会にお
いて英語の *gender* が使用されたことは、その他の言語における
「性（別）」を表す語彙に影響を与えており、スペイン語もその影響
を受けた言語のひとつである。その後、社会学などの学術専門分野
に限られていたジェンダー概念を指すための género の使用がマス
メディアに広がった際、その使用が議論となった。その意味内容自
体があいまいであること、スペイン語の género は「文法上の性」
を指すほかに「種類」「流儀」「商品」「ジャンル」「属」などを意味

する用法があるにもかかわらず英語の gender の用法をそのまま受け入れたことによる。まず、「性（別）」という意味での género の使用の受容と反発の流れをみてみよう。

1999 年スペインで展開された、女性に対する男性からの暴力反対を訴えるための運動のなかで、その暴力を指すために violencia de género（性に基づく暴力）という表現が使用された。この運動をマスメディアがとりあげた際、género の使用が問題化した。それまで「男性からの女性に対する暴力」には、violencia contra las mujeres（女性に対する暴力）/ violencia de sexo（性の暴力）/ violencia sexual（性的暴力）/violencia doméstica（家庭内暴力）などが使用されていた*7。この género の用法に対し、género は文法上の性（género gramatical）を表す語であり、人の「性（別）」に言及する使い方はないという一部の文法家や言語学者、ジャーナリストからの反発と、それへの応酬がその議論の中心であった。2002 年に出版された論集 'Género', sexo, discurso のなかでこの問題が Andrés Castellanos（2002）と García Mouton（2002）によってとりあげられている。前者では、新聞上で展開された violencia de género という表現に対する論争を紹介している。この表現に対する文法家の拒絶反応などは、「言語的知識からというより感情論」であるという（Andrés Castellanos 2002: p.44）。後者では、スペイン語の género が英語の gender の翻訳としてスペイン語で使用されるようになった経緯と使用に対する論争、さらに実際の用法を考察している*8。

このように violencia de género や人の「性（別）」を表す género の用法自体に反発がみられるなか、2004 年にスペインで可決された「性に基づく暴力に対する保護に関する組織法（Ley Orgánica de Medidas de Protección Integral contra Violencia de Género）」において、「性に基づく暴力」を "violencia de género" と表現している*9。なお当時までに出版されているスペイン語の主要辞書*10 には、género の見出しに「社会的文化的性別」という定義は存在しない。

本法律のなかでつぎのように género が登場する。

1) los condicionantes socioculturales que actúan sobre el género masculino y femenino（男性と女性のあり方に作用する社会文化的条件）［立法趣旨］

2) desde la perspectiva de las relaciones de género（ジェンダーに関する観点から）［第3条-1］

3) igualdad de género（ジェンダーの平等）［第3条-1］

一方で、sexo およびその形容詞 sexual も「性別」を指して使用されている。

4) igualdad entre sexos（性別間の平等）［第4条-3］

5) las desigualdades de sexo（性別の不平等）［第4条-5］

6) por razón de sexo（性別を理由に）［第17条-2］

7) desagregados por sexo（性によって分裂した）［第30条-1］

8) agresión sexual（性的侵害）［立法趣旨］

9) indemnidad sexual（性の安全）［第44条］

10) libertad sexual（性的自由）［第72条］

例4にあるように sexo は複数形の使用がみられるが、género は常に単数形である。これは、sexo としての性別は女／男の2つであるが、ジェンダーは女／男という区別を指すものではないという解釈によると考えられる*11。

　この法律の制定が2004年12月である。スペイン王立学士院は、género の使用に関する見解を2004年5月19日付けで同学士院のウェブページ*12 で発表している。同じ内容を、2005年に同学士院・スペイン語学士院協会により出版された『汎スペイン語圏疑問辞典』（Real Academia 2005）における género 1 の項で、それを確認することができる（s.v. género 1）。それによれば、「人間が有しているものが sexo であり、単語が有するものが género（las palabras tienen género（y no sexo), mientras que los seres vivos tienen sexo（y no género))」ということである。さらに続けて、フェミニズム理論においては、単なる生物学的カテゴリーには sexo という語が使用され、社会文化的カテゴリーには género が使用される。「社会学の専門分野では、この区別は有効であり必要で

ある」が、この「明確で専門的意味」なしでつぎの例にみるような
sexo の類義語としての género の使用は「認められない（inadmisible）」としている（線は引用者による）。

El sistema justo sería aquel que no asigna premios ni castigos
en razón de criterios moralmente irrelevantes (la raza, la clase
social, el género de cada persona.)

(*El País* 2002. 11.28)

（公正なしくみというのは、倫理的に取るに足らない基準（各
人の人種、社会階層、ジェンダー）によって賞罰を与えないも
のであろう。）

Los mandos medios de las compañías suelen ver como sus propios ingresos dependen en gran medida de la diversidad étnica
y de género que se da en su plantilla.

(*El Mundo* 1995. 1.15)

（会社の中間管理職は、自分たちの収入が、社員の民族および
ジェンダーの多様性に依存しているということをしばしば目に
する。）

　この2つの例から考えると、「人種、社会階層」「民族」のような
人間を分類するために用いられるカテゴリーとしての「性別」に言
及する際には sexo を使用するのであって、género という語を使用
することは認められないということである。ここで疑問となるのは、
たとえば2つ目の例において「ジェンダーの多様性（diversidad de
género）」のかわりに「性別の多様性（diversidad de sexo）」とし
た場合、指していることが変わらないのかという点である。さらに、
これらの例が、王立学士院が認めている社会学で使用されている
「明確で専門的な意味」ではないと判断することは可能だろうかと
いう疑問も生じる。「性別」も、それと同等に並べられている「人
種、社会階層」「民族」も人間が作り出したカテゴリーである。社
会学の分野で「社会文化的カテゴリー」としての「性別」を指すの
に género の使用が認められるのであれば、この2つの例に género
の使用が認められない厳密な理由を読み手が理解するのは難しい。
学問分野での使用とその必要性が認められ、なぜそれ以外の分野で

184　　III　日常空間における法律スペイン語の多様性

は認められないのか。そのような疑問には答えてくれていない。

　2004年の法律において人の「性（別）」を指すgéneroが登場して以来、初めて版を重ねた王立学士院『スペイン語辞典』第23版（Real Academia 2014）のgéneroの見出しに、人の「性（別）」を指す定義が初めて記載された。第3定義として「各性別の人が属するグループで、生物学的視点からだけでなく社会文化的視点から性が理解される」（s.v. género）とある。

> Grupo al que pertenecen los seres humanos de cada sexo, entendido este desde un punto de vista sociocultural en lugar de exclusivamente biológico

　法律では、人の「性（別）」を表すのに使用していたsexoやsexualについて、2004年以降、その一部の用法がgéneroにとってかわっていく。メキシコで2006年に制定された「女性と男性の平等のための一般法（Ley general para igualdad entre mujeres y hombres）」にもスペインの2004年の法律とよく似た用法で、"desde la perspectiva de las relaciones de género"（ジェンダーに関する観点から）、"igualdad de género"（性の平等）、"violencia de género"（性に基づく暴力）というようにgéneroが登場する。以下では、法律における「性（別）」の表され方を詳しくみていく。

3.2.　法律上の記述

　2005年スペインでは、同性婚を認める法律が制定される。さらに2007年以降スペイン語圏で性の自己同一性に関する法律が登場する。この法律では登録上の「性別変更」を認めており、性概念の表現が注目される。以下では、スペイン語圏において2007年以降に3カ国で制定された性の自己同一性（性自認）に関する法律（性自認法）をとりあげ、「性（別）」がどのように表現されているかを分析する。

　以下では、「性（別）」を意味する語を含む名詞句で抜粋するが、どの「性（別）」を指しているかわかりにくい場合、その範囲を広げとりあげることにする。なお、重複する例は除く（以下、下線は引用者による）。

3.3. スペイン2007（「人の性別の記載についての登録の訂正に関する規制法（Ley reguladora de la rectificación registral de la mención relativa al sexo de las personas)」）

スペインで2007年に制定された性自認法から、「性（別）」に言及する表現を抜き出す。

11）la rectificación registral de la mención del sexo（性別の記載についての登録上の変更）［法律名］

12）（a）l sexo de una persona en el Registro Civil（登録台帳における、ある人の性別）［立法趣旨］

13）su identidad de género（その人の性自認）［立法趣旨］

14）el sexo reclamado （要求されている性別）［立法趣旨］

15）la inicial asignación registral del sexo（性別の最初の登録）［立法趣旨］

16）las personas cuya identidad de género no se corresponde con el sexo con el que inicialmente fueron inscritas （最初に登録された性別と性自認が一致しない人たち）［立法趣旨］

17）la rectificación de la mención registral del sexo（性別の登録記載の訂正）［第1条］

18）la rectificación del sexo conllevará el cambio del nombre propio de la persona ...（性別の訂正は、個人名の変更も結果として伴う）［第1条］

19）su sexo registral （その人の登録上の性別）［立法趣旨］

20）disforia de género（性別違和）［第4条］

21）Sexo morfológico（形態学上の性別）［第4条］

22）Género fisiológico（生理学上の性別）［第4条］

23）sexo psicosocial（心理社会的性別）［第4条］

24）cirugía de reasignación sexual（性別再適合手術）［第4条］

25）el cambio del sexo（性別の変更）［第5条］

26）Notificación del cambio registral de sexo（性別の登録変更の通知）［第6条］

27) La transexualidad, considerada como un cambio de la identidad de género, ha sido estudiada ya por la medicina y por la psicología. (トランスセクシャルであるとは、性自認の変更とみなされており、医学や心理学によってすでに研究されてきた)［立法趣旨］

28) la necesidad de la persona transexual（トランスセクシュアルである人の要求)［立法趣旨］

「登録上の性別」には sexo を使い、個人のアイデンティティとしての性別に言及する場合は género を使っていることがわかる。使用されている文脈から考えると、この「登録上の性別」というのは、例14 にあるように要求されるもの（reclamado）であり、割り当てられるもの（asignación）（例15）であり、訂正されるもの（rectificación）（例17, 18）であり、変更されるもの（cambio）（例25, 26）でもある。出生時に医師の判断により sexo が指定され、それが登録される。それに「違和」を感じた場合、ある一定の条件の下で変更が可能であるという法律である。前述したように Real Academia（2005）において sexo を「人が持っているもの」としているが、この法律にあらわれる用法では「国民／市民としての登録のために人が持たされているもの、第三者によって割り当てられているもの」という性質が強い＊13。

　一方で、これらの用法から考えるとつぎに見るような3つの表現に、なぜ sexo または género を用いるのかを説明するのは難しい。

21) sexo morfológico（形態学上の性別）

22) género fisiológico（生理学上の性別）

23) sexo psicosocial（心理社会的性別）

　21) から23) は、性別の登録変更を行うための条件を述べた項で、つぎのように現れる。

21)'–23)' ... la existencia de disonancia entre sexo morfológico o género fisiológico inicialmente inscrito y la identidad de género sentida por el solicitante o sexo psicosocial ...

（最初に登録された形態学上の性別または生理学上の性別

第8章　法律における「性」の記述　187

と、申請者によって感じられる性自認または心理社会的性
別の間の不一致の存在）

体の性別と心の性別の不一致のことを述べていると理解できるが、
体の性別について「形態学上の性別または生理学上の性別」とし、
前者に sexo、後者に género を使っている。心の性別ついては、「性
自認または心理社会的性別」とし、前者に género を、後者に sexo
をあてている。生物学的であれ心理社会学的であれ医学的（に第三
者が割り当てる）性別には sexo を用いるという考え方も可能なの
かもしれない。いずれにしても、例21～例23における相違を説明
するのは難しい。

　例28と27にそれぞれ transexual と transexualidad がという語
が用いられている。例27の transexualidad の説明として、「トラ
ンスセクシュアルであるとは性自認の変更とみなされており」とい
う記述があり、「性自認」の変化がトランスセクシュアルであるこ
とのように理解でき、21)'-23)' における「性自認」が示すものと
のあいだに齟齬が生じているという解釈も可能である。スペイン語
主要辞書では、transexual と transexualidad は見出し語としてある。
本法律制定前に出版された版においては「反対の性別として感じる
（人）」という形容詞・名詞として transexual は定義されている。
2014年に出版された Real Academia (2014 s.v. transexual) には、
「性別変更に関する」という形容詞と、「ホルモン治療や外科手術に
より反対の性別の性的特徴を得る（人）」という定義が追加された。
これは2007年以降制定されている性自認法が反映されてのことだ
とも考えられる。

3.4.　ウルグアイ2009（「性自認と本人確認書類における名と性別変更の権利に関する法律（Ley 18.620: Derecho a la identidad de género y al cambio de nombre y sexo en documentos identificatorios)」）

　2009年にウルグアイで制定された性自認法の名称にある "docu-
mentos identificatorios"（本人確認書類）の形容詞 "identificatorio"
は、スペイン語の主要辞書の見出し語にはないが、王立学士院の

ウェブページでは、identificativo と同義語であることが示されている＊14。

　法律名からわかるとおり、性別の変更と名前の変更が同等に扱われている。本章3.3では言及していないがスペイン2007の場合も同様である。スペイン語圏では、名前は第三者が性別を判断するための重要な要素である。日本語では、名前だけで性別を判断することが難しい場合が多くなってきているが、そのような例はスペイン語圏ではまれである。

　スペイン2007の性自認法の場合と同様に、ウルグアイの法律についても「性（別）」に言及する表現を抜き出す。

29）Derecho a la identidad de género（性自認のための権利）［法律名］

30）el cambio de nombre y sexo en documentos identificatorios（本人確認書類における性別と名の変更）［法律名］

31）... con independencia de cuál sea su sexo biológico, genético, anatómico, morfológico, hormonal, de asignación u otro.（生物学的、遺伝学的、解剖学的、形態学的、ホルモンそのほかの性別がどうであるかに関係なく）［第1条］

32）la identidad de género propia（性自認そのもの）［第1条］

33）la consonancia entre esta identidad y el nombre y sexo señalado en los documentos identificatorios de la persona（アイデンティティと、本人確認書類に記された名と性別のあいだの調和）［第1条］

34）Toda persona podrá solicitar la adecuación de la mención registral de su nombre, sexo, o ambos, cuando los mismos no coincidan con su identidad de género.
（すべての人が、名、性別または両方が、本人の性自認と一致しない場合、名、性別または両方の登録記載の適合を申し出ることができる。）［第2条］

35）el nombre, el sexo –o ambos– consignados en el acta de nacimiento del Registro de Estado Civil［第3条－1］
（住民台帳登録の出生記録に記載れている名または性別、

第8章　法律における「性」の記述　189

また両方）

36）En ningún caso se exigirá cirugía de asignación sexual para la concesión de la adecuación registral de la mención del nombre o del sexo ...
（どのような場合にも、名または性別の記載の登録適合が許可されるために、性別再適合手術は要求されない）［第3条－2］

37）adecuación registral de la mención del nombre y del sexo（名と性別の言及の登録上の適合）［第4条］

38）La resolución que autorice la rectificación de la mención registral del nombre y en su caso del sexo,（名とこの場合性別の登録記載の変更を認めるという決定）［第5条1項］

39）El cambio registral del sexo（性別の登録変更）［第5条3項］

ウルグアイの「性自認法」は、スペインのものに比べシンプルかつ、「性」の記述も一貫している。すなわち、アイデンティティとしての性別には género を、出生時に「割り当てられた」または「登録上」の性別には sexo を用いている。スペイン2007の場合と同様、ウルグアイ2009においても、「形態学的性別」は "sexo morfológico" となっている。スペインの場合は「生理学上の性別」には、género が用いられているが、ウルグアイ2009では、「生物学的、遺伝学的、解剖学的、形態学的」性別はすべて sexo が用いられている。このようにみていくと、「生理学上の性別」（例22）に género が用いられていることの方にやはり疑問が残る。例36）の「性別再適合手術は要求されない」からわかるように、ウルグアイでは体の性別と心の性別が一致していなくても登録上の性別の変更は可能であることがわかる。

3.5.　アルゼンチン2012（「人の性自認の権利に関する法律（Ley 26.743: El derecho a identidad de género de las personas）」）

アルゼンチンでは2012年に「人の性自認の権利に関する法律」

が制定されている。上述の2国の場合と同様にみていこう。

40）el derecho a la identidad de género de las personas（人の性自認のための権利）〔法律名〕

41）Al reconocimiento de su identidad de género（自身の性自認の承認を求める（権利））〔第1条a〕

42）Al libre desarrollo de su persona conforme a su identidad de género（性自認に一致した自由な発育への（権利））〔第1条b〕

43）A ser tratada de acuerdo con su identidad de género y, en particular, a ser identificada de ese modo en los instrumentos que acreditan su identidad respecto de el/los nombre/s de pila, imagen y sexo con los que allí es registrada.（性自認に一致して扱われる権利、及び、とくに、登録されている名、イメージ、性別に関して、本人のアイデンティティを証明する公文書において、その人本人として認められる（権利））〔第1条c〕

44）Se entiende por identidad de género a la vivencia interna e individual del género tal como cada persona la siente, la cual puede corresponder o no con el sexo asignado al momento del nacimiento, incluyendo la vivencia personal del cuerpo.〔第2条〕

（性自認とは、各自が感じるままに性の内面的かつ個別生活体験と理解されなければならず、身体の個別の生活体験を含め、出生時に割り当てられた性別に合致しうるか否かではない）

45）También incluye otras expresiones de género, como la vestimenta, el modo de hablar y los modales.

（服装や話し方、マナーなどジェンダーのその他の表現も含む）〔第2条〕

46）Toda persona podrá solicitar la rectificación registral del sexo（何人も、性別の登録修正を申し出ることができる）〔第3条〕

47) la rectificación de <u>sexo</u> y cambio de nombre de pila（性別
の修正と洗礼名の変更）［第6条］

48) tratamientos integrales hormonales para adecuar su
cuerpo, incluida su genitalidad su identidad de <u>género</u>
autopercibida（生殖性（生殖機能）を含んだ、身体、性
自認に適合させるための完全なホルモン療法）［第11条］

49) la identidad de <u>género</u> adoptada por las personas（人に
よって受け入れられた性自認）［第12条］

　アルゼンチンの性自認法の場合もウルグアイの場合と同様、一貫
して、個人が認知する性は「ジェンダー」、与えられる性は「セッ
クス」となっている。例48 genitalidad は、形容詞 genital からの
派生語と考えられるが、スペイン語の主要辞典には見出し語として
記載がない語である。例47からわかるように、「性別」には「修
正」rectificación という名詞が、「洗礼名」には「変更」cambio と
区別していることから、出生時に割り振られた性別が間違っていた
という解釈ができる。

3.6.　参考：コロンビア 2015 判決文

　コロンビアでは、2015年5月に交付された「単一令　正義と法
に関する規則（Decreto 1069 de 2015, Único Regulamentario del
Sector Justicia y del Derecho）」に、性別の変更に関する手続きの
規則（Decreto）1227号（同年6月）が追加された。この1227号
の趣旨説明には、出生届やパスポートなどにおける性別記載の変更
手続きを拒否された人物が、全国身分登録局（Registraduría
Nacional del Estado Civil）に対し起こした裁判の憲法法廷（Corte
Constitucional）における判決文（T-063, 2015年）が引用されて
いる。前項までにみてきた3カ国の法律における「性（別）」の記
述とは性格が異なるが、司法という広い意味において、引用されて
いる判決文における「性（別）」の記述をここではとりあげる。最
新の資料として興味深い用法が確認でき、さらに今後の検討課題に
もなりうるからである＊15。

50) aunque de manera coloquial suele afirmarse que las per-

sonas transgénero experimentan un 'cambio de sexo'
（トランスジェンダーの人は、「性別変更」の体験があると、口頭で確認されることが常であるが）

51）la intervención quirúrgica se realiza para ajustar las características corporales de una persona a la identidad sexual asumida por esta
（外科的手術は自身の身体的特徴を、当該人物が自認した性と同一のものに適合させるために行われる）

52）no es propiamente una operación de "cambio de sexo", sino de "reafirmación sexual quirúrgica"
（固有の意味での「性別変更」手術ではなく、「性別の外科的再適合手術」である）

53）el sexo asignado por terceros al momento de nacer
（出生時に第三者によって割り当てられた性別）

54）la exigencia impuesta a las personas transgénero de acudir a la vía judicial para lograr la corrección del sexo inscrito en el registro civil
（住民登録に記載されている性別の修正を行いうるためには、法的手段に訴えるという、トランスジェンダーの人びとに課せられる要求）

55）… elimina la diferencia de trato que se establece entre personas cisgénero y transgénero
（シスジェンダーとトランスジェンダーの人びとの間に確立される待遇の違いを減らし）

56）la identidad de género（性自認）

57）un trato discriminatorio en relación con el que se dispensa a las personas cisgénero（シスジェンダーの人びとには向けられない差別的な処遇）

　まず、「性自認」については、"la identidad de género" のほかに、"identidad sexual"（例 51）もみられる。また、これまでにとりあげた 3 カ国の法律においてもみられた "cambio de sexo"（性別の変更）（例 50）や "sexo asignado"（割り当てられた性別）（例 53）、

第 8 章　法律における「性」の記述　193

"reafirmación sexual"（性別再適合）（例52）などのsexoやsexualのほかに、transgénero（トランスジェンダー）とcisgénero（シスジェンダー）という語が使われている（例55、57）。「トランスジェンダー」は日本語でも使用されているが、スペイン語の主要辞書にはtransgéneroの見出し語としての登録はない。さらに「シスジェンダー」となると、この語に日本語で出会ったことがある人はかなり少数なのではないか。この2つはいずれもpersona（s）（人）を修飾する形容詞として単複同形で使われている。すでにみたように、transexual/transexualidadはスペインの法律においても使用されているが、cisgéneroはこのコロンビアの判決文で初めて現れる。ウェブ上でその意味を確認すると、cisgéneroとは、「出生時に割り当てられた性別に違和感を抱かない」、同時に「異性愛である」ことを指して使われているようだ。つまり"persona cisgénero"とは"transgénero"ではない人、性を越境していない人のことを言うようである＊16。スペイン語の接頭辞cis-は「こちら側の」を意味する。英語では生物学用語でtrans-とcis-が対立して使用されていることから、おそらく英語でcisgenderが使用されるようになり、その借用と考えられる＊17。

3.7.　まとめ

　2004年以降にスペイン語圏諸国で制定されている性が関わる法律では、「性」概念を表すのにgéneroとsexo、sexualが使用されている。「登録上の性別」、「身体的機能／特徴第三者に指定された性別」にはsexoが、それ以外の性別にはgéneroが用いられる傾向が強い。一方で、sexoの形容詞形であるsexualはかなり柔軟に「性（別）の」を指す形容詞として使用されている（identidad sexual）。これはスペイン語のgéneroが「性（別）」という意味で形容詞形を持たないことが原因の1つと考えられる。英語の*gender*が名詞としても、また名詞に前置させ「ジェンダーの」とも使うことができるのと対照的である。したがって英語では、*sexual identity*と*gender identity*についても使い分けがあるようだ。「sexual identityのなくてはならないものがsexual orientationであ

る」*18 という記述からわかるように、英語の *sexual identity* の *sexual* は、性的指向としての「性」を指すようだ。一方、スペイン語の場合、"identidad de género" と "identidad sexual" のどちらも「性自認」を指す文脈での使用が確認される。

4. おわりに

　本章では、スペイン語の「性」をめぐる問題について論じた後、スペイン語圏諸国（スペイン、ウルグアイ、アルゼンチン）で新しく制定された、性的少数者の権利に関する法律において「性（別）」がどのように表されているかをみてきた。「性（別)」を指す género の用法が法律に現れてすでに10年以上経過しており、性概念を表す用語がある一定の傾向をもって使用されてきていることがわかった。とくに「登録上の性別」、「出生時に割り当てられる性別」には sexo が使用される傾向が明確となった。一方、それ以外の「性（別）」については género と sexo、さらに形容詞 sexual が混在している。「性（別）」を指す語としての género の形容詞形がないことで、形容詞 sexual が「性の」を意味する形容詞として広く使用されているようだ。より限定的な意味で使用されることが一般的な英語の *sexual* と異なる点である。

　文脈が限定的である法律においてはこのような用法の区別が確認される一方、より多様な個人をセンセーショナルに扱う性質が強いジャーナリズムにおける「性（別）」の表され方は、法律にみられるようなある程度の統一性はみられないことを追記しておく。たとえば、スペインのオンライン新聞 *El País Digital*（2013年8月13日付）には、「出生時の性別」に género を当てている例がみられる*19。

　　58) Una nueva ley prioriza la identidad sexual sobre el género de nacimiento.
　　　　（新しい法律は、出生児のジェンダーよりも性自認を優先する）

　このようなずれが起こる背景には、個人／社会によって「性」が

多様に認識され「性」の概念がますますあいまいになりつつあり、sexo と género が類義語として認識される傾向があることが考えられる。より明確化するためには修飾語で限定する必要がある。すなわち、「性（別）」が問題になる文脈では、厳密に表そうとするならば、「登録上の」「アイデンティティとしての」「生理学上の」「出生時に割り当てられた」などの説明が求められる状況になってきているということであろう。本章で取り上げたような、性的マイノリティの権利を保障するための法整備により、個人が選択できない性別は出生時に登録される性別だけになるということもあり得ないことではないであろう。その意味では、人に対して使用する場合のsexo が「登録上の性別」に言及する語として特化される可能性もある。スペイン語圏の法律では、登録上の性別変更は体の性の変更を必ずしも求めていないことからすれば、今後本人確認の書類ではsexo という欄が意味をなさなくなるという考え方も可能である。

　「女らしさ」「男らしさ」の多様化やその境界があいまいになってきていることをはじめ、体の性と心の性が一致しない性同一性障害の存在について一般的にも認知されてきている。性的指向についていえば、男であれば女、女であれば男という異性愛が依然多数派ではあるものの、同性どうしの法律婚を認める国や地域も増えている。出生時に医師が身体的特徴から判断する性別についてもその判断が難しい場合があり、男性／女性両方の特徴をもつ人の存在、その人たちやその家族がかかえる問題がメディアでもとりあげられるようになってきた[20]。

　法律における「性（別）」について、出生時に医学的観点から男／女に割り振るカテゴリーを sexo、それ以外には género を使用する傾向が強いことが今回の分析を通じてわかった。このようにみてみると「生物学的性別もジェンダー（社会的文化的性別）である」というジェンダー論における言説がより明確になったともいえるのではないだろうか。

　人の「性」の境界があいまいであることが認識されるにつれ、それを表すために、学問の世界、法の世界においても、新しい概念や語彙が誕生する。「これまでにない改訂」、「10万箇所の修正」がな

されたといわれている＊21　スペイン王立学士院『スペイン語辞典』
23 版において、「社会的文化的性」としての género の定義が加
わった。また、transexual の定義の変更にも、2007 年以降の性自
認法が反映されていると考えられる。身分証などに記載されている
性別の変更に関する裁判でコロンビアの憲法法廷が出した判決文の
なかには、transgénero さらには cisgénero などのように辞書に登
録されていないだけでなく、一般にも聞きなれない語が使われてい
るなど、さらなるデータ収集と分析が今後の課題である。

　言語使用にとって権威的な役割を果たす辞書に、見出し語や定義、
用法が記載（追加）されるかどうかについて、法における用法が関
わっていると考えられる事例を今回確認することができた。この点
からも言語研究にとって法は興味深い領域である。

＊1　本稿は、拙稿「スペイン語における性をめぐる記述に関する予備的考察」
（『ことばの世界』2 号、2010 年、pp.55–66）に大幅な加筆修正をしたもので
ある。
＊2　名詞自体の形は両性に共通であっても冠詞等で性を区別する名詞も本稿で
は同様の性質をもつものとして扱う。
＊3　「「性別」と訳される「ジェンダー」という語は、もともとどんな性差とも
無関係な文法用語にすぎなかった」（上野 2000: p.52）、「フェミニズムは
「セックス」と区別するために「ジェンダー」という用語を再定義し、過度の
意味負荷を与えて使用し始めたが、「ジェンダー」の用語をそのもとの位置へ、
ただの退屈な文法用語として戻してやってもよい」（同上）という見解もある。
文法上の性は日本語にないことから日本におけるジェンダー研究において注目
されることはあまりない。しかし、日本語の「女性」という語はこの文法上の
区別としてまず使われるようになったといわれている。「彼」「彼女」という分
類も文法上の性を持つヨーロッパの言語の影響であるといわれている。
＊4　性別を無視したければ、性別に言及しない語彙や表現（たとえば、per-
sona（人）は常に女性名詞）を用いることもできる。
＊5　総称的男性形を使用しない言語実践を試みる母語話者はいる（糸魚川
2014）
＊6　同学士院のオンライン刊行物「スペイン王立学士院言語情報会報」（Bole-
tín de Información Lingüística de la Real Academia Española: BILRAE ）に掲
載されている。
＊7　夫婦や親密な関係における暴力全般を言う。なお、「性暴力」における

「性」が指す概念については、杉村（2004）を参照。

＊8　日本語の「ジェンダー」については、日本の女性学におけるカタカナ語の「ジェンダー」の受容過程について批判的考察をおこなった斉藤（2009）がある。

＊9　この法律以前にスペイン語圏諸国において人の性を表すのに género を用いた法律を筆者は見つけることができなかった。

＊10　本章において「主要辞書」という場合、Gutiérrez（2006）、Maldonado（2006）、Moliner（2004）、Real Academia（2005）（2014）を指す。

＊11　上野（2002: p.17）では、「ジェンダー論の対象とは、男もしくは女という「ふたつのジェンダー」なのではない。「ひとつのジェンダー」、すなわち差異化という実践そのものが対象になる」と述べている。

＊12　2009 年 9 月末の時点で、つぎの URL に掲載されていたが、2015 年 8 月末現在は削除されている。http://www.rae.es/rae/gestores/gespub000001.nsf/（voAnexos）/archBB81F7452A4355C0C12571F000438E7A/$FILE/Violenciadeg%C3%A9nero.htm

＊13　この解釈であれば、王立学士院が género の用法として認めることができないとした 2 つの例も説明されやすいのではないだろうか。「性別」も「人種、社会階層」「民族」という「社会によって割り当てられたカテゴリー」である。すなわち、「社会によって割り当てられたカテゴリー」としての性別＝「登録上の性別」には sexo を使用する。同学士院のいう「人がもつ」という意味では、むしろアイデンティティとしての性別にその性質が強いともいえる。

＊14　http://buscon.rae.es/drae/srv/search?val=identificatorio（2015 年 8 月 30 日）

＊15　判決文全文の分析は今後の課題としたい。ここではとりあげないが、trangénero の形容詞として transgenerista という語も登場する。全文については次を参照。http://www.corteconstitucional.gov.co/RELATORIA/2015/T-063-15.htm（2015 年 8 月 30 日）

＊16　https://es.wikipedia.org/wiki/Cisg%C3%A9nero（2015 年 8 月 30 日）

＊17　『ジーニアス英和大辞典』の "cis-" を確認すると「～のこちら側の」に加えて、化学用語としての定義が掲載されている。「［化学］シス形《二重結合の両端の置換基が同じ側にある構造；イタリック体で用いる；cf. Trans-》」（小西・南出編 2001 年, s.v. cis-）なお、『ジーニアス英和大辞典』では、transalpine と cisalpine の定義のあとには、それぞれ「（⇔ cisalpine）」、「（⇔ transalpine）」とあり、trans- と cis- が対立する接頭辞であることがわかる（小西・南出編 2001, s.v. cisalpine / transalpine）。

＊18　"Student Counseling Center" https://www.utdallas.edu/counseling/sexualidentity/（2015 年 8 月 30 日）

＊19　"Los menores transexuales podrán elegir aseos en las escuelas de California" http://sociedad.elpais.com/sociedad/2013/08/13/actualidad/1376394390_260832.html（2015 年 8 月 30 日）

＊20　2009 年 9 月 29 日から毎日新聞「くらしナビ」のコーナーで、「性分化疾患」が 6 回にわたり連載された。「性分化疾患」は一般に「インターセックス」「両性具有」「半陰陽」と呼ばれてきた。2013 年 11 月 13 日付中日新聞夕刊「性

の選択、本人の意思で」によれば、ドイツでは判断が困難な場合、出生届けに
性別未記入でも提出できる「改正戸籍法」が施行された。

*21　2014年3月14日付 *El País* "Una revolución en el diccionario" http://
cultura.elpais.com/cultura/2014/03/14/actualidad/1394821334_527559.html
（2015年8月30日）

(Resumen)
Sexo y género en las leyes

ITOIGAWA Miki

A partir de la Conferencia Mundial sobre la mujer en Beijing de 1995 en español también se empezó a utilizar el término *género* para referirse a "la construcción social de los papeles asignados a hombres y mujeres en la sociedad", aunque la RAE no lo reconoció en su diccionario hasta hace poco. En este capítulo analizamos los usos de los términos de *género*, *sexo* y algunos otros que se refieren a conceptos similares en las leyes de identidad de género que se publicaron en 2007 en España, 2009 en Uruguay y 2012 en Argentina.

En la legislación de esos países la palabra *sexo* se utiliza para aludir a algo registrado, asignado al momento de nacer y que se puede cambiar. En cambio, la palabra *género* se relaciona más con la identidad personal o algo que sienten las personas. Su delimitación, por tanto, parece clara. Por el contrario, los usos del adjetivo "sexual" se pueden interpretar no solamente como "del sexo" sino también "del género" como por ejemplo, en "identidad sexual".

第9章

法律分野スペイン語のカタルーニャ語への翻訳
社会言語学的観点から

塚原信行

1. はじめに

スペインは多言語国家である。1978年憲法は、その第3条1項で国家の公用語をスペイン語（カスティーリャ語）と定める一方、同条2項において、各自治州の憲章が定めるところに従い、スペイン語以外の言語を自治州の公用語とすることができると定めている。したがって、憲章に公用語の定めがある自治州には、スペイン語を含む複数の公用語が存在する。スペイン全土は17の自治州と2つの自治都市に分割されているが、そのうち憲章に公用語規定を持つ自治州[*1]、つまり複数の公用語を持つ自治州は次の5つである。

表1　憲章に公用語規定を持つ自治州とその言語

自治州名	自治州公用語
カタルーニャ	カタルーニャ語・オック語
ガリシア	ガリシア語
バスク	バスク語
バレアレス諸島	カタルーニャ語
バレンシア	バレンシア語[*2]

本稿では、言語社会学の泰斗であるフィッシュマンをして、「逆行的言語置き換え（Reversing Language Shift）」の成功例と言わしめ（Fishman 1991）、また、ヨーロッパの文脈においては、その言語法制により注目を集めてきた[*3]カタルーニャ自治州を対象に、法律分野スペイン語のカタルーニャ語への翻訳（あるいはカタルーニャ語からスペイン語への翻訳）の実態を検討し、その社会言語学的な含意を描くことを目的としている。まず、カタルーニャにおけ

る言語社会史を手短に述べ、次に、その言語政策の概略および司法領域における翻訳の概況を提示し、これらに関する考察を通じ、法律スペイン語のカタルーニャ語への翻訳がカタルーニャ社会において持つ社会言語学的な意味を明らかにする。

2. カタルーニャにおける言語社会史の概略

　今日のカタルーニャ自治州を中心とする地域は、中世にはアラゴン・カタルーニャ連合王国として繁栄した歴史を持つが、その後のイベリア半島における政治的統合と国民国家形成の流れの中で、スペイン国家の一地域となっていった。18 世紀末から 19 世紀にかけては、カタルーニャ地域の繊維工業成長にともないブルジョアジーが出現し、これは 19 世紀末から始まるカタラニスマ（カタルーニャ主義）と呼ばれる政治運動を準備した。同時期には、ラナシェンサ（ルネッサンス）と呼ばれる、カタルーニャ文芸復興運動も始まっている。20 世紀初めにはカタルーニャ語の文法書と辞書が編まれ、言語整備の基本段階が完了する。1931 年に成立した第二共和制下でカタルーニャ地域は自治州となり、カタルーニャ語がスペイン語とともに自治州の公用語とされ、教育分野やマスメディアにおけるカタルーニャ語使用が広がる。しかし 1936 年にスペイン内戦が勃発し、共和国陣営として戦ったカタルーニャは、1939 年に始まるフランコ体制下では不遇を強いられる。カタルーニャ語は一切の公的および公共的領域から排斥され、家庭内でのみ用いられる言語となった。カタルーニャ社会は、スペイン語のみによって機能することを強いられたのである。ただし、こうした状況下においても、家庭内でのカタルーニャ語継承は維持されていた。

　1960 年代から 1970 年代前半にかけてカタルーニャ経済は大きく伸長し、これに伴い、仕事を求めてアンダルシアなどの南部農村地帯からカタルーニャへ移動する人口が増加した。このため、カタルーニャ人口全体に占めるスペイン語話者の割合が大きく増加する。この大規模なスペイン語話者流入は、民主化後のカタルーニャにおける言語政策のあり方を決定づけることとなる。

1975年にフランコが死去し、民主体制への移行が始まった当時、カタルーニャでは非対称的バイリンガリズムを伴うダイグロシアが出現していた。つまり、ステータスとしてスペイン語が上位、カタルーニャ語が下位という階層化に加えて、カタルーニャ語話者のみがバイリンガルであり、スペイン語話者はモノリンガルという状況である。下位ステータスにあるカタルーニャ語を母語とする者は、スペイン語によって機能している社会においてはスペイン語とのバイリンガルにならざるをえない。一方、ごく個人的なものをのぞけば、スペイン語話者にはカタルーニャ語を学ぶ強い動機は存在しなかった。

1978年に制定されたスペイン新憲法の下、1979年自治憲章によりカタルーニャは自治州としての地位を回復し、カタルーニャ語はスペイン語とともに再び自治州の公用語とされ、カタルーニャ語の復興を目指す言語政策が開始される。

1980年代に入り本格的に開始されたカタルーニャ自治州における言語政策の目的は、40年近くにわたるフランコ体制下でその活力を弱めきってしまったカタルーニャ語を再活性化し、あらゆる領域（ドメイン）で日常的に使用される状態を回復することであった。カタルーニャ語圏の社会言語学者達は、この言語再活性化を「言語正常化」と名づけ、これがそのままカタルーニャ自治州最初の言語法の名前となった。

言語政策が本格化して以降の言語調査の結果を見ると、それが成功例と見なされる理由がよく理解できる（表2参照）。

表2　カタルーニャ自治州の2歳以上人口におけるカタルーニャ語能力の伸長

年	理解する (%)	話す (%)	読む (%)	書く (%)	2歳以上人口(人)
1986	90.3	64.0	60.5	31.5	5,856,000
1991	93.8	68.3	67.6	39.9	5,649,177
1996	95.0	75.3	72.4	45.8	5,984,334
2001	94.5	74.5	74.3	49.8	6,176,751
2011	95.1	73.2	78.7	55.7	7,306,072

出所：カタルーニャ統計局（www.idescat.cat）

この種の大規模調査における言語能力認定は自己申告によるものであるとしても、住民のカタルーニャ語能力が全体として伸長してきていることは否定できないであろう。特に、2000年代からの国外移民流入による人口急増（塚原2009およびジュネン＋塚原2011参照）を経ても、伸長基調に変化がない点は注目に値する。なお、表2の全数調査とは異なり標本調査によるものであるが、本稿の内容と深く関わるので、スペイン語能力に関するデータも表3に挙げておく。

表3　カタルーニャ自治州人口におけるスペイン語能力の状況

	2008年	2013年
理解する	99.9%	99.8%
話す	99.7%	99.7%
読む	97.4%	97.4%
書く	95.6%	95.9%

出所：Institut d'Estadística de Catalunya 2015: 28 Coneixements de llengües. 2008–2013（%）より作成
※ 2008年の調査は有効標本数7,140、2013年の調査は有効標本数7,255である。

3.　カタルーニャ自治州における言語政策の概要

言語政策の基底をなす言語法については、1983年に自治州法として「カタルーニャにおける言語正常化法（Llei 7/1983, de 18 d'abril, de normalització lingüística a Catalunya）」（以下、「正常化法」）が制定され、さらに1998年にはこれを置き換える「言語政策法（Llei de 7/1998, de gener, de política lingüística）」（以下、「政策法」）が制定されている。2006年に制定された改正自治憲章では、自治州北西部アラン谷で用いられているオック語（アラン谷での呼称はアラン語）も、自治州公用語と定められるに至った。

正常化法が制定されようとしていた1980年代初頭、カタルーニャ自治州における言語政策上の主要課題は3つあったと考えられる。第1の課題は、カタルーニャ自治州住民の間にカタルーニャ語

の知識を広め一般化することである。すでに述べたような非対称的
バイリンガリズムを伴うダイグロシア状況により、住民のカタルー
ニャ語能力は低下しつつあった。カタルーニャ全体に関する調査結
果は存在しないが、たとえば、1975年当時、バルセロナ県では人
口の53.1%がカタルーニャ語を話すことができ、わずかに14.5%
が書くことができたというデータが残っている（Departament de
Cultura 1990: 31）。第2の課題は、公務員のカタルーニャ語習得
を推進することである。1979年の自治憲章によりカタルーニャ語
はすでに自治州公用語となっていたが、これは自治州行政がスペイ
ン語だけでなくカタルーニャ語によっても機能しなくてはならない
ことを意味し、そのためには、カタルーニャ語でも公務を遂行でき
る職員の養成が必要であった。第3の課題は、司法・立法・行政に
おいて使用されるカタルーニャ語の用語や用法の整備を進めること
である。40年近くにわたりこれら領域から排除されてきたカタ
ルーニャ語には、体系的専門用語（Terminologia）の整備が不可
欠であった。

　クーパーが提示した言語計画の3分野（Cooper 1989）に従うな
ら、第1課題は習得計画（Acquistion planning）、第2課題は地位
計画（Status planning）、第3課題はコーパス計画（Corpus plan-
ning）と分類することができる（もちろん、第2課題は習得計画で
もある）。課題がない分野はないという状況であり、それゆえに、
言語法が制定された意義は非常に大きいものであったと言えよう。

　さて、これら課題に対応すべく、カタルーニャ議会において全会
一致で可決された正常化法は、以下の項目を重要視する構成をとっ
ていた（項目番号は恣意的なものである）。

（1）公用語使用
（2）教育
（3）マスメディア
（4）自治政府による言語政策の推進

各項目の概要は以下のとおりである。

（1）公用語使用

　カタルーニャ自治州では個人あるいは法人が行政機関とのやりとりにおいてスペイン語とカタルーニャ語のどちらも用いることもでき、その際には翻訳を要求されることがない。

（2）教育

　初等・中等教育では、子どもの使用言語によって学校やクラスを分けず、スペイン語とカタルーニャ語の両方が教えられる。課程修了時、子どもは二言語の使用能力を獲得していなければならない。

（3）マスメディア

　自治政府が所有するメディア（州立のテレビおよびラジオ放送局）において通常用いられる言語はカタルーニャ語とする。それ以外のメディアに対しても助成金等を通じた働きかけができる。

（4）自治政府による言語政策の推進

　州立行政学校（Escola d'Administració Pública）を通じ、中央政府の公務員も含む、カタルーニャ自治州で勤務する全公務員に対するカタルーニャ語学習を保障する。

　正常化法に基づく言語政策は、前節で示したようなカタルーニャ語能力の伸長をもたらした。しかし、1990年代に入ると、デジタル技術の進展による放送網の拡大やネットワーク技術の革新によるインターネットの普及など、正常化法制定当時には想定しえなかった状況が出現した。また、住民の間でのカタルーニャ語能力の伸長にともない、行政を中心とする公的領域だけでなく、公共的領域でも言語政策を推進する必要性が叫ばれるようになる。

　こうした状況の変化に対応するために、1998年、正常化法を置き換えるものとして政策法が制定される*4。正常化法から政策法への変化を手短にまとめると、以下のようになる。

　　「言語政策法」は、「言語正常化法」ではあいまいだった「公／公共」という領域区分を法レベルで明確化し、公共領域における責任主体を確定することで、公共圏での実際の言語使用におけるカタルーニャ語の存在保障を行っている。これはダイグ

ロシア状況の解消にむけた重要なステップであり、決して過小評価されるべきではない。

　また、「言語政策法」は、実際の言語使用におけるカタルーニャ語の存在保障を通じて、言語権に関して、カタルーニャ語話者とカスティーリャ語（引用注：スペイン語）話者間の実質的平等をさらに強化しているとも言えよう。「言語正常化法」以来、同じ地位を二言語に法制上付与することを以て平等とする形式的平等主義を採らず、実際の言語使用における平等を指向してきたからこそ、カタルーニャにおける言語政策は今日見られる成果を収めてきたとも言えるだろう。

（塚原 2004: 76–77）。

　2006 年に改正自治憲章によりオック語（アラン語）が公用語に加えられたことを受け、2010 年には「オック語（アラン谷におけるアラン語）法（Llei 35/2010, d'1 d'octubre, de l'occità, aranès a l'Aran）」が制定されたが、言語法制の基本に大きな変更は生じていない。

4.　司法領域における翻訳の概況

　スペインは、「自治州国家」（Estado autonómico）と言われる制度を採用しており、各自治州への分権化が非常に進んでいる。このため、司法領域における言語使用規定も重層的になっている。具体的には、司法府組織法（Ley Orgánica 6/1985, de 1 de julio, del Poder Judicial）の第 231 条において、司法領域一般における公用語使用が規定される一方、自治州言語法により、自治州住民の言語への権利（言語権）という観点から公用語使用が規定されている。前者は（1）組織間における翻訳について定めるものと理解でき、後者は（2）組織と個人の間における翻訳について定めるものと理解できる。以下ではそれぞれについて関連する規定を確認し、これに対応する翻訳の実態を概観する。

（1）組織間における翻訳

司法府組織法

第231条4項　ある自治州の公用語で行われた司法行為およびその公用語で提示された文書は、スペイン語への翻訳の必要なく、十全な有効性と効力を有する。当該自治州に存する司法機関の管轄外でこの文書が効力を発揮しなければならない場合、これを翻訳しなければならない。ただし、同じ固有公用語を有する自治州に関してはこの限りではない。また、法が定める場合、あるいは不服申立を行う側の請求がある場合も、翻訳を行わなければならない。

　この規定は、複数の公用語を持つ自治州に存する司法機関と、単一の公用語（スペイン語）しか持たない自治州に存する司法機関との間におけるコミュニケーションを専ら念頭においたものである。カタルーニャ自治州においては、「当該自治州に存する司法機関の管轄外でこの文書が効力を発揮しなければならない場合」の翻訳は、自治政府司法省が提供するサービスを通じて行われている。具体的には、司法省職員および一般競争入札を通じて役務を落札した企業によって担われており、2013年にはカタルーニャ自治州に存する司法機関からの要請に基づく翻訳を7,825件実施している。7,825件中、カタルーニャ語からスペイン語への翻訳は3,033件で、全体の4割弱を占めており、これらはほとんどが、カタルーニャ語によって作成され、カタルーニャ自治州外に送付される必要が生じた文書である（資料［1］: 1, 5-6）。

（2）組織と個人の間における翻訳

政策法

第13条2項　何人も、口頭であるか書面であるかを問わず、自らが選択する公用語で司法行政機関との間で関係を取り結び、また対応される権利を有し、いかなる翻訳も要求されることがない。

第13条3項　何人も、希望する場合は、言語を理由とする遅延なく、自らに関わる判決文の謄写あるいは行政決

定通知を、選択した公用語で受け取ることができる。

　この規定は、個人が持つ言語への権利、いわゆる言語権の一部を成すものとして位置づけられた翻訳への権利に関するものである。目的は、州内において住民が司法機関と関係を持つ際に、カタルーニャ語使用を保障することである。たとえば、裁判の当事者となった場合に、希望するのであれば、判決文をカタルーニャ語で受け取ることができるということである（もちろん、スペイン語での受け取りを希望することもできる）。

　実際に使用されている言語について確認すると、2013年にカタルーニャ自治州で作成された判決文のうち、スペイン語で書かれたものは217,543件であり、全体の87.6％であったのに対し、カタルーニャ語で書かれたものは30,698件で全体の12.4％であった。また、司法機関によって作成されたその他文書についてみると、スペイン語で作成されたものが全体の87.5％にあたる1,524万7,617件であり、カタルーニャ語で作成されたものは12.5％にあたる217万9,809件であった（表4参照）。

表4　法律文書における言語使用割合

	スペイン語	カタルーニャ語	合　計
判決文	217,543 （87.6％）	30,698 （12.4％）	248,241 （100％）
その他文書	15,247,617 （87.5％）	2,179,809 （12.5％）	17,427,426 （100％）

出所：資料［2］：4-5より作成

　こうした状況に対して、自治政府司法省言語サービス部により、法律文書のカタルーニャ語への翻訳およびカタルーニャ語法律文書の添削サービスが提供されており、2013年には2,845件の翻訳と1,436件の添削が実施されている（資料［2］：1）。また、弁護士および検察官を対象に、スペイン語とカタルーニャ語の双方向機械翻訳サービスも提供されており、2013年の利用件数は、文書翻訳が539件、語彙翻訳が93万5,342件となっている（資料［2］：3）。

5. 考察

　カタルーニャ自治州における法律分野スペイン語のカタルーニャ語への翻訳（あるいはカタルーニャ語からスペイン語への翻訳）について、（1）組織間における翻訳と、（2）組織と個人の間における翻訳、という整理の上で、それぞれの規定および概況を確認した。

　（1）については、カタルーニャ語で作成された法律文書がカタルーニャ自治州外で効力を発揮するためには、わずかな例外を除きスペイン語へ翻訳されなければならず、また、実際にもそれが行われていることがデータから確認できる。

　（2）については、翻訳はまず権利として打ち立てられていることが確認できる。次に、判決文を含む法律文書においてはカタルーニャ語の使用率が非常に低いこと、スペイン語からカタルーニャ語への翻訳サービス利用件数が非常に少ないこと、の2点が明らかである。

　以下では、（A）なぜ、カタルーニャ語の使用率がこれほど低いのか。また、（B）なぜ、法律スペイン語のカタルーニャ語への翻訳サービス利用件数はこれほど少ないのか、という2つの問いに答える中で、法律分野スペイン語のカタルーニャ語への翻訳が内包する社会言語学的な性質を浮き上がらせてみたい。

（A）なぜ、カタルーニャ語の使用率がこれほど低いのか

　判決文を含む法律文書においてスペイン語使用率が圧倒的に高く、カタルーニャ語使用率が非常に低い理由の1つは、それらの作成にあたる法曹の言語能力にあると考えられる。日常生活はともかく、職業的にはスペイン語しか使えない法曹が多いことが、その任官制度および専門教育の状況から強く推定される。

　裁判官を含む司法職員の任免権を持っているのは司法総評議会（Consejo General del Poder Judicial）であり、自治州政府は、州内における司法行政上必要となるインフラストラクチャーやサービスを管轄している。つまり、自治政府は司法職員の言語能力について定める権限は持っていない*5。

司法職員の任官は採用試験によるが、日本の制度と異なり、採用されてから任地が決まるのではなく、ある任地のあるポストに対して公募が行われる。たとえば、バルセロナ管区刑事法廷第15番の裁判官ポストに対して公募が行われ、スペイン全国から応募があるという具合である。既述の理由により、採用試験においては、カタルーニャ自治州に存するポストであっても、カタルーニャ語の能力が問われることはない。カタルーニャ語話者がカタルーニャ自治州内の裁判官ポストに任官すれば、結果として両言語が使える裁判官が誕生することになるが、偶然にすぎない。

　では弁護士はどうかと言えば、カタルーニャ語話者であっても、カタルーニャ語で法律実務を行えるとは限らない。法学教育のかなりの部分をスペイン語を受けてきた者も少なくないからである。表5は、スペインでも有数のバルセロナ大学の各学部の授業で用いられている言語を、総授業時間数に占める割合で示している。法学部をみると、カタルーニャ語による授業は総授業時間数の57.6％を占め、19ある学部の中で16番目の低さである。一方、スペイン語による授業は総授業時間数の41.6％を占めており、これは19学部の中で最も高い割合である。

（B）なぜ、法律スペイン語のカタルーニャ語への翻訳サービス利用件数はこれほど少ないのか

　すでに見たように、2013年には判決文とその他法律文書あわせて1,546万件ほどがスペイン語で作成される一方、カタルーニャ語で作成されたものは221万件である。このように膨大な文書が作成されているにもかかわらず、司法省言語サービス部によるカタルーニャ語への翻訳は、2,845件に留まっている。執筆時点で入手できる最新の自治政府司法省白書（資料［4］）を参照しても、翻訳予算の不足や増額の必要性について述べる箇所はないことから、2,845件という実施件数は予算不足によって需要が満たせなかった結果ではないと推定できる。また、表3からわかるように、ほぼ全ての住民が高いスペイン語能力を有している以上、法律スペイン語のカタルーニャ語への翻訳需要が低かったとしても不思議ではない。

第9章　法律分野スペイン語のカタルーニャ語への翻訳　**211**

表5　バルセロナ大学学部授業の言語別時間割合（2013-2014）

学　部	カタルーニャ語 （%）	スペイン語 （%）	英語 （%）
教員養成	93.6	5.3	1.2
薬学	89.8	10.0	0.2
医学	88.7	2.5	8.8
生物学	88.6	10.5	1.0
教育学	86.3	13.7	0.0
地学	84.7	15.3	0.0
看護学	82.6	16.7	0.8
芸術学	82.2	17.6	0.2
地理歴史学	81.6	17.9	0.6
図書館学	80.5	15.7	3.8
化学	80.5	18.7	0.8
理学	79.0	18.1	2.9
心理学	72.9	26.2	0.9
哲学	65.3	33.6	1.1
歯学	62.3	5.9	0.5
法学	57.6	41.6	0.8
数学	57.2	33.9	8.9
文献学	54.3	28.3	13.6
経済経営学	50.2	39.6	9.7

出所：資料［3］より作成
※学部によっては上記3言語以外で行う授業もあるため、合計が100%に
　ならない場合もある

　ただし、カタルーニャのような社会において、言語的「需要」について議論する場合、その「需要」がどのように構成されているのかを考える必要がある。ダイグロシア状況や住民の言語能力に関するデータからもうかがえるように、カタルーニャ社会における言語的「需要」は、言語能力のみに立脚した「理解できるので翻訳は不要」「理解できないから翻訳が必要」という単純な図式では処理できない多様な要素から構成されている。以下では、これら要素の1つである言語選択について、表3にも引いた言語使用調査を参照しつつ、検討する。

　自治政府によって2013年に実施された言語使用に関する調査は、

「言語的アイデンティティー、言語知識（カタルーニャ語、スペイン語、英語、フランス語）、15歳以上の住民の対人関係におけるカタルーニャ語をはじめとする諸言語の使用、カタルーニャ語使用の状況およびこれに関する態度や意見を深く知ることを主要な目的」(Institut d'Estadística de Catalunya 2015: 5) としていた。同調査では、特定の状況や領域（ドメイン）における言語使用について尋ねているので、その結果を参照してみよう。

　まず、特定の状況における言語行動に関する設問として「誰かにカタルーニャ語で話しかけたらスペイン語で返答された場合にどうするか」というものと、その逆に「誰かにスペイン語で話しかけたらカタルーニャ語で返答された場合にどうするか」というものがある。表6と表7がそれぞれの結果である。

　どちらの場合においても、いわゆるコードスイッチングが回答の多数を占めているが、単なる切り替えではなく、自分の使用言語を相手の使用言語へと切り替えるものである点に注目したい。

　次に、行政機関における言語使用をたずねる設問の結果を表8で

表6　誰かにカタルーニャ語で話しかけたらスペイン語で返答された場合にどうするか

	カタルーニャ語で話し続ける	スペイン語に切り替えて話し続ける	カタルーニャ語で話してくれるように頼む	カタルーニャ語で誰かに話しかけることはない	回答なし
回答割合	12.3%	71.0%	2.5%	12.2%	1.9%

出所：Institut d'Estadística de Catalunya 2015:123　Taula 4.2.2 より作成

表7　誰かにスペイン語で話しかけたらカタルーニャ語で返答された場合にどうするか

	スペイン語で話し続ける	カタルーニャ語に切り替えて話し続ける	スペイン語で話してくれるように頼む	スペイン語で誰かに話しかけることはない	回答なし
回答割合	13.4%	75.7%	1.4%	8.2%	1.1%

出所：Institut d'Estadística de Catalunya 2015:125　Taula 4.3.2 より作成

第9章　法律分野スペイン語のカタルーニャ語への翻訳　213

確認してみよう。国家の行政機関での言語使用について見ると、「スペイン語のみ、あるいは特にスペイン語を用いる」という回答が約48%であり、「カタルーニャ語のみ、あるいは特にカタルーニャ語を用いる」という回答が35%程度である。自治政府の行政機関での言語使用について見ると、「スペイン語のみ、あるいは特にスペイン語を用いる」という回答が約36%であり、「カタルーニャ語のみ、あるいは特にカタルーニャ語を用いる」という回答が46%程度と、国家の行政機関における言語使用とは対称的な結果となっている。

表8　使用領域毎の使用言語割合

	スペイン語のみ／特にスペイン語	スペイン語とカタルーニャ語同等	カタルーニャ語のみ／特にカタルーニャ語
国家の行政機関	47.5%	11.0%	35.4%
自治政府の行政機関	36.1%	6.8%	46.2%
市町村の行政機関	38.8%	7.9%	47.9%

出所：Institut d'Estadística de Catalunya 2015:35 Usos lingüístics en àmbit de consum i serveis. 2013 (%) より作成
※元データの「その他」および「無回答」は省略している。

　調査の結果からは、カタルーニャ社会においては「自分の使用言語を相手の使用言語に合わせる」という言語行動が一般的に見られること、国家の行政機関ではスペイン語使用を選択する話者の方が多いことがわかる。以上を踏まえて、法律スペイン語のカタルーニャ語への翻訳サービス利用件数が少ない理由を再度検討すると、次のような仮説を立てることができる。つまり、裁判所は国家機関であるために、そこではそもそもスペイン語使用を選択する者が多く、加えて、日常的に「自分の使用言語を相手の使用言語に合わせる」という言語行動をとっているため、法律文書で使用されているスペイン語に違和感を覚えることも少なく、また、実際にもスペイン語を理解するために現実的な問題が生じず、翻訳サービスを利用するには至らない、ということである。もちろんこれは仮説であり、

検証のためには別途調査が必要である。

　しかし、こうした仮説を立てることできることそれ自体がカタルーニャ社会の特質の表れであり、カタルーニャ社会における翻訳、特に法律スペイン語のカタルーニャ語への翻訳が、「ある言語で示されている内容を、元来の意味に即して別の言語に置き換える」という一般的な翻訳理解に留まらない射程を持っていることを示している。この点から、4節において示した、翻訳への権利を定める政策法第13条2項および3項を読み直してみよう。ほぼ全ての住民が高いスペイン語能力を有していることが前提される状況で制定された規定であるため、「理解できないから翻訳が必要」という、言語能力に基づく情報保障的な意味での権利のみを定めたものとして当該条項を理解することは適切ではない。これらの条項が、あらゆる領域（ドメイン）で日常的にカタルーニャ語が使用される状態を回復するという言語正常化政策をすすめるための法的道具立てである言語法の一部である、ということを勘案すれば、言語能力に関わらず選択した言語を使用する権利を保障するための規定でもあることが理解されよう。

　より一般的な言い方をするなら、バイリンガル（あるいはマルチリンガル）であることを強いられる言語的マイノリティにとって、言語能力に基づく「需要」に立脚した議論は、自らのマイノリティ言語を使用する権利を保障しないということである。

6. 結論

　法律スペイン語のカタルーニャ語への翻訳がカタルーニャ社会において持つ社会言語学的な意味とは、それが言語を選択する権利の保障という側面を有することである。

　2014年11月3日から、自治政府文化省は、司法省との協約に基づき、「司法でもカタルーニャ語を（"En català, també és de llei"）」というキャンペーンを開始した。キャンペーンウェブサイトには目につく大きめの文字で次のメッセージが掲げられている*6。

　もし私たちが司法について話すなら、その話すということをカ

タルーニャ語で行うこともできます。法的に完全に保障されている自分のことばを使って下さい。司法行政およびその職員と話す時にカタルーニャ語を使って下さい。司法でもカタルーニャ語を。

このメッセージからは、当のカタルーニャ語話者ですら、司法領域でカタルーニャ語を使う／使えると意識していない場合が多いことがうかがえる。このキャンペーンは、「自分の使用言語を相手の使用言語に合わせる」という言語行動や、国家機関では（それがカタルーニャ自治州内に在っても）スペイン語を用いるという固定化された言語選択に揺さぶりをかけ、言語選択権を行使するように言語意識の組み替えを促すものだと言えよう。

言語は、使用されなければ活力を弱める。あらゆる領域における使用の維持こそが、その言語の維持を可能とし、そのためには、話者の言語意識のあり方が重要となる。カタルーニャ社会における法律スペイン語のカタルーニャ語への翻訳は、言語意識のあり方を映し出す、バロメーターとしても機能していると言えるであろう。

＊1　ここでは、自治州全域において公用語と定められているものを対象としている。自治州内の一部のみで公用語と定められているものとしてはナバラ自治州のバスク語がある（LEY ORGÁNICA 13/1982, DE 10 DE AGOSTO, DE REINTEGRACIÓN Y AMEJORAMIENTO DEL RÉGIMEN FORAL DE NAVARRA, Artículo 9 Apartado 2).

＊2　バレンシア語（Valencià）は、言語学的にはカタルーニャ語と同じものと理解されている。

＊3　少数言語保全復興運動に関わるヨーロッパ各地のNGOから構成される「ヨーロッパ・メルカトール・ネットワーク」は、中心的テーマをいくつか設定し、運動を進めてきている。これらのうち、法制度（Legislation, Legislació）というテーマを、バルセロナに本拠地を置くNGOであるCIEMENが担当しているのは偶然ではない。

＊4　なお、正常化法は廃止されたのでなく、置き換えられたのであり、現在もカタルーニャ自治州の言語法制を構成する一部でありつづけている。

＊5　カタルーニャ自治政府は現在までに何度か、カタルーニャ自治州内で勤務する司法職員に対してカタルーニャ語の知識習得を義務づける司法府組織法の

改正をスペイン国会に対して要請しているが、すべて否決されている。

＊6　www.gencat.cat/llengua/justicia（2015年8月31日最終アクセス）。

資料

[1] *Informe sobre les interpretacions i les traduccions judicials de l'any* 2013. Barcelona. Departament de Justícia, Generalitat de Catalunya.

[2] *Dades sobre l'activitat en matèria de política lingüística a l'Administració de justícia (any 2013).* Barcelona. Departament de Justícia, Generalitat de Catalunya.

[3] *Llengua de la docència a la Universitat de Barcelona curs* 2013–2014. Barcelona. Serveis Lingüístics, Universitat de Barcelona.

[4] *Memória del Departament de Justícia 2012,* Barcelona. Departament de Justícia, Generalitat de Catalunya

(Resumen)

Traducción jurídica del español al catalán desde una perspectiva sociolingüística

TUKAHARA, Nobuyuki

En la Comunidad Autónoma de Cataluña (España), la cifra de traducciones jurídicas del español al catalán que recibe uno de los servicios que a tal efecto ofrece el Departament de Justícia de la Generalitat (el gobierno de dicha comunidad autónoma) es inesperadamente baja. Sin embargo, esta escasez responde al hecho de que un porcentaje muy alto de la población es bilingüe castellano-catalán, por lo que es habitual el comportamiento lingüístico de pasarse a la lengua del interlocutor, junto con el hábito de escoger el castellano en el dominio de la administración del Estado. Así pues, las solicitudes de traducción no se deben a una necesidad real sino a la manifestación de una determinada actitud lingüística. Es decir, la traducción jurídica del español al catalán brinda a la sociedad catalana una oportunidad de manifestar su derecho a la selección lingüística.

第10章

Permeabilidad entre el lenguaje común y la terminología jurídica: el término catalán *pubilla*

日常言語と法律用語の相互浸透性─カタルーニャ語の *pubilla*

Lidia Sala Caja

(要約)

本章では、カタルーニャの法律用語 *pubilla* の語彙・意味の発展を素描する。この語は、相続人としての兄弟がいなくて家の財産を相続する長女を意味していた。このような女性は、高い社会的地位を得て、カタルーニャの歴史と文化の象徴となった。そのため *pubilla* という語が日常言語の中で使われる語となり、新しい意味を発展させていった。派生語を作り、固有名詞の一部に使われたりする例もある。

1. Introducción

Entre las contradicciones que Luís Fróis constató al llegar a Japón cinco siglos atrás se encuentra la siguiente: "En Europa la hacienda es común entre los esposos; en Japón cada uno tiene sus propios bienes y la mujer, a veces, presta con usura al marido"[*1]. Si hubiera nacido en Cataluña, sus palabras con seguridad hubieran sido distintas, ya que el Derecho Civil catalán "concede una amplia autonomía patrimonial a la mujer" (Piniella, 1986: 262). En Cataluña el matrimonio está basado en la separación de bienes de los cónyuges, a diferencia de España y Portugal, que es de régimen de bienes gananciales.

A pesar de ser desconocido fuera de las fronteras de la Península Ibérica, el Derecho Civil catalán posee una larga trayectoria. Se suelen distinguir en él cuatro etapas: la primera empieza con la figura del Abat Oliva y la formación de los *usatges* (para los temas civiles "Autoritare et rogatu" de Ramón Berenguer I, en el siglo XI) *2 y finaliza cuando se hace efectiva la unificación de los Reinos de Catalunya y Aragón con el de Castilla (s. XV). La siguiente etapa concluye en 1716, tras la pérdida de los fueros propios con el Decreto de Nueva Planta, aunque las últimas disposiciones relativas al derecho civil datan de 1704. Durante la tercera etapa, que se extiende hasta la década de los treinta del siglo XIX, tienen lugar los primeros intentos de unificar el Derecho Civil para toda España, aunque fracasaron. No fue hasta 1886, ya en la etapa final, cuando se logra integrar con éxito los distintos derechos forales con la publicación de la Ley de Bases. Tras varios cambios y reformas dirigidas a adaptar la legislación a la realidad social, hoy en día rige el Código de Familia de Cataluña aprobado por la Ley 9/1998 (Vallet de Goytisolo: 2007: 517).

Por otra parte, el lenguaje jurídico ha ocupado un lugar fundamental en el estudio de la historia de la lengua catalana debido a que algunos de sus más antiguos testimonios escritos conservados pertenecen a ese ámbito. El primer documento en catalán del que se tiene noticia es una traducción literal del siglo XII del código visigodo *Liber iudiciorum*. No sólo eso, uno de los pilares sobre los que se asentó la prosa en catalán, y por la que entró el Humanismo en la Península, fue la *Cancelleria Reial*, el cuerpo de funcionarios encargado de traducir y de redactar documentos administrativos de la Corona de Cataluña y Aragón. En sus textos, que crearon un modelo de lengua escrita, "se va perfilando un vocabulario jurídico preciso y coherente" (Duarte, 1980: 34). *3

En este trabajo vamos a analizar la génesis y evolución de la voz *pubilla*, un término de la lengua catalana vinculado a la transmisión patrimonial, que si bien se gestó en el seno del derecho civil medieval, posteriormente desarrolló nuevos significados fuera del ámbito especializado.

2. El sistema de transmisión de patrimonio: *els capítols matrimonials*

Otra peculiaridad del Derecho Civil catalán es que cada familia elige un heredero único, con el objetivo de no dividir el patrimonio familiar. Esta elección se formaliza en los *capítols matrimonials*, un contrato jurídico irreversible previamente pactado que firmaban los novios y sus padres en el momento de la boda. Recibían este nombre porque constaban de varios *capítols**4 y se popularizaron en el mundo rural a partir del siglo XIII cuando las donaciones matrimoniales se hicieron tan complejas que no se podían concentrar en la sola escritura de la dote.

Los *capítols matrimonials* se consideran un documento "de naturaleza jurídica intermedia entre la donación "entre vivos" y el testamento" (Tous, 2004). En ellos se instituía el régimen ganancial del futuro matrimonio y quién iba a heredar el patrimonio familiar a la muerte de los progenitores. A cambio, el elegido se comprometía a vivir y trabajar en la casa familiar, a cuidar de los padres en la vejez así como a procurar a los hermanos medios de vida y dote para hacer un buen matrimonio. Los padres del otro cónyuge, a su vez, declaraban la donación en concepto de dote.

A pesar de ser "un sistema social en el que impera la primogenitura y la masculinidad" (Pinella, 1986:116), pues se elegía siempre al primer varón, al que se llamaba *hereu* (heredero), la mujer también podía llegar a ocupar esta posición familiar y social privilegiada en ciertas circunstancias: por ser hija única o con sólo hermanas; por heredar de parientes; o por sustituir al *hereu* (a causa de su renuncia, desheredamiento o matrimonio con la heredera de otra familia más importante). A esa mujer se la llamaba *pubilla*.

3. Los nombres de los herederos: *hereus y pubilles*

Desde un punto de vista lingüístico, *hereu* y *pubilla* son sustantivos que expresan una oposición sexual. Constituyen un par heteronímico*5, a diferencia de otros pares de la misma clase que comparten lexema y expresan esa distinción morfológicamente (*niño-niña, conde-condesa*). Sin embargo, dado que ambos pertenecen a su vez a otras parejas cuya relación es de tipo flexivo (*hereu-hereva* y *pubill-pubilla*), es obligado explicar cómo surgió el híbrido *hereu-pubilla*.

3.1. *Pubills y pubilles*

La etimología de la voz *pubilla* se remonta al sustantivo latín PÜPILLUS*6, él mismo un tecnicismo jurídico (DCELC). Significaba "menor de edad que está bajo la autoridad de un tutor" y con este sentido pasó al vocabulario jurídico de las lenguas románicas: *pupilo* en castellano*7, *pupille* en francés*8, *pupillo* en italiano, etc.

Ese también fue el caso del catalán, aunque no se mantuvo el cultismo latino como en otras lenguas, sino que derivó en una forma semiculta, con la oclusiva intervocálica sonorizada y alternancias tanto en la vocal larga latina como en la consonante final*9. Así, se consignan las variantes *pobil, pobils pubill, pubills* en la segunda mitad del siglo XIII en documentos legales*10.

En otros textos relacionados con jurisprudencia y pleitos es posible encontrar las formas femeninas *pobila, popila, pubilla* y *pubilles* durante los siglos XIII y XIV. En aquel entonces su significado era exclusivamente el de "menor de edad", tal como queda patente en la siguiente ocurrencia: "deu donar a la pubila o a l'adulta les dues pars de tot quant à, e en aqueles deu ésser condempnat per juy e per sentència dels ciutadans." (*Costums de Tortosa* (s.XIII) pág. 518 - línea: 17. Fuente: CICA). Este sentido, perdido hoy a favor de *menor*, ya no lo registró Labèrnia*11 en el siglo XIX, aunque sí figura en *el Diccionari català valencià balear* de Alcover Moll con marca de arcaísmo.

3.2. *Hereus y hereves*

A diferencia de *pubilla*, el significado del latín HERES, HEREDIS se ha conservado hasta nuestros días: cuando una persona recibe cualquier tipo de bienes en un testamento se lo instituye *hereu*. En catalán, en crónicas históricas o textos de tono solemne, esta voz compitió con *hereter(a)* desde el siglo XIII pero según el DECLC, "el mot bàsic en la llengua i en l'ús viu fou sempre hereu". Las ocurrencias en los corpus*12 y los diccionarios*13 confirman su desigual vitalidad.

En cuanto al femenino, tal como explica Joan Coromines, "hereu fou primerament paraula d'una sola terminació per a masculí i femení"*14. Con todo, la adición del sufijo desinencial –*a* fue temprana, documentándose en el mismo siglo XIII, y se generalizó rápidamente: "A la demanda feyta per en Berenguer Lansol, qui ·s diu curador de la dona na Francesca, filla sua, respon lo dit en P[ere] de Montanyola e atorgue que té alcuns béns e alcuna partida de la heretat que fo de Elvireta, filla que fo e hereua universal d' en P[ere] Roicet de Corella e filla que fo de la dita na Francesca, muler que fo del dit en P[ere] Roicet." (*Pergamins, processos i cartes reials* 2, Doc. 113, línea: 44. Fuente: CICA)

Por último, existe otra importante distinción entre *hereu/hereva* y

pubill/pubilla: su grado de terminologización. Mientras que *hereu/
hereva*, está presente en una amplia tipología textual, como la poe-
sía y la prosa, que refleja su penetración en la lengua general, los
corpus diacrónicos sólo registran *pubill/pubilla* en documentos
administrativos y jurídicos, por lo que deben considerarse exclusi-
vamente términos especializados.

3.3. *Hereus y pubilles*

La formación de este tándem se debió a causas socio-históricas:
nació a raíz de la política de expansión territorial a través alianzas
matrimoniales que caracterizó la Cataluña feudal de los siglos XII-
XIII y se consolidó en los siguientes siglos gracias al peculiar
sistema de transmisión patrimonial de la sociedad rural.

Entre la nobleza medieval, tener descendencia masculina garanti-
zaba conservar el control de las tierras y permitía soñar con
aumentarlas. De ahí que la existencia de un *hereu* fuera vital. Por
otra parte, la realidad social que hizo posible *pubilla* se remonta a
la misma época. Posiblemente, sino la primera, sí el personaje más
relevante en poder acumular esos dos sentidos jurídicos de *pubilla*
fue la princesa Peronella de Aragón, hija de Ramiro II y heredera
del Reino, que se casó a la edad de cuatro años con el conde
Ramón Berenguer IV[*15]. En los *Capítulos matrimoniales de Bar-
bastro*, firmados el 11 de agosto de 1137, su padre el rey Ramiro II
de Aragón y su futuro esposo, Ramón Berenguer IV, pactan las
condiciones de su matrimonio, que convirtió al conde de Barcelona
y a su descendencia en señores de las tierras aragonesas. Otros,
ante el riesgo de una heredera que acarreara la pérdida del feudo,
intentan casarlas con infantes sin derecho a heredad, con lo que
esas jóvenes doncellas que iban a heredar las tierras empezaron a
ostentar una posición social cada vez más importante.

Se produjo por tanto la necesidad de nombrar de manera eficiente

e inequívoca a esos hijos mayores, futuros propietarios de las tie-
rras. En aquel entonces, el primogénito de una familia era el que
recibía la herencia la mayoría de las veces. Ya era, por tanto, el
más representativo, el más prototípico, de la categoría de los here-
deros*16, de ahí que *hereu* fuera la elección más lógica y previsible
para asumir el nuevo significado. En el siglo XIII ya se constatan
empleos de la voz que pueden considerarse a caballo de los dos
sentidos actuales: "E él dix -lur que molt temps avia estat fora del
secgle e avia servit a Déu, e que dura cosa li semblava que desem-
paràs l'orde Sènyer dixeren los barons d'Aragó assò és cosa a la
qual vós no us podets escusar; que nós havem perdut nostre rey e
gran res de nostres géns, e som romases sens hereu e sens govern,
per què la terra seria en gran peril." (*Crònica [B. Desclot]*, pág.
II.14, línea 14. Fuente CICA).

Por contra, la heredera más habitual, la que representaba mejor a
esa categoría, no era la hija mayor, sino la viuda (con la que no
pocas veces había pleitos por herencias). En los documentos lega-
les de los siglos XIII y XIV, cuando se hacía necesario diferenciar a
las dos se empleaban expresiones complejas como "filla ý hereva"
o "filla pobilla y hereva"*17 para referirse a la primogénita. Sin
embargo, en el momento en que se hizo preciso hallar una manera
más eficiente, acorde a las nuevas circunstancias sociales, de refe-
rirse a ellas, *pubilla* empieza a acumular el significado de dichas
expresiones perifrásticas por metonimia, al mismo tiempo que se
debilita uno de sus rasgos semántico nucleares, el de "menor de
edad".

El siguiente texto del siglo XV ofrece una documentación de
pobila con el sentido de "heredera de tierras" que ilustra el pro-
ceso de convencionalización del nuevo sentido: "E foren conduïts
que anassen al castell de Muncada hon veurien los fills del noble

En Pere Ramon de Muncada e de Na Guilerma de Castellví, qui eren molt bells infants. E axí, los cavallers biarnesos esplicaren a ·n Pere Ramon de Muncada lur venguda e com cercaven un infant que fos gentil e de bon linatge per a marit a lur senyora e pobila.". (*Sumari d'Espanya* (ms. Y-III-4), pág. 110, línea: 16)

En la segunda mitad del siglo XV los corpus empiezan a ofrecer documentaciones de *pubilla* con el nuevo sentido claramente delimitado*18, siendo ya general en el siglo XVI, cuando se registra en textos no propiamente jurídicos y en expresiones convencionalizadas como *la pubilla + apellido de la familia* que delatan su avance en la lengua general: "Lo vestigi del qual se mostra molt claríssim en lo fondal ont estan los horts de mossèn Dalgado ý de Selma ý de Mensa ý de Yvern, que are és de mossèn Francesch Monserrat, ý, en part, de l'ort de la pubilla Masdemunt ý per ventura de l'ort de mossèn Soldevila; perquè ve al mateyx livell." (*Llibre de les grandeses de Tarragona*, pág. 225, línea: 11. Fuente CICA)

4. *Hereus, pubilles* y demás familia

Como era de esperar dada su relevancia social, el par *hereu* y *pubilla* penetró en el lenguaje común. Pero no sólo eso: las dos voces empezaron a usarse indistintamente con las que expresaban relación de parentesco de tal modo que un padre podía dirigirse a su hija tanto con el apelativo de *filla* como con el de *pubilla*[19]. Este empleo vocativo acabó por duplicar el léxico relacionado con la familia.

En él coexiste un grupo de palabras que designan las relaciones familiares sanguíneas (*padres-hijo/as, sobrino*, etc.) con otro, perteneciente a la terminología legal pero banalizado por su continua presencia en la vida cotidiana, que expresa la situación relativa de cada miembro de la familia con respecto a la herencia del patrimonio familiar.

Así, en este segundo sistema léxico los padres se convierten en *amo* y *mestressa*. El hijo elegido se denomina *hereu*, y a los hermanos menores se los distingue con el nombre de *fadristern*, si es el segundo, o, genéricamente, *cabalers*. Del mismo modo, la hija destinada a heredar es, como hemos dicho, la *pubilla* y sus hermanas, las *cabaleres*.

Cuando una *pubilla* se casaba, a su marido (que recibía toda la carga de trabajo pero no el patrimonio ni su gestión y además perdía el apellido) le correspondía el nombre de *pubill*, término formado por derivación regresiva sobre *pubilla*. Éste entonces tenía derecho a una cantidad de dinero, la *soldada*, que también se estipulaba en los *capítols**20.

La singular posición que ocupaban las *pubilles* socialmente hizo aflorar alrededor de ellas no tan sólo la esperable sufijación apreciativa (*pubilleta, pubillassa*) presente en los corpus*21, sino también derivados abstractos como el término legal *pubillatge**22, o unidades fraseológicas como *caure de l'escambella* (caerse de un taburete), que se usaba cuando una chica ya mayor perdía su posición de pubilla por el nacimiento de un hermano.

Dada su relevancia, no nos debería ya sorprender encontrar a *pubilles* en los refranes catalanes: "Pubilla rica, oli a la pica" (que evoca la mejora económica que comportaba el matrimonio con una pubilla) o "Pubilla i hereu una casa de creu", que hace referencia al hecho de que cuando una pubilla y un hereu se casaban se perdía el apellido de una de las familias. Y lo mismo sucede en la toponimia: Mas de la Pubilla (edificio de Tarragona), Maset de la Pubilla (edificio de Juncosa), Torre de la Pubilla (edificio de Sant Sadurní d'Anoia), Pubilla Cases (barrio de L'Hospitalet de Llobregat) y Les pubilles (paraje en La Bisbal del Penedés) *23.

Durante los años de la Renaixença *24, pulularon *pubilles* en todas las manifestaciones artísticas: en novelas, como en *L'hereu Noradell*, en obras de teatro costumbrista como *La Pubilla del Maresme* i *La pubilla de l'Hostal*, por citar dos de las más conocidas, en sardanas (*La pubilla*, 1897, de Josep Serra i Bonal o *La pubilla empordanesa*, 1902, de Juli Garreta i Arboix), etc. Dio también nombre a un semanario satírico e incluso ha sido utilizada como marca comercial de una leche condensada (de la marca barcelonesa Letona) y un cava (de Pere Ventura).

5. *Pubilles* que no lo son

No sólo la familia llamaba *pubilla* a la hija mayor, los conocidos, los pretendientes, la gente del pueblo donde vivían también solían dirigirse a ellas con este nombre. Este uso general y continuado, especialmente en función vocativa, acarreó la extensión de su significado. En una primera etapa se convirtió en sinónimo de hija mayor, tal como testimonian algunos diccionarios del siglo XIX *25, y posteriormente terminó por aludir a cualquier chica joven, como muestra este fragmento de 1929: "Hem d'esborrá el passat: ja no ets doncella;// ja s'ha acabat el somni; hem despertat;//quan eres pubilleta eres poncella;//però avui la poncella s'ha badat". Esta última expansión semántica acabó cuajando en la sociedad y finalmente entró en los diccionarios monolingües generales. *26

A pesar de cierta mala fama que ostentaban las pubillas *27, la subjetivización de sus cualidades (juventud, belleza, alegría) hizo posible que se eligiera esa voz para las ganadoras de los concursos de belleza locales de mitad los años treinta del siglo XX, que aún siguen vivos*28. De esta forma *pubilla* ha adquirido el significado de "Noia que, per la seva bellesa o simpatia, és elegida pels participants al ball de la festa major" (GDLC). En 1993, al hilo de este sentido, se creó con objetivo paródico el efímero compuesto semiculto *megapubilla* en el programa de televisión *Persones humanes**29.

Por otra parte, aunque los empleos metafóricos de *pubilla* que parten del sentido "heredera" son muy esporádicos*30, coloquialmente pasó a designar por antonomasia a la ciudad de Barcelona (la *Pubilla de Catalunya*) y de ahí como aposición nominal con el sentido de "capital" en *ciutat pubilla de la sardana*, "[...] títol amb què és designada la ciutat o vila que hom tria anualment com a capital de la sardana" (GDLC). En los últimos años este empleo de *pubilla* con el sentido de "lugar principal" está en auge, sobre todo en contextos humorísticos o irónicos. Así, gracias a internet, se puede saber que Manresa era la "ciutat pubilla de la Volta [ciclista] a Catalunya", que la localidad de Barbastre fue nombrada "ciutat pubilla dels barbuts" y Lleida, la "ciutat pubilla de l'IBI (Impuesto de Bienes Inmuebles)"*31.

6. Conclusión

Con este estudio léxico-semántico hemos intentado mostrar la permeabilidad que existe entre el lenguaje especializado con la lengua común. Los términos, lejos del inmovilismo que se les atribuye generalmente, son entes dinámicos y pluridimensionales. *Pubilla* fue voz de especialidad polisémica durante tiempo, y después pasó de los legajos a ser una palabra de uso corriente y a desarrollar, dentro de la lengua general, nuevos significados.

Por otra parte, gracias al imprescindible enfoque interdisciplinar que requieren este tipo de estudios, el seguimiento de los procesos de expansión semántica que sufrió *pubilla* nos ha servido para descubrir el Derecho Civil catalán, y con él, los cambios que ha sufrido la sociedad que lo creó.

---

*1 Traducción al español de Ricardo de la Fuente Ballesteros, 2003, p.49.

*2 La redacción definitiva fue proclamada durante el reinado de Jaume I (s. XIII), aunque algunos fragmentos procedían de versiones anteriores.

*3 Duarte distingue cuatro etapas en la evolución del lenguaje jurídico medieval: De la traducción del *Liber iudiciorum* (s.XII) hasta mediados del siglo XIII, en que abundan los textos cortos, con predominio del latín; de la segunda mitad siglo XIII a la segunda del siglo XIV, en que la *Cancelleria Reial* toma las riendas de la prosa; de la segunda mitad del XIV a mediados del XV, que representa la madurez de la *Cancelleria*; y de la segunda mitad del siglo XV en adelante, en que se inicia su decadencia debido al excesivo peso de los latinismos y el progresivo abandono del uso del catalán tras la unión con el Reino de Castilla y la marcha de la corte a Toledo.

*4 El término legal *capítol*, equivalente a *cláusula*, se documenta desde la Edad Media en documentos relacionados con los negocios. Se definen como párrafos con un punto y aparte en el que se regula algún aspecto determinado.

*5 La heteronimia consiste en expresar el sexo masculino y femenino mediante dos lexemas diferentes. Es un tipo de procedimiento léxico frecuente entre los nombres de parentesco (*padre-madre*) y de animales (*toro-vaca*).

*6 Variante de *pupulus*, masculino de *pupula*, "niña".

*7 El DCELC documenta *pupilo* en las *Partidas* (1260). En Nebrija (1492) *pupilo* aparece definido como "menor de edad so tutor".

*8 "orphelin mineur sous la garde d'un tuteur" (*Reg. de délib. de St Jean-d'Angély*, I, 97 ds DG) documentado en 1334. (TLF)

*9 Para una completa exposición sobre las variantes de pubill, vid. PUBILL en el DECLC

*10 La primera documentación de *pubill* procede de los *Usatges de Barcelona*, en la primera mitad del siglo XIII: "E aquels ab lo tudor servesquen al senyor en axí que no perda lo pobil la sua honor;" (*Usatge* 115, p. 129, línea

19. Fuente CICA). Esta variante, con -o- y -l- final será preferida en los territorios del catalán occidental en los siguientes siglos mientras que la variante con -u- y -ll- acabará imponiéndose en la dialecto oriental y finalmente en el estándar. Es ésta la que se emplea en las *Crónicas* de Muntaner (s. XIV) o en la obra clásica de la literatura catalana del siglo XV *Lo somni* de Bernat Metge.

*11 *Diccionari de la llengua catalana ab la correspondencia castellana y llatina.* (1839–40).

*12 En el CICA, el lema *hereu* acumula 412 ocurrencias entre los siglos XIII y XVII; *hereter*, en cambio, sólo 24.

*13 *Hereter* cuenta con entrada propia y definición en el Alcover Moll; en el DIEC2, sin embargo, figura sólo con referencia cruzada a la entrada *hereu, hereva*, indicando así su desuso actual.

*14 De tal forma lo registran los textos de segunda mitad del siglo XIII: "t[em], leix hereu na Bonanada, fila mia d[e] tots los meus béns seens e move[n]s en qualq[ue] part jo ·ls aga p[er] negu[n] dret ne p[er] neguna rao[n] ne p[er] neguna man[er]a pagat," (*Testament de Ferrera, muller de Petro de Fontes*, pág. 131, línea: 18 Fuente: CICA).

*15 Manel Folch y Torres: "L'han casada poncelleta//la pubilla d'Aragó;//el marit que li donaren//de vint anys li es passadó'." Poema *Noces Reyals* (1914).

*16 En semántica cognitiva, "un prototipo es el elemento de una categoría que más atributos comparte con el resto de los miembros de la misma, el más representativo y distintivo de la categoría". (Ibarretxe-Antuñano y Valenzuela, 2012: 47–48)

*17 Maig, any ·MDXXXVII·

Dimecres, a dos. En aquest die mossèn Bernat

Cugullada, tudor de la filla ý hereva d'en Joan

Eres, òlim deputat local de la vila ý comdat de

Castelló de Empúries en lo trienni de l'any ·DXXVII·,

presentà lo compte de la dita administració.

Dietaris de la Generalitat de Catalunya 2 (Siglo XVI - Doc_E25. Fuente CICA)

*18 "Nós havem fet regonèxer en lo sacre concell del senyor rey e nostre lo privilegi per vosaltres al·legat a empatxar que lo feel alguazir del dit senyor, en Bertomeu Cubies, no puixa traura de aqueixa ciutat certs presonés, delats de incendi e demolició, fets ab sedició, tumult e avolot, ab concitació de poble envers e contra la casa de na Anthònia, pubilla, filla d'en Ffrancesch Sampsó, ciutadà de la dita ciutat, cometens per la dita rahó crim de lesa majestat." (*Lletres reials a la ciutat de Girona* (1293–1515) II-5, Carta 569, línea: 27 CICA)

*19 "Libori: Quin d'aquests homes dels que han ballat amb tu i dels que et fan pessa vindrà a casar-se amb tu i a festejar-te després del que ha passat i del que es conta?... Caterina: Pare, per Déu! Libori: No ens enganyem, pubilla." (*El café de la Marina*, Josep Maria de Segarra, 1933, pág.49. Fuente CTILC)

*20 Otros términos legales peculiares relacionados con el matrimonio en

Cataluña son la *tanuta*, el *tandúnem*, el *aixovar* (también llamado la *carga* o el *nuviatge*), el *agernament* y la *mitja convinença*. Mención aparte merece el sustantivo *escreix*, derivado sustantivo del verbo *escreixer* "añadir, aumentar" del latín *excrescere* "desarrollar aumentar", que sigue vivo en la lengua común a través de la locución adverbial *amb escreix* ("más de lo necesario").

*21 "--*Caratsus*! No em faci riure, vostè!... Per què, per què, pregunta?... El senyor Victorià era un xicot molt eixerit i bona persona, però no tenia més que la trista carrera; i en canvi, la Margarideta era la millor pubilla del terme, una pubillassa que feia estremendir..." (*Jubileu*, Caterina Albert, 1951, pág.22. Fuente CTILC) Y como vocativo: "Lo pare llegeix, l'àvia canta y la Julita, encantada, mira la llar. --¿En què pensas, pubilleta? --diu l'àvia Tona. --En què voleu que pensi, padrina; m'estava mirant los boscalls que van consumintse y, no sé, trobo tot estrany que com més..." (*La pubilleta dels Molins*, General Ginestà Punset, 1896, pág.709. Fuente CTILC)

*22 Es el derivado abstracto correspondiente a *heretament* para las mujeres. O sea, son los bienes que hereda la pubilla. Formado con el sufijo *–atge*, también especializado, con el sentido de "dinero que se tiene que pagar, impuesto" procede del latín vulgar *–aticum*, donde ya tenía este significado especializado. Este sufijo gozó de una importante productividad durante el Imperio Carolingio para formar términos jurídicos y fiscales. Otros ejemplos para el catalán son: *beuratge*, *carnatge*, *herbatge* o *peatge* Por analogía se creó, *cabalatge*, sinónimo de *soldada*, término propio del Urgell, la Conca de Barberà y una parte de la Segarra que designa el dinero que se pagaba durante diez años al *pubill*. Es, pues, sinónimo de *soldada*.

*23 *Nomenclator oficial de toponimia mayor de Cataluña* http://www.icc. cat/esl/Home-ICC/Publicaciones/Nomenclator

*24 "Nom amb què els historiadors de la literatura catalana han designat el procés de recuperació de la llengua i la literatura catalanes portat a terme sobretot a partir de la segona meitat del s.XIX." (*Gran Enciclopèdia Catalana*. http://www.enciclopedia.cat)

*25 *Promptuario trilingüe catalán, castellano, francés* (1771) de Josep Broch: Pubilla-Primogénita-Ainée.

*26 GDLC: 2. Coloq. Nom amb què hom s'adreça de vegades a una noia, encara que no sigui pubilla. DIEC2: 2 f. [LC] Tractament que es dóna a una noia.

*27 La mujer destinada a ser *pubilla*, por el mero hecho de heredar el patrimonio familiar poseía lógicamente un mayor atractivo para los hombres que sus hermanas *cabaleres*. Sin embargo, a causa de recibir desde pequeña una formación especial equivalente a la de un *hereu*, su carácter no solo no se parecía en nada a la del resto de mujeres, sumisas y obedientes, es que no se podía parecer a ellas. Es *vox populi* que la pubilla "Sempre és una dona molt més decidida i que mana molt" y que "Les pubilles no es deixen pasar mai la mà per la cara" (Piniella, 1986: 129); "Si agafes a una pubilla que li diues cap ací

i ella va, cap allà i ella cap allà. No, la pubilla no pòt ser així, la pubilla ha de ser l'home, ha de ser la que porti la casa. Ha de sapiguer defendre les seves terres, ha de sapiguer que això és la seva terra i que si un dia vol empenyar, que tingui conviccions i idees, que això ho farà perquè ho ha de fer. (Urgell)"
(*ibid.*). Su autoridad, por lo demás, era reconocida y aceptada socialmente. Estas circunstancias explican por ejemplo que en el teatro costumbrista del s. XIX se la retrate bien como una mujer pretendida por muchos hombres, bien como una mujer cruel y despótica, especialmente con sus hermanas menores.

✳28 Muchos pueblos catalanes siguen con la costumbre de elegir *pubilla* y, más recientemente, *hereu* entre sus jóvenes cada año. *Vid.* la página de Foment de les Tradicions Catalanes (http://tradicionscatalanes.com/pubillatge) para conocer más sobre esta actividad.

✳29 http://catalallengua.blogspot.com.es/2014/05/neologismes-obneo-epicentre-megapubilla.html

✳30 "... i podem dir sense exagerar que amb aquestes últimes paraules va fer testament a favor de la ciencia catalana fent-la pubilla de les veritats que ell devia haver meditat tota la vida" *Concepte general de la ciencia catalana* Francesc Pujols, 1918, pág.95. Fuente: CTILC)

✳31 "Ciutat pubilla de la Volta a Catalunya" en http://www.regio7.cat/esports/2011/03/30/manresa-ciutat-pubilla-volta-donar-li-lesquena/135416.html (Consultado el 10 de agosto de 2015) "Ciutat Pubilla dels Barbuts" en http://cac.drac.com/199707/19970723.html (Consultado el 10 de agosto de 2015); y "Lleida, ciutat Pubilla de l'IBI" http://noticiesdelleida.blogspot.com.es/2011_12_01_archive.html (Consultado el 10 de agosto de 2011).

Siglas de los diccionarios y corpus

CICA: Corpus Informatitzat del Català Antic. www.cica.cat

CTILC: Corpus textual informatitzat de la llengua catalana. http://ctilc.iec.cat

DCECH: Coromines J., Pascual, J.M. (1980): *Diccionario crítico etimológico castellano e hispánico.* Madrid, Gredos.

DECLC: Coromines, J. (1980–2001): *Diccionari etimològic i complementari de la llengua catalana,* con la colaboración de Joseph Gulsoy y Max Cahner. Barcelona. Curial. Caixa de Pensions.

DIEC2: *Diccionari de l'Institut d'Estudis Catalans. 2na edició.* http://www.iec.cat/activitats/entrada.asp

GDLC: *Gran Diccionari de la Llengua catalana* http://www.enciclopedia.cat/diccionaris

TLF: *Trésor de la Langue Française.* http://atilf.atilf.fr

第11章

特定領域スペイン語教育用語彙
における地域差

堀田英夫

1. はじめに＊1

　愛知県には、ポルトガル語とその姉妹語のスペイン語を母語とし日本語を完全には習得していなくて、生命に関わる医療や災害、司法などの場面でコミュニケーション支援を必要としている中南米出身者が多数居住し、地域の産業を支えている。2013年末の外国人登録者数（愛知県国際課調べ＊2）の国籍別では、ブラジルが48,730人で最多であり、ペルーは、中国、韓国朝鮮、フィリピンに次いで、第5位の7,279人である（表1）。2006年、2007年末に比べ、中南米出身者は減少しているけれども、2012年から2013年にかけては微増していて、減少傾向が止まっているようである。これらブラジルやペルーなどのラテンアメリカからのニューカマーとの多文化共生のために、生活や生命に関わる教育、医療、司法の場面でのコミュニケーション支援を考える必要がある。

表1　愛知県内の外国人登録者の状況（愛知県国際課調べ）

	ブラジル	中国	韓国朝鮮	フィリピン	ペルー	その他	登録者数（県総人口比）
2013年末	48,730	46,680	36,569	27,519	7,279	31,031	197,808（2.66%）
2012年末	48,475	46,787	36,454	25,968	6,983	27,374	192,041（2.59%）
2007年末	79,899	41,775	41,456	23,701	8,277	26,281	221,389（3.0%）
2006年末	75,316	35,510	41,984	21,429	7,933	24,502	206,674（2.8%）

235

愛知県内の外国人登録者数

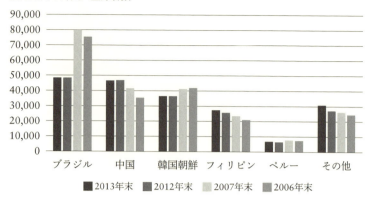

　定住外国人が関わる場面でのコミュニケーション支援には、会議通訳やビジネス通訳とは異なる面がある。水野（2008）は、「日本に暮らしている外国人の言葉の問題に対処するため」（p.6）の通訳、すなわち「コミュニティー通訳」の特徴を、会議通訳などと比較して、5つあげている（pp.12–16）。1）地域住民を対象にする。2）力関係に差がある。3）言葉のレベルや種類が様々、4）文化的要素が大きく関わる。5）基本的人権の保護に直結している。これらのうち3）において、「言語の多様性とともに、言葉のレベルにも多様性があります。」「コミュニティー通訳の分野では一般の人々が主な対象となるので、その話し方のレベルは千差万別です。」「母語であっても難しい言葉がわからないという人もいます。また、地方の方言でしか話せない人も多い」（p.14）と説明している。
　21か国で公用語とされているスペイン語の場合、「地方の方言」とまでいかなくとも、国あるいは地域による違いも意識する必要がある。スペインのスペイン語がモデルになっているスペイン語教育を受けた者やメキシコでスペイン語の語学研修を受けた者には、breveteやtimónという日常的な語*3 に初めて接した時にはとまどいを感じる。ルビオ他（2005）『クラウン和西辞典』のいくつかの項目の中で「地域差」としていくつかの国・地域の語形を示してあるのは特定地域で使われる語形を知るのに有益である。
　愛知県の2012年末*4 の統計の中から、スペイン語を公用語と

している国を国籍としている愛知県内の登録者数を数えると、ペルー：6,983人、ボリビア：889人、アルゼンチン：291人、パラグアイ：225人、コロンビア：114人、メキシコ：60人、チリ：45人、スペイン：25人、ベネズエラ：19人、エクアドル：11人、ドミニカ共和国：11人、ウルグアイ：4人、エルサルバドル：4人、グアテマラ：4人、キューバ：3人、コスタリカ：2人、ニカラグア：2人、ホンジュラス：1人、計：8,693人となる。

　上田（1997）によるスペイン語圏の方言区画に、これらの国籍別人数を分類してみる（表2）。上田（1997）による方言区画は、日常生活に使う語彙の都市による違いを基にクラスター分析したもので、(1) スペインとアフリカ、(2) カリブ海、(3) メキシコ、(4) 中米、(5) 南米北部、(6) アンデス諸国、(7) ラプラタ諸国、それに、コスタリカの区画となっている。この分析からは、この時点でインフォーマント調査が1人のみのエクアドルは除外されている。

表2　方言区画別人数

合計人数	地域：愛知県 2012 年末国別人数
7,917人	アンデス諸国：ペルー 6,983 人、ボリビア 889 人、チリ 45 人
11人	エクアドル：11 人
520人	ラプラタ諸国：アルゼンチン 291 人、パラグアイ 225 人、ウルグアイ 4 人
133人	南米北部：コロンビア 114 人、ベネズエラ 19 人
60人	メキシコ：60 人
25人	スペインとアフリカ：スペイン 25 人
11人	中米：エルサルバドル 4 人、グアテマラ 4 人、ニカラグア 2 人、ホンジュラス 1 人、
14人	カリブ海：ドミニカ共和国 11 人、キューバ 3 人
2人	コスタリカ：2 人

　国籍別人数において、ペルー国籍者が、スペイン語圏の中で約80％で最多であることがわかるが、上田（1997）の方言区画別の

人数で見ても、アンデス諸国が（エクアドルを算入しないとしても）約91％となり、最多であることがわかる。すなわち、愛知県における定住外国人に対する「コミュニティー通訳」を考える場合、ペルーを中心とするアンデス諸国のスペイン語を考慮に入れる必要があるということである。

　この章は、コミュニケーション支援のための資料として、法律分野のうち、免許証の手続きや交通事故関連で必要となるであろう交通関連の語彙について、スペイン国マドリード市のスペイン語とペルー国リマ市のスペイン語との相違を明らかにすることを目的とする。

2. ペルー・スペイン語

　ペルー・スペイン語といっても、人口約3,115万人（2015年1月推定値，ペルー統計情報庁）、面積約129万平方キロメートル*5、日本の約3.4倍の国土で話されているスペイン語であるので、当然地域差が存在することが予測される。Lipski（1996: p.338）、リプスキ（2003: pp.328–9）によると、音声面から、
　●海岸部方言（Costa）
　　○北部（エクアドル国境付近）
　　○中部（リマ＝カヤオ地域）
　　○南端部（チリ国境付近）
　●高地方言（Sierra）
　●アマゾン流域方言（Selva）
の3地方に区画（うち海岸部はさらに3区画）できるとある。統辞面からは、アンデス地域（ケチュア語あるいはアイマラ語とスペイン語との二言語使用域）とアンデス以外の地域に区画できるとある。語彙面からの具体的区画の提案はされていない。さらに細分化された区分が必要であるだろうと記されているのみである。

　本章では、資料の制限から、リプスキの方言区画にあてはめると、音声面から、海岸部中部地域に入る首都リマ市のスペイン語を対象として、マドリードのスペイン語と比較し、考察する。

3. 交通関連語彙

3.1. 調査対象

「フアン・M・ロペ・ブランチ・スペイン語圏教養規範プロジェクト」の一環としての「主要都市教養口語語彙」の調査結果であるスペイン国マドリード市のTorres（1981）とペルー国リマ市のCaravedo（2002）から、二都市の回答を比較し、両都市間の交通関連語彙の相違を見ていくこととする*6。(IV.) La casa（住宅）の項目の中の1147番（車庫）に、(VII.) La ciudad. El Comercio（都市。商業）の項目のうち2081番（地所）を除く2054番から2083番までの29項目と、(VIII.) Transportes y viajes（輸送と旅）の2416番から2592番までの178項目、計208項目である。各項目の訳語の多くは浦和（2006）のもので、一部筆者による。インフォーマント1人のみの回答は、除外した。

他に、「スペイン語語彙バリエーション研究プロジェクト」の成果の一部としてtransporte（運送、輸送）に関する23項目について、55都市の採取語形を提示しているUeda（2001）も資料とした。スペインのスペイン語としてSeco（1999）を、ペルーのスペイン語としてMartínez & Kato（1982）、Ugarte（1997）、佐々木（2005）などを参考とした。

結果は、合計208項目のうち、両都市でほぼ異なる語形の項目が37項目、一部一致が79項目、ほぼ一致が74項目、いずれかの都市で大部分のインフォーマントの回答が不十分なため比較対象から外した項目が18項目*7である。以下の項目をどのように分類したのかの具体例として、「バス」、「自動車」、「トラック」、「駐車する」についての回答を見る。必要な場合、調査時に使用したと考えられる質問文と『ドゥーデン図解辞典』*8の図番号を同じプロジェクトによるチリ国サンチアゴの調査であるRabanales & Contreras（1987）から引用する。マドリードとリマの調査結果には項目ごとの質問文は示されていない。

3.1.1　バス

　総称としての「バス」の語は、2421番で採集が意図されていると考えられる。『ドゥーデン』の図188＊9 の7番（市内バス／都市バス）の図を示しての調査である。回答者が多かった語形が両都市で異なる。マドリードは、全部で16名のインフォーマントの内、autobús＊10 が10人で、autocar を8人＊11 が回答している。リマは、12名のインフォーマントのうち、ómnibus が9人、autobús が2人の回答である。代表的なマドリードの autobús という回答とリマの ómnibus とは異なっているが、リマにも2人の回答として autobús が記録されている。この場合、分類としては「一部一致」とした。

　これらの語形は、両国の関連法規上の用語とある程度重なっている。スペインの「交通・自動車運行・道路安全法（Ley sobre Tráfico, Circulación de Vehículos a Motor y Seguridad Vial）」には、「autobús あるいは autocar」という見出しで、運転席も含め9人以上の席がある自動車で、trolebús（トロリーバス）も含まれると定義されている。ペルーの「車両法（Reglamento Nacional de Vehículos）」＊12 では、ómnibus という語の定義があり、運転席の他に8人以上の席で重量が4トン以上、12トン以下の車両と定義されている。

　総称のバスに続く2422番「中型バス」は、"¿Y uno un poco más pequeño?"（そして少し小さいのは？）の質問文で、マドリードが autobús(5), microbús(4), furgoneta(2)、リマが microbús (7), micros(4) の語形を得ている。両都市で microbús の語形があるので、「一部一致」とした。

　2423番「都市バス」が "¿Cómo se llama o se dice que es el bus que presta servicios dentro de una ciudad?"（一つの都市内で運行されているバスは何と呼ばれてますか？）に対して、マドリードurbano(9), autobús(8)、リマ urbano(8), combis(2) の回答でurbano が共通なので「一部一致」とした。"combi"の語は、佐々木（2005: p.12）に「乗り合いバス」としてワゴン車の絵がある。リマ市では大型の路線バスの他にワゴン車が乗り合いバスとして運

行されていることがこの回答に現れている。『ドゥーデン』では、図189の2に特定の使用国の記載なく "la combi (combinable) [una furgoneta para carga o pasajeros o servicio mixto]"（荷物と乗客用のワゴン車）とあり、英語版で *the station wagon*、日本語版「ステーション・ワゴン（乗用兼商用車）」とある。スペインのスペイン語では Seco（1999: s.v.combi）に形容詞と男性名詞*13 として荷物と乗客用のワゴン車の語義説明が2番にある。

　2424番「長距離／都市間バス」は、"¿Y el que circula entre ciudades?"（そして都市間を通行しているのは？）で、マドリードが interurbano(6), autocar (de línea)(5), autobús (de línea/ interurbano)(6)、リマが interprovincial(6), interurbano(4) の回答なので「一部一致」の分類である。

　2425番「トロリーバス」は、マドリードでは全員が、trolebús(16)と回答しているものの、リマの回答を見ると trolebús(3)の他は、tranvía（市街電車）が3人、他に filobús（イタリア語でトロリーバス）, teleférico（ロープウエイ）, bus（バス）が各1人、語形を聞かせての回答が1人、それに無回答が2人あり、大部分のインフォーマントの回答が不十分と判断し比較対象から外した。

　2426番の『ドゥーデン』の図188の1番は、運転席を入れ9人までが定員と判断できる小型バスである。定員9人とすると、日本の「道路交通法施行規則*14」（別表第2）によるマイクロバスの定義、「乗車定員が11人以上29人以下の専ら人を運搬する構造の大型自動車」にあてはまらないので法令上は「マイクロバス」と呼べない。ここでは浦和（2006: p.310）にならい「マイクロバス」としておく。マドリードは、microbús(15), micro(2)、リマが combi(7), micro(3), microbús(2)の回答で「一部一致」の分類になる。2422番「中型バス」への回答とは、マドリードでmicro の語形、リマでcombi の回答があったことが異なるものの、microbús の回答が共通していて、2422番「中型バス」の質問文による調査と2426番「マイクロバス」の図を見せての調査で、両者を区別しないでの回答があったと考えられる。

　2427番「観光バス」は、"¿Y el destinado a excursiones turísticas?"(そして観光旅行／遠足のためのものは?)とたずねて得られた語形である。マドリードが autocar（15人）という回答である。リマは colectivo（3人）の他は10の語形をそれぞれ一人が回答している。この場合は、「相違」の分類とした。

autocar と colectivo の語は、観光客を乗せて運ぶという機能は共通としても、それぞれの語形が示す車両の大きさは異なる。スペインの autocar: "Vehículo automóvil de gran capacidad, para el transporte turístico o interurbano de viajeros."（Seco 1999: s.v. autocar）（大勢乗れる自動車両で、旅客を観光や都市間の運送のため）という記述から大型であることがわかり、ペルーの colectivo: "carro colectivo (taxi): *nori-ai takushi* "（Martínez & Kato, 1982: s.v. colectivo）（団体の車両、タクシー：乗り合いタクシー）、"Vehículo más pequeño que el ómnibus, dedicado al transporte público de pasajeros."（Ugarte 1997: s.v. colectivo）（バスよりも小さい車両で乗客の公共の運送に使われる）、「乗り合いミニバス」（佐々木 2005: p.12）、「シャトルバス」（佐々木 2005: p.8）という記述からマイクロバスのような大きさのバスを意味していることがわかる。

2421番「バス」、2422番「中型バス」、2425番「トロリーバス」、2426番「マイクロバス」の4項目は、形状や大きさによる違い、そして、2423番「都市バス」、2424番「長距離/都市間バス」、2427番「観光バス」の3つは、用途や機能による区別である。両都市の間で、機能は共通でも大きさの異なる車両が使われていて、その結果、2423番「都市バス」と2427番「観光バス」の項目で、大きさが異なる autobús と combi（2423）、autocar と colectivo（2427）の語形が得られたのだと考えられる。

3.1.2 自動車

2416番は、『ドゥーデン』の図187の番号1（セダンの図）を示して得られた語形で、自動車の総称を得ようとした項目である。マドリード <u>automóvil</u>（14人）と coche（9人）、リマ <u>automóvil</u>（6人），auto（5人），carro（3人）の語形が採集されている。両都市に

242　　III　日常空間における法律スペイン語の多様性

automóvil の回答があるので「一部一致」の分類とした。

　ルビオ他（2005: s.v. 自動車）のスペイン coche、ラテンアメリカ carro、フォーマル automóvil、ペルーauto という記述と一致する。スペインのスペイン語として、Seco（1999）には automóvil, coche の他に、auto と carro にも「自動車」の語義記述があり、auto には、"hoy raro"（今日ではまれ）、carro に "col, humoríst"（口語、滑稽）との注記がある。ペルーのスペイン語として Martínez & Kato（1982）では、automóvil, carro, coche に "ji-doo-sha"（自動車）の訳語がある。佐々木（2005）には、auto(móvil), coche（pp.100, 111, 112）が掲載されている。ニュアンスや使用頻度は違うとしても両方の都市でautomóvil, auto, carro, coche の4つの語形は理解可能と考えられる。

3.1.3　トラック

　2420番の項目「トラック」への回答は、マドリードが16人とも camión、リマは、11人が camión、1人が camión de carga という回答が記載されているが、核となる名詞は、camión なので、12人が camión と回答したと解釈できる。『ドゥーデン』の図189の14番（トラックの1種）を示しての調査である。両都市でこの項目は回答語形が同じなので、「ほぼ一致」と分類した。

3.1.4　駐車する

　「駐車する」という概念が2495番から2497番の3項目に分かれている。質問文と、マドリードおよびリマの回答は以下である。

　2495番「駐車する」"¿Y la acción de dejar detenido el auto en cualquier lugar?"（そして自動車をどこであっても止めておく行為は?）の質問文に、マドリードは、aparcar(10), parar(5)、リマは estacionar(10)の回答であるため、「相違」と分類した。

　2496番「（どこであっても）駐車する」（同じプロジェクトの他の都市の調査結果に掲載されている質問文は2495番と同じ）の項目では、マドリードが en cualquier sitio(4), aparcar(3), parar(3), en la calle(2), estacionar(se)(2)、リマが estacionarse(4), en cualquier sitio (3), detenerse (2) の回答となっていて、場所を示す語句と動詞が混在している。動詞を 2495 番と比べると、マドリードにも estacionar (se) の回答があることはわかるけれども、マドリードでの調査時点での質問文が不明なため、この項目は、比較対象から除外する。

2497 番「(駐車場に)駐車する」"¿Y si se deja en lugares destinados para el efecto?"（そのための場所に止めておくのは?）への回答は、マドリードが (en un) aparcamiento (7), en la calle (2), (en un) garaje (2)、リマが playa de estacionamiento (5), estacionamiento (5), parqueo (3) であり、動詞形を期待した質問であるのに名詞（駐車する場所）の回答であるため、回答が不十分と判断し比較対象から除外した。「駐車場」は 2498 番の項目で語形採集がされている。

質問文を見ると 2495 番が総称としての語形、2497 番の駐車場に駐車するという概念に対比させて、2496 番は、（駐車場以外の）どこにでも駐車するという概念の語形を聞きだすのを意図して作成された項目のようである。しかし、これら 3 つを区別する動詞形は両都市とも無い。

スペインの「交通・自動車運行・道路安全法」は、一時停止、停車、駐車にあたる名詞形の detención, parada, estacionamiento の 3 つの語を定義している（Anexo I）。動詞形は parar（停車する）と estacionar（駐車する）を使っている（39 条）。aparcamiento という名詞形（7 条 b), 65 条 4.y), 85 条 1.e)）と、aparcar の過去分詞形（7 条 c）も別のところで使っている。parada（停車）を "inferior a dos minutos"（2 分以内）としている点、「貨物の積卸しのための停止」に限ると日本の「道路交通法」（2 条 18）の「5 分未満」よりも短い。「駐車する」の語は、スペインの法令で使っている語形と、2495 番「駐車する」および 2496 番「（どこであっても）駐車する」の 2 つの項目の回答と共通しているものがある。ただし法令上は、「駐車する」には、aparcar より estacionar を正式なものとしているように読める。スペイン王立学士院の辞書第 22 版の aparcar の語義には、定められた公的な場所に "transitoriamente"

（一時的に）車両を置くこととあり、どこかに置いておくという語義説明の estacionar と異なっている。日常語では両者を厳密に区別していないと判断できる。

　ペルーの「交通法（Reglamento Nacional de Tránsito）」では、detención「停車」, detenerse「停車する」, estacionar「駐車する」の3つの語が定義してある（2条）。他の部分（205条）で、名詞形 estacionamiento が使われている。これらは、2495番「駐車する」から2498番「駐車場」までの項目の回答と共通していると判断できる。

3.2. 相違

　マドリードとリマで、核となる語の異なる回答が得られた項目は、37ある。「項目番号. 和訳＝マドリードの語形：リマの語形」の順で示す。語形の後の括弧内は回答者数である。

　2057. 郊外の貧民街 = suburbio(14): pueblo joven(5), asentamiento humano(2), barriada(2), zona marginal(2)

　2058. スラム街*15 = chabolas(15): asentamiento humano(5), barriada(4)

　2061. 車道*16 = calzada(14), calle(2): pista(6), vereda(5), aceras(2)

　2077. 緑地帯 = zona verde(9), zona ajardinada(5): áreas verdes(7), (parques y) jardines(5)

　2078. 横断歩道*17 = paso (de) cebra(12), cebras(2), paso de peatones(5): crucero peatonal(2), cruce peatonal(2)

　2419. コンバーチブル = descapotable(19): convertible(8), descapotable(2)の回答もある。

　2427. 観光バス = autocar(15): colectivo(3)

　2438. スクーター = Lambreta(11), (tipo) vespa(9), scooter(2): motoneta(6)など

　2443. ガラス = cristal(14): vidrio(8), luna(4)

　2446. ルーフラック = baca(15)と一部 portamaletas(2): parrilla(8)など

2450. ハンドル = volante(16) ほぼ : timón(11) ほぼ

2452. ナンバープレート = matrícula(14) ほぼ : placa(12)

2459. タイヤ = cubierta (de goma)(9)、neumáticos (s)(5)、llanta(2): llanta(9)

2461. スペアタイア = (rueda) de repuesto(15): llanta de repuesto(12)

2464. 泥よけ = guardabarro(16): tapabarro(7), guardafango (5)

2470. ガソリンタンク = depósito (para la/de gasolina)(15): tanque(12)

2472. ダッシュボード = salpicadero(9), cuadro(3), tablero (de instrumentos)(3): tablero(11)

2477. エアーポンプ = bomba(16) : inflador (de llantas)(7), compresora(2), manguera de aire(2).

2481. テールランプ = pilotos(8), faros traseros(2), (los) de detás(2): traseras(6)

2482. サイドランプ = (luz) de posición(9), piloto (fijo)(3), de situación(2): direccionales(3), luces de estacionamiento (2)

2488. 加速 = (coche de/tener) reprise(15): neutro(8) *18: aceleración (2)

2493. バック（ギア） = (marcha/hacia) atrás(15): retroceso (11)

2495. 駐車する = aparcar(10), parar(5): estacionar(10)

2498. 駐車場 = aparcamiento(7), estacionamiento(6), garaje (2): playa de estacionamiento(10)

2519. (職業) 運転手 = conductor(9), chófer(5): chofer(10)

2518番の質問文が "¿Cómo se llama, de modo general, la persona que maneja un automóvil?"（自動車を運転する人は一般的にどう呼びますか?）であるのに対して、2519番は、"¿Y cuando se le paga por esta función?"（この働きが有給の場合は?）との質問文なので、2518番が一般

246　　III　日常空間における法律スペイン語の多様性

的に「運転する人・ドライバー」を意味し、2519番が職業運転手を意味する語を得ようとしていることがわかる。

2つの項目で共通の語形（マドリードconductor: リマchofer）もあり、両項目の概念を区別しないインフォーマントもいることがわかる。2518番は、両都市共通の語形（automovilista）が採集されているので、この項目は、「一部一致」の分類とした。

2521. ガソリンスタンド = gasolinera(13), estación(2)など: grifo(12), estación de gasoloina(2), gasolinera(2)

2523. ガソリンを入れる = poner gasolina(5), tomar gasolina(3) など: echar gasolina(6), llenar el tanque(3), comprar gasolina(2)

2533. ジャッキ = gato(15): gata(12)

2538. 車を磨く = brillar(9): simonizar(6), lustrar(4), sacar brillo(2)

2586. 運転免許証 = carnet (de conducir/conductor)(11), permiso (para guiar/de conducción)(8): brevete(11), licencia (de conducir/para manejar) (5)

2590. 交通違反切符 = (papel de la/hoja de) multa(15), denuncia(2): papeleta(11)

2592. ロードサービス = servicio de auxilio en carretera (en carretera)(7), ayuda en carretera(3) など: grúa(3), touring(2) ("Touring Club"のことと注がある), serenazgo(2), servicio de emergencia(2), servicio de auxilio de carreteras(2)

自転車関連で以下の語彙がある。

2543. 競争用自転車 = de carreras(16): de carrera(10)

2547. (自転車の) スポーク = radios(15): rayos(9)

2549. (自転車の) ハンドル = manillar(15): timón(5), manubrio(3), manillas(2), mangos(2)

2557. サドル = sillín(16): asiento(10)

2563. 走り出す = montar en marcha(7), subir en marcha(4): subir a la carrera(2), trepar a la volada(2)など。

3.3. 一部一致

次の79項目については、両都市で同じ語形の回答の他に、異なる語形の回答も採集されている。ここでも共通の語形に下線を引く。

2059. 新しく出来た町 = pueblo joven(5), pueblo nuevo(3), una nación nueva(2), país nuevo(2): pueblo joven(6), invasiones(4), barriada(2), asentamiento humano(2).

2062. 舗装 = pavimento(9), suelo(4), asfalto(4): pavimento(3), asfalto(3), cemento(2), asfaltado(2), piso(2), suelo(2).

2063. 歩道 = acera(16): vereda(10), acera(3).

2064. 街角 = esquina(15), ángulo(2): esquina(12).

2065. 一街区／一ブロックの長さ manzana(9), cuadra(4): cuadra(12).

　　この2065番は "¿Cómo se llama la distancia entre los ángulos de un mismo lado de una manzana?"（ひとつのブロック（街区）の角から角の間の一辺の距離は何と呼ぶ?）、2066番が "¿Y el conjunto de casas contiguas delimitadas generalmente por 4 arterias que se cortan perpendicularmente de 2 en 2?"（普通直角に交わる2本と2本の4本の幹線道路で囲まれた家屋の集合は?）で得られた語形である。Real Academia（2001: s.v.cuadra, manzana）の定義で2065番がcuadra、2066番がmanzanaに相当する。リマの回答がこの定義と一致している。2066番は、両都市ともmanzanaなので「ほぼ一致」に分類した。

2067. 交差点 = cruce (de dos calles)(13), encrucijada(3): cruce(9), intersección(3).

2068. 通り = calle(16): calle(12), avenida(2).

2069. 袋小路 = calle sin salida(7), calle cortada(4), callejón (sin salida)(7): calle sin salida(6), callejón(2).

2071. 交差する通り = transversal(7), perpendicular(5): transversal(9).

2072. 通路 = pasaje(8), pasadizo(3), galería(2): pasaje(11).

248　　III　日常空間における法律スペイン語の多様性

2074. 大通り = avenida(16), bulevar(3): avenida(12).

2075. 散歩道 = paseo(16): paseo(9), alameda(2).

2076. 路地 = callejón(12), calleja(4): callejón(5).

2080. ロータリー = glorieta(16): glorieta(6), pérgola(2).

2082. 踏切 = paso a nivel(15): paso a nivel(2), cruce (a nivel/ferroviario/de tren)(5), by pass(2).

2416. 自動車 = automóvil(14), coche(9): automóvil(6), auto(5), carro(3)

2421. バス = autobús(10), autocar(8): ómnibus(9), autobús(2)

2422. 中型バス = autobús(5), microbús(4) , furgoneta(2): microbús(7), micros(4).

2423. 都市バス = urbano(9), autobús(8): urbano(8), combis(2).

2424. 長距離／都市間バス = interurbano(6), autocar (de línea)(5), autobús (de línea/interurbano)(6): interporvincial(6), interurbano(4).

2426. マイクロバス = microbús(15), micro(2): combi(7), micro(3), microbús(2).

2429. ワゴン車 = furgoneta(14), rubia(3), ranchero/-a(2), furgón(2): camioneta(5), furgoneta(4).

2431. タクシーメーター = taxímetro(13), contador(4): taxímetro(12).

2435. 軽トラック = camioneta(15), furgoneta(4): camioneta(12) , pickup(3).

2436. ジープ = jeep(10), (coche/vehículo) todoterreno(7), land-rover(2): jeep(11).

2440. (自動車の) ドア = puerta(11), portezuela(5): puerta(11).

2441. (自動車の) 窓 = ventanilla(13), ventana(4), cristal(2): ventana(11)

2444. (自動車の) 幌 = capota(15), techo(2), toldo (del coche)(2): techo(5), capot(4), capota(3).

2447. （自動車の）トランク = <u>maletero</u>(-a)(15), portamaletas (2), maleta(2): <u>maletera</u>(12).

2456. （自動車の）ワイパー = <u>limpia</u>(-)<u>parabrisas</u>(15): <u>lim-piaparabrisas</u>(8), plumillas(4).

2457. （自動車の）車輪 = <u>rueda</u>(16): la llanta(7), <u>rueda</u>(6).

2458. （自動車の）リム = <u>llanta</u>(12): aro(10), la <u>llanta</u>(2).

2462. チューブレスタイヤ = <u>rueda sin cámara</u>(8), (rueda) maciza/-a(4): llanta sin cámara(5), <u>rueda sin cámara</u>(2)

2463. 車台 = <u>chasis</u>(15): el <u>chasís</u>(9), carrocería(2).

2471. （自動車の）バッテリー = <u>batería</u>(16), acumulador(2): <u>batería</u>(11).

2475. エンジン始動 = puesta en marcha (6), (motor de) <u>arranque</u>(6), encendido(2): el <u>arranque</u>(4), <u>encendido</u>(4).

2478. タイヤに空気を入れる = <u>inflar</u> (neumáticos)(8), hin-char (la goma/las ruedas)(5): <u>inflar</u> las llantas(10).

2479. （自動車の）ライト = <u>faros</u>(12), <u>luz/luces</u>(6), focos(2): las <u>luces</u>(8), <u>faros</u>(4).

2480. ヘッドライト = <u>faros</u> (delanteros)(11), faros de delante (2): <u>delanteras</u>(8), <u>faros</u> (de adelante)(4).

Ueda（2001）では、ペルーの2都市でfaros（VRLX 145）の回答である。2479番が"¿Qué nombre genérico reciben los dispositivos de iluminación del auto?"（自動車の照明装置は総称的にどんな名か?）の質問文で、総称としてのライトの呼び名を求めていて、2480番は、"¿Cómo se llaman las luces que están colocadas en la parte de delante del auto?（自動車の前の部分に置かれた光は何と呼ぶか?）の質問文による調査で、前照灯・ヘッドライトの呼び名を求めている。2480番でのライトを意味する語は、両都市ともfaro(s)、リマはこれに加え、luzも8人のインフォーマントの意識にのぼっていると考えられる。「前の」を意味する部分が、delanterasと女性形だからである。「前の」を意味する部分は、delanteros/-

as は両都市で共通であるが、マドリードの de delante と
リマの de adelante が異なるので、「一部一致」の分類と
した。

2483. ウインカー = intemitente(13): luz intermitente(6), de
emergencia(2).

　　“¿Y la que se prende y apaga continuamente para cambiar
de dirección?”（方向を変えるために継続的に点滅させる
光は?）という質問で得られる回答なので、リマの“de
emergencia”の回答は誤解かもしれない。

2485. エンジンをかける = arrancar(13), encender(2), mar-
char(2): arrancar(8), prender(2).

2486. 変速装置 = cambio (de marcha(s)/de velocidades)(8),
(meter (una) marcha)(3), (cambiar)(3): cambios (de veloci-
dad)(9), (palanca de/caja de) cambios(2).

　　マドリードがcambioと単数形であるのに対し、リマは
cambiosと複数形である。“¿Y el dispositivo que sirve
para imprimirle al auto distintas velocidades?”（そして車
に異なった速度を伝える装置は?）という質問文への回答
である。

2487. 低速走行 = (ir) despacio(7), marcha lenta(5), lento/-a
(2): lento(4), lenta(3), marcha lenta(2).

2492. (自動車の) フォース = cuarta(12), directa(8): cuarta
(12).

2494. 曲がる = girar (a -)(8), dar la vuelta(3), torcer(5)など:
voltear(8), doblar(3), girar(2)

2499. タイヤがパンクする = pinchar(se) (una rueda)(13),
(producirse un) pinchazo(4): pincharse la llanta(6), reven-
tarse la llanta(2), desinflarse la llanta(2).

2500. タイヤが破裂する = (reventón)(7), reventar (se una
rueda)(6), estallar (el neumático)(4): reventar(se) la llanta
(6), reventarse una rueda(2), explotar la llanta(2).

2501. しぼむ = desinflar(se)(8), perder(se) el aire(5), deshincharse(3), escape(2): desinflar(5), desinflarse la llanta(5), bajarse la llanta(3).

2502. パンク = pinchazo(16): pinchazo(5), hueco(4).

2504. パンク修理用ゴム糊 = pegamento (especial)(5), (con/ adherente de) goma(6), disolución(3), cola(2): pegamento (especial)(6), parche(2).

2505. (自動車の) 故障 = avería(15): avería(5), se malogra (3), desperfecto(3), falla(2).

2512. 車線から外れる = salirse (de la carretera)(10), derrapar(4): desviarse(5), salirse de la vía(4), salirse de la pista(3)

2513. 他の自動車を追い越す = adelantar (se a otro automóvil)(16): adelantarse(3), pasar(3), sobrepasar(3).

2515. キャブレターを洗浄する = limpiar (lo /el carburador) (15): limpiar el carburador(9), desatorar el carburador(2).

2516. 交通事故 = accidente (automovilístico/ de coche)(12), percance(2), avería(2): accidente(12).

2518. 自動車運転者 = automovilista(8), conductor(8): chofer (9), conductor(5), automovilista(2), piloto(2).

2520. (自動車の) 助手 = ayudante(13), mozo(2), copiloto (2): copiloto(9), ayudante(2).

　　この項目は、2519番の職業運転手に続けて、"¿Y la persona que a veces va junto a él para prestar algún servicio en relación con el auto?"（車両に関して何らかの仕事を するために時に彼と一緒に行く人は？）という質問なので、 職業としての助手の概念を尋ねている。

2524. 給油機 = surtidor(12), manga(2): el surtidor(6), grifo (4).

2526, 軽油 = gas-oil(16): diesel(6), petróleo(3), el gas oil(2)

2528. ガソリンの単位 = litro(16), galón(3): galones(10), octanos(2), litro(2).

2528bis. サービス・ステーション = estación de servicio(15), gasolinera(5): grifo(4), estación de servicio(3).

252　Ⅲ　日常空間における法律スペイン語の多様性

2534.（自動車）予備部品 = pieza de repuesto(15), recambio (3): repuesto(12).

2536.（洗車用）ホース = manga(8), manguera(7): manguera (12).

2540. 婦人用自転車 = de mujer(8), de chica(4), de señora(2), sin barra(2): de mujer(6), para mujer(6).

2541. 男性用自転車 = de hombre(9), de chico(4), (de/con) barra(2): de hombre(8), para hombre(3).

2544. 2人乗り自転車 = tándem(11): tándem(6), bicicleta doble(2), bicicleta bipersonal(2).

2546.（自転車の）車輪 = rueda(16): rueda(9), llantas(4).

2548.（自転車の）タイヤ・バルブ = válvula(16): pitón(3), válvula(2), pichina(2).

2568. 手押し車 = vehículos de mano(12), carretilla(4): vehículos manuales(3), vehículos de mano(2).

2570. 2輪手押し車 = carrillo(9), carrito(3), carretilla(3), carro (de mano) (3): carretilla (de madera)(4), carrito (de mano) (3).

2571. 家畜で引く車 = carro(14), vehículo de tracción animal (4), carreta(3): carreta(3), vehículos de fuerza animal(2).

2577. 一方通行の道 = dirección única(8), de una dirección(3), de un solo sentido(2), (calle) de una sola dirección(3): calle de un solo sentido(8), calle de una sola vía(3).

2578. 双方向通行の道*19 = doble dirección(10), dos dirección(7), de doble sentido(2): de doble sentido(9), calle de doble vía(2).

2580. 逆走する = ir en dirección prohibida(7), (ir/venir) en dirección contraria(4): ir en sentido contrario(6), ir contra el tránsito(4), ir contra el tráfico(2).

　　「逆方向」の中の「方向」は、この項目のマドリードでは dirección がほとんどであるが、一人の回答で sentido を使い、2577 番、2578 番では、dirección と sentido の両方の

回答がある。リマの回答は、これらで方向を示すのに専ら sentido を使っている。だから「方向」の概念で「一部一致」に分類でき、また「逆」の概念で、contrario/-a が両都市で使われているので、この項目を「一部一致」と分類した。

2582. 駐車禁止 = prohibido aparcar(7), prohibido estacionar (5), prohibido parar(se)(2), prohibido detenerse(2): prohibido estacionar(7), no estacionar(4).

2585. 運転する = conducir(14), guiar (un coche)(3): manejar (9), conducir(4).

2587. ナンバープレート = matrícula(16): placa(9), matrícula (2).

2589. 違反 = infracción(14), falta(3): infracción(11).

2591. 交通巡査 = policía de tráfico(11), policía de carreteras (2), guardia civil (de carreteras)(3): policía de carretera(6), policía de tránsito(2).

3.4. ほぼ一致

以下の 74 項目では、マドリードとリマの両市での回答がほぼ一致している。名詞（句）の核が共通であれば一致と判断した。

1147.（住宅の）車庫 = garaje, cochera, 2054. 都心、中心街、繁華街 = centro, 2055. 地域、地区 = barrio, distrito＊20, 2056. 郊外の高級住宅地域 = zona residencial＊21, barrio residencial, 2060. 公園 = parque, 2066.（都市の）区画、ブロック = manzana, 2070. 斜め通り = diagonal, 2073. 通りの入り口 = bocacalle, 2079. 交通信号 = semáforo, 2083. 橋 = puente, 2418. オートマチック車 = automático, 2420. トラック = camión, 2428. 踏み台、ステップ = estribo, 2430. タクシー = taxi, coche de alquiler, 2437. オートバイ = moto(cicleta), 2445. 座席 = asiento (s), 2451. クラクション = claxon, bocina など, 2453. 車体 = carrocería ほぼ, 2454. グローブボックス = guantera ほぼ, 2455. フロントガラス = parabrisas ほぼ

(Ueda（2001）（VRLX146）ではスペインのマドリード市以外でcristal の語形も採集), 2460. チューブ = cámara (de aire) ほぼ, 2465. ボンネット = capó(t), tapa del motor (Ueda (2001)（VRLX147）では、スペインはcapó のみ), 2466. 冷却器 = radiador, 2467. ブレーキ = frenos, 2468. ハンドブレーキ = freno de mano, 2469. フットブレーキ = freno de pie など, 2473. クラッチ = embrague, 2474. アクセル = acelerador, 2476. 排気管 = tubo de escape, 2484. ブレーキランプ =（luz) de freno など, 2489.（自動車）ファースト（ギア）= primera, 2490. セカンド（ギア）= segunda, 2491. サード（ギア）= tercera, 2503.（パンク修理用）パッチ = parche, 2506. 衝突する = chocar, 2507. 衝突 = choque など, 2508. ひくこと = atropellar など, 2510. 激突する = chocar, estrellar, 2517. レッカー車 = grúa, 2522. ガソリン = gasolina, 2525. オイル = aceite, 2530. 整備工 = mecánico, 2532. 修理 = reparación, arreglo, 2535. 洗車する = lavar, limpiar, 2539. 自転車 = bicicleta, 2545. 三輪車 = triciclo, 2552.（自転車の）チェーン = cadena, 2555.（自転車の）ペダル = pedal, 2559.（自転車の）ブレーキ = freno, 2562.（自転車に）乗る = montar, subir, 2564.（自転車から）降りる = bajar, 2565.（自転車）転ぶ = caer(se), 2567.（自転車の）トップチューブに誰かを乗せる = llevar a alguien (en la barra など), 2569. 手押し車 = carretilla, 2573. 交通信号 = semáforo, 2574. 青信号 = luz verde, 2575. 赤信号 = luz roja, 2576. 黄信号 =(luz) ámbar, luz amarilla, 2583. 通行料 = peaje, 2588. 交通違反の罰金 = multa, 2509. ガソリンが無くなる = quedar(se) sin gasolina など, 2511. 転倒する = volcar(se), dar(se)（la, una）vuelta de campana, 2529. 自動車修理工場 = taller (de reparación / de mecánica), 2531. 修理する = reparar, arreglar,（リマは componer も), 2537. 油を差す = engrasar, 2542. サイクリング用自転車 =(bicicleta) de paseo など, 2553.（自転車部分）上パイプ = barra, 2554.（自転車部分）鎖歯車 = piñón, 2558.（自転車部分）車軸 = eje,

2560.（自転車部分）変速装置 = cambio（de piñones）, 2566.
（自転車が）衝突する = darse un golpe, golpearse など, 2572.
交通 = tráfico, tránsito,（マドリード市 circulación）など,
2579. 車線 = carril, vía, 2584. 最高速度 = velocidad máxima.

4. スペイン語教育用語彙

スペイン語教育研究会（2006）『¡スペ単!』は、スペイン語語彙
の教材の語彙頻度調査等に基づき作成されたすぐれた学習用語彙集
である。随所にスペイン語語彙の地域差に配慮した記述が見られる。
「10-3. 乗り物で旅行する」および「意味別語彙集」の「7. 交通・
旅行」においては以下の語が（ラ米）として収録されている。

　　　tomar［(西) coger］un taxi タクシーに乗る、aparcar［(ラ米)
　　　estacionar］駐車する、comprar un billete［(ラ米) boleto］切
　　　符を買う、conducir［(ラ米) manejar］運転する、aparca-
　　　miento［(ラ米) estacionamiento］駐車場 (p.90)、clase turista
　　　［(ラ米) económica］エコノミークラス、clase preferente［(ラ
　　　米) ejecutiva］ビジネスクラス (p.91, p.149)、auto（特にラ
　　　米）自動車、camión (ラ米) バス、carro (ラ米) 自動車、
　　　boleto (ラ米) 切符 (p.149)、llanta (ラ米) タイヤ (p.150)。

しかしながら、「ラ米」というラベルのみでは不十分で、例えば、
camión なら、「メキシコ」と記すべきであろう。また上で見てきた
ように、ペルー国リマ市のスペイン語に接する際には、収録語形が
不十分である。バスの camión を載せるのなら、ómnibus を載せる
必要がある。交通関連分野のペルーのリマ市で使用されている語形
で、この語彙集に掲載されているスペイン語教育に必要な語の意味
に相当する語をあげる。語の後の括弧内に『¡スペ単!』掲載の語
形と掲載ページを示す。（ラ米）として記載されているものもリマ
市が含まれるということを示すために再掲する。

　　　auto, carro 自動車（automóvil, p.149, coche, pp.14, 42, 92,
　　　149（特にラ米）auto、（ラ米）carro, p.149）
　　　brevete, licencia 運転免許証（carné de conducir, p.150）

chofer 運転手（conductor, p.137）

estacionar 駐車する（aparacar,（ラ米）estacionar, p.90）

grifo ガソリンスタンド（gasolinera, p.152）

llanta タイヤ（neumático,（ラ米）llanta, p.150）

manejar 運転する（conducir,（ラ米）manejar, p.90）

ómnibus バ ス（autobús, pp.19, 42, 90, 149, 152,（ラ 米）camión, p.149）

playa（de estacionamiento）駐車場（aparcamiento,（ラ米）estacionamiento, p.90）

tanque ガソリンタンク（depósito, p.90）

timón ハンドル（volante, p.150）

　これらの語は、まったくスペインで理解不可能というわけではない。先に記した「自動車」の他に、スペインのスペイン語を記述した Seco（1999）に chofer（"hoy raro"（今日まれ）の記載付き）、estacionar, llanta, ómnibus に上記のペルーでの語義記述があり、licencia, manejar, tanque, timón などは、意味拡張によってスペインでも理解可能と思われる。スペインで使われる語形も、教育のレベルにより異なるのではあるが、ペルーで理解可能と思われる。ペルーで作られた辞書 Martínez & Kato（1982）に、carnet de conductor（brevete）, conductor（chofer de vehículos）, aparcar（estacionarse）, gasolinera（grifo de venta de g.）, neumático, conducir（manejar un vehículo）, autobús（vehículo de pasajeros）, aparcamiento, depósito（tanque）, volante（manubrio, timón）が掲載されている。ペルーでの理解を助けるためと考えられるが、括弧内にペルーで用いられる語形が注記してある語は、ペルーでの理解度が低い語形と考えられる。

　スペイン語教育研究会（2006）『¡スペ単!』の意図は、「基本的にまず覚えてほしい語彙に限ってリストアップ」（本書の使い方）とある。「まず覚えて欲しい語彙」に地域差をどれだけ含めるかについてはさらに考察する必要がある。しかし「ラ米」としていくつかの語彙が掲載されているように、スペイン語教育において地域差を考慮に入れないわけにはいかない。これらの語形のうち、いくつ

かの語は、（ラ米）として掲載されているが、それ以外の語形も語彙集の中のいずれかの部分に掲載することが望ましい。地域における交通関連のコミュニケーション支援のためには、これらの語形をスペイン語教育に含めるのは不可欠である。

5. おわりに

コミュニケーション支援のための資料として、法律分野のうち、免許証の手続きや交通事故関連で必要となるであろう交通関連の語彙について、スペイン国マドリード市のスペイン語とペルー国リマ市のスペイン語とを主に「スペイン語圏教養規範プロジェクト」に基づく語彙調査結果を元に比較した。ペルーのスペイン語を理解するためには、マドリードとリマ両都市でほぼ異なるとした37項目の語形を知っている必要がある。一部一致と分類した79項目では、一致している語形を使うことで理解はしてもらえる。比較対象から外した18項目についは、さらに調査する必要がある。以上、地域における交通関連のコミュニケーション支援のためのスペイン語教育用教材に掲載すべき語形をある程度示すことができたと考える。

＊1　本章は、拙稿「特定領域スペイン語教育用語彙における地域差 - マドリード市とリマ市の交通関連語彙」（『愛知県立大学外国語学部紀要言語・文学編』41号、2009年、pp.129–144）に、加筆修正をしたものである。
＊2　http://www.pref.aichi.jp/category/2-19-2-3-0.html　（参照 2014/10/20）。2006年、2007年末の統計は、2008年3月16日に参照した。
＊3　ペルーにおいて「運転免許証」と「（自動車の）ハンドル」。
＊4　愛知県在住外国人の 2013 年末の全国籍別統計は、見つけられなかった。
＊5　日本国外務省ウェブページによる。http : //www.mofa.go.jp/Mofaj/area/peru/data.html（参照 2015/8/3）
＊6　それぞれの都市での使用語の通時的変化もあるはずで、両都市での調査年が異なるので、厳密な共時的比較とは言えない。4章にも示したようにマドリードは 1971 年〜1973 年頃から 1981 年までの間に調査が行われ、リマは、1993 年度後期から調査を開始していて、両都市では、10 年以上の差がある。

＊7　いずれかの都市で大部分のインフォーマントの回答が不十分なため比較対象から外した項目は以下のものである。2417. マニュアル車, 2425. トローリーバス, 2432:（タクシー）空車標示板, 2433: メーターを倒すこと, 2434. 乗り合いタクシー, 2439. サイドカー, 2442: 三角窓, 2448.（荷物固定用）伸縮性ストラップ, 2449. 帆布、シート, 2496.（どんなところにも）駐車する, 2497.（駐車場に）駐車する, 2514. キャブレターが詰まる, 2527. 燃料油, 2550. 車体, 2551: ギア板, 2556. トウ・クリップ、トウ・ストラップ（自転車のペダルに足を固定するための部品), 2561: 前フォーク, 2581: 積降ろし専用駐車区域。

＊8　Bibliographisches Institut & Editorial Juventud, S.A. (1963) および三省堂編修所（1971）によって確認した。以下『ドゥーデン』と略記する。

＊9　Rabanales & Contreras (1987) で「187」と誤記されている。

＊10　両都市共通の語形に下線を引いた。

＊11　一人が複数の語形を回答している場合があるので、合計はインフォーマント数とは一致しない。

＊12　http://transparencia.mtc.gob.pe/idm_docs/normas_legales/1_0_70.pdf （参照 2015/07/14）

＊13　ペルーでの用法は女性名詞である。"la combi era conducida por Guido Fernando..."（その combi は、ギード・フェルナンド（略）が運転していた）（Capital 紙オンライン版, 2015 年 5 月 18 日）http://www.capital.com.pe/2015-05-18-la-victoria-combi-arrollo-a-3-personas-que-tomaban-desayuno-en-carretilla-noticia_798517.html　（参照 2015/7/28）
"Las combis ya no circularán por estas vías"（これらの経路を combi はもう運行しない）（El Comercio 紙オンライン版 2015 年 2 月 27 日）http://elcomercio.pe/lima/transporte/combis-ya-no-circularan-estas-vias-mapa-noticia-1794300 （参照 2015/7/28）

＊14　昭和三十五年十二月三日総理府令第六十号）最終改正年月日：平成二七年一月二三日内閣府令第五号

＊15　2056 番「郊外の高級住宅地域」の、"¿Cómo se llama, genéricamente, el barrio alejado del centro de la ciudad en que vive la gente de mayores recursos económicos?"（経済的に恵まれている人達が住んでいて、都市の中心部から離れた地区は、総称的になんといいますか？）の質問の後、2057 番 "¿Y aquél en que vive gente de escasos recursos?"（そして経済的に恵まれていない人達が住んできる地区は？）と 2058 番 "¿Y el conjunto de viviendas miserables?"（そしてみすぼらしい家の集まりは？）という質問への回答である。2057 番は「地区」、2058 番は「家の集まり」に対する名称を得ようとした項目と解釈できる。

＊16　浦和（2006: p.181）の見出しの「舗装道路」ではなく、本文にある「車道」をここに掲げた。Rabanales & Contreras (1987) では、『ドゥーデン』の図 253 の 34 番を示しての調査とある。2062 番「舗装」、2063 番「歩道」があり、図 253 は都市の図なので「車道」が適切である。

＊17　浦和（2006: p.187）の見出しの「歩行者専用通路」ではなく、本文にある「横断歩道」をここに掲げた。

＊18　2487 番の質問 "¿Cómo se llama el movimiento con que se avanza poco?" に続く 2488 番の質問文は、"¿Y el aumento de velocidad?" である。リマ市の

8人の回答neutroは、質問が誤解されたのかもしれない。

＊19 浦和（2006: p.351）は、「二車線の道」としているが、2577番「一方通行の道」に続き "¿Y aquella por la que pueden ir o venir irrestricatamente?"（制限なしに行ったり来たりできる道は？）という質問への回答なので、「双方向通行の道」と和訳した。

＊20 Caravedo（2002）の回答は、distritoは一人のみであるが、川畑氏のコメント、および佐々木（2005: p.111, p.114）、Ugarte（1997: s.v. distrito）から、リマでもbarrioとdistrito両方を使用していると判断した。使い分けも似ていて、distritoは主に行政区を意味し、barrioはより面積が小さく、居住者の階層が低い地区を言うようである。

＊21 Caravedo（2002）の回答にzona residencialはない。川畑氏のコメント、およびMartínez & Kato（1982: s.v.residencial）"adj.zona r.:*juu-taku chi-ku*"から、ペルーでもこの語形を使用していると判断した。

(Resumen)
Diferencias regionales en el vocabulario del español para fines específicos

HOTTA Hideo

Según las estadísticas de la Provincia de Aichi del año 2007, se registran como residentes extranjeros en esta provincia 79.899 personas de nacionalidad brasileña, el mayor número entre las diferentes nacionalidades, mientras que las 8.277 de la peruana ocupan el quinto lugar después de la china, la coreana y la filipina. Las 9.513 personas de los países andinos (Perú, Bolivia y Chile) cuentan el 85% del total de los países hispanohablantes.

Los residentes extranjeros recién llegados a Japón a veces necesitan ayuda en la comunicación con los que hablan sólo el idioma japonés, sobre todo en situaciones como las asistencias médicas, los desastres y los asuntos judiciales. Para ayudar en la comunicación o la traducción y la interpretación entre los inmigrantes y los vernáculos se necesitan conocimientos, por lo menos, del idioma estándar de su región de origen.

El objetivo de este artículo es aclarar las diferencias del léxico de transportes entre el español que se habla en Lima, Perú, y en Madrid, España, y elaborar una lista de los peruanismos en este campo que se necesitan para la enseñanza del español. La enseñanza del español en Japón, en general, se ha centralizado en el español de España hasta ahora y es útil el conocimiento del léxico de Perú para la comunicación con los residentes que proceden de este país.

Nuestra comparación de los 208 conceptos en el campo semántico del transporte entre Torres (1981) *Encuestas léxicas del habla culta de Madrid* y Caravedo (2002) *Léxico del habla culta de Lima* nos ha aclarado que es necesario incluir en las primeras etapas de la enseñanza de español vocablos como *auto*, *carro* (automóvil, coche), *ómnibus* (autobús), *timón* (volante), *llanta* (neumático), *tanque* (depósito), *estacionar* (aparcar), *playa* (*de estacionamiento*) (aparcamiento), *chofer* (conductor), *grifo* (gasolinera), *brevete*, *licencia* (carné de conducir), *manejar* (conducir).

第12章

スペイン語の地名形容詞における規範と使用語形

堀田英夫

1. はじめに

　スペイン語の地名形容詞（gentilicio）は、地名や国名を表す固有名詞から派生した形容詞であり、人がその土地の出身あるいは住民であること、物がその土地の産物であることなどを意味するのみならず、その土地に関した／関するという意味でも使われる。また名詞として、その地の出身者、その国の国籍所有者、あるいは、その地の言語・方言の意味でも使われる。この種の語について、Real Academia Española & Asociación de academias de la lengua española（2009）*Nueva Gramática de la lengua española*（スペイン王立学士院・スペイン語学士院協会（2009）『新スペイン語文法』。以下『新文法』（2009）と略記する）の第7章「形容詞および副詞の派生」にある記述のうち、以下のような点が、外国語としてのスペイン語学習者や実務者にとって困難点となる。

1) 地名から接尾辞により派生させる際に、それぞれの地名に対してどんな接尾辞を使うかが予見できない。（7.6c）

2) 一つ以上の接尾辞が付く地名もあり、時に使用される文脈や使用された時代が異なる：Brasil から brasilero, brasileño; Jaén から jaenés, jaenero, jienense, jiennense, giennense（7.6c）

3) 同じ都市名や地域名でも、それが存在する国によって異なる接尾辞がつくものがある：スペインの Guadalajara から guadalajareño; メキシコの Guadalajara から guadalajarense（7.6d）

4) 逆に、異なった国に存在する都市名や地域名でも同じ接尾辞による派生形を使っていて同じ語形になるものがある：

263

sanjuanino（アルゼンチンとパラグアイの San Juan から），
sanjuanero（キューバとプエルトリコなどの San Juan から）(7.6e)

5) 地名の語幹とは異なる語幹から形容詞形が派生するものが存在する。多くが昔のラテン語やギリシャ語の語幹からの派生であるが別の語源のものもある：fluminense（エクアドルの Los Ríos からとブラジルの Río de Janeiro から）(7.6e)

他に以下の点も、学習者や実務者に困難点となると考えられる。

6) 語尾が -o でないものは、一般的な形容詞の大部分と異なり女性形があるものがあり、一方、男女同形のものもあり、区別が必要である。女性形のある例：cordobés, -sa（Córdoba から），mallorquín, -na（Mallorca から），español, -la（España から）；男女同形の例：keniata（Kenia から），bonaerense（Buenos Aires から），iraní（Irán から）.

7) 地名形容詞形が名詞として言語名や何々人の意味で使われる場合、日本語訳では名詞形をカタカナにするのが慣例であり、翻訳すべきテキストに形容詞形のみが使用されている場合でも元の地名を知っている必要がある。あるいは調べる必要がある：catalán は「カタラン語」でなく、Cataluña から「カタルーニャ語」、burgalés は「ブルガレスの人」でなく、Burgos から「ブルゴスの人」。

8) 派生接尾辞の種類が多い上に、英語、フランス語と比べて特定の接辞の使用が多くなく、多様な接辞が使われる。寺崎（1990）による国連および国連付属機関加盟国 160 か国の形容詞における英語、フランス語との比較で、英語は -(i)an と -ese で 4 分の 3 を占め、フランス語は -(i)en と -ais とその異形も含め 80% 以上を占めているのに対し、スペイン語は、最も多い -(i)ano（22.1%）と -és（22.1%）を合わせても半数に満たず、-o（11.0%）、-(i)ense（6.6%）、-i（5.9%）、-eño（5.1%）、-ino（4.4%）, -io（4.4%）、その他（18.4%）とのことである（p.64）。

264　　III　日常空間における法律スペイン語の多様性

スペイン語で表現する際、地名形容詞を使用する必要性は、限定的である。turcomano, -na あるいは turkmeno, -na という語形がわからない場合、de Turkmenistán（トルクメニスタンの）と表現することで意味を伝えることは可能である。前置詞 de を一つの文の中で多用することを回避することができないだけである。しかし、理解する際には、monegasco, -ca と聞いて、Mónaco の形容詞形であることを知らないと適切に理解したり、「モナコの」と和訳できないことになる。

この章では、以上のような点について、スペイン語圏の国名と首都名の形容詞形、それに世界の国名形容詞を、スペイン王立学士院・スペイン語学士院協会（Real Academia Española & Asociación de academias de la lengua española）により推奨する形として示されている現時点で最新の語形を検討することにより、スペイン語教育や学習に資することを目的とする。また、現代のスペイン語学士院による規範と記述との関係も、限定的ではあるが、学士院が模範とする語形と当該地域での使用との関係から、できるだけ明らかにしたい*1。

2. スペイン語圏諸国の国名と首都名の形容詞形

2.1.『正書法』（2010）での規範

スペイン語正書法の規範を示す Real Academia Española & Asociación de academias de la lengua española（2010）*Ortografía de la lengua española*（スペイン王立学士院・スペイン語学士院協会（2010）『スペイン語正書法』。以下『正書法』（2010）と略記する）の付録4に国名と首都名、それにこれらの形容詞形のリスト（pp.721–728）をあげ、推奨する表記法を示している。国際連合加盟国とその首都、それにバチカン市国とアメリカ合衆国の自由連合州でスペイン語地域であるプエルトリコもリストに含めたとある（p.721）。この国名と首都名、各形容詞形のリストは、Real Academia Española & Asociación de academias de la lengua española（2005）*Diccionario panhispánico de dudas*（スペイン王立学士

院・スペイン語学士院協会（2005）『汎スペイン語圏疑問辞典』。
以下『疑問辞典』（2005）と略記する）にもある。スペイン語を公
用語とする国を前者から拾うと表1のようになる。

表1 『正書法』（2010）による国名、首都名とその形容詞形

国名	国名形容詞形	首都	首都名形容詞形
Argentina	argentino, -na	Buenos Aires	porteño, -ña
Bolivia	boliviano, -na	Sucre / La Paz	- / paceño, -ña
Chile	chileno, -na	Santiago de Chile	santiaguino, -na
Colombia	colombiano, -na	Bogotá	bogotano, -na
Costa Rica	costarricense	San José	josefino, -na
Cuba	cubano, -na	La Habana	habanero, -ra
Ecuador	ecuatoriano, -na	Quito	quiteño, -ña
El Salvador	salvadoreño, -ña	San Salvador	sansalvadoreño, -ña
España	español, -la	Madrid	madrileño, -ña
Guatemala	guatemalteco, -ca	Ciudad de Guatemala	guatemalteco, -ca
Guinea Ecuato-rial	ecuatoguineano, -na	Malabo	-
Honduras	hondureño, -ña	Tegucigalpa	tegucigalpense
México	mexicano, -na	México D.F.	mexiqueño, -ña
Nicaragua	nicaragüense	Managua	managua
Panamá	panameño, -ña	Panamá	panameño, -ña
Paraguay	paraguayo, -ya	Asunción	asunceno, -na / asunceño, -ña
Perú	peruano, -na	Lima	limeño, -ña
Puerto Rico	puertorriqueño, -ña	San Juan	sanjuanero, -ra
República Dominicana	dominicano, -na	Santo Domingo	dominicano, -na
Uruguay	uruguayo, -ya	Montevideo	montevideano, -na
Venezuela	venezolano, -na	Caracas	caraqueño, -ña

　形容詞形で-oで終わるものは、一般の形容詞と同じく、女性形
が-aとなる。españolは、españolaが女性形、-enseで終わるcos-
tarricense, nicaragüense, tegucigalpenseとmanaguaは、男女同形
である。

表1の中のボリビアの首都名が二つ併記してあるのは、首都機能は、La Paz にあるが、同国憲法に首都は Sucre と規定しているからである。

Artículo 6. I. Sucre es la Capital de Bolivia.（6条I. スクレはボリビアの首都である）

2.2.『疑問辞典』（2005）と『正書法』（2010）の違い

前項の国名、首都名と形容詞形で、『疑問辞典』（2005）の一覧表と『正書法』（2010）のものとの違いは表2中のイタリックにした語形である。以下、これらの語形について考察する。

表2 『疑問辞典』（2005）と『正書法』（2010）で異なる語形

『疑問辞典』（2005）		『正書法』（2010）	
名　詞	形容詞	名　詞	形容詞
Santafé de Bogotá	bogotano o *santafereño*	*Bogotá*	bogotano
San Salvador	なし	San Salvador	*sansalvadoreño*
Ciudad de Guatemala	なし	Ciudad de Guatemala	*guatemalteco*
México D.F.	なし	México D.F.	*mexiqueño*
Managua	*managüense*	Managua	*managua*

2.2.1　コロンビアの首都名

コロンビアの首都名の記載の違いは、2000年にコロンビアで、Santafé de Bogotá から Bogotá へと変更されたことの反映と考えられる。

コロンビア現行憲法（1991年）322条（2000年に改訂）：Bogotá, Capital de la República y del departamento de Cundinamarca, se organiza como Distrito Capital.（ボゴタは、共和国の首都であり、かつクンディナマルカ県の県庁所在地であり首都区として組織される）
改訂前の旧条文：Santafé de Bogotá, Capital de la República y

第12章　スペイン語の地名形容詞における規範と使用語形　　267

del departamento de Cundinamarca, se organiza como Distrito Capital".（サンタフェ・デ・ボゴタは、共和国の首都であり、かつクンディナマルカ県の県庁所在地であり首都区として組織される）

　コロンビア共和国大統領府ウエブページ掲載の憲法にある旧条項は、Santafé de Bogotá の表記であるが、上院事務局ウエブページ掲載の憲法 *2 にある旧条項は、Santa Fe de Bogotá と表記してある。『疑問辞典』（2005: c.v.Bogotá）には、同じ都市名の他の国にあるものは Santa Fe と表記するが、コロンビアの首都は歴史的に使われてきたので Santafé と書くことが正当と見なされるとある。

2.2.2　エルサルバドルの首都 San Salvador の形容詞形

　San Salvador の形容詞形 sansalvadoreño は、スペイン王立学士院の辞書第 22 版（Real Academia 2001）には見出し語で掲載されている。しかし王立学士院のスペイン語語彙新宝典（Real Academia: NTLLE）によるこれ以前の版で見いだせず、またスペイン語通時コーパス（Real Academia: CORDE）と現代スペイン語参照コーパス（Real Academia: CREA）のいずれによる検索でもこの語形が見いだせなかった。またエルサルバドルの法令のキーワード検察 *3 でも見出せず、法令上でこの語形を使っていないようである。

　salvadoreño の見出しでは、スペイン王立学士院の辞書第 13 版（1899）から第 21 版（1992）まではエルサルバドル国のみの形容詞形の語義説明であるが、第 22 版（2001）で、エルサルバドル国と首都サン・サルバドル両方の形容詞という語義説明が並べてある。すなわち第 22 版（2001）では、San Salvador の形容詞形として sansalvadoreño と salvadoreño の二つの語形を掲載していることになる。

　Tovar（1945）は、首都 San Salvador の形容詞形は "sansalvadoreños, sansalvadorenses, salvadoreños, salvadorenses"（p.555）と併記してある。国名 El Salvador の形容詞形は題名と本文で salvadoreño の形を使用しつつ、一覧の部分で "salvadoreños,

268　　III　日常空間における法律スペイン語の多様性

salvadorenses"（p.554）の二つの語形を併記している。Fernández
（2007: s.v. San Salvador）には、"Nombre de la capital de El Salva-
dor. El gentilicio correspondiente podría ser sansalvadoreño/a."
（エルサルバドルの首都の名。対応する形容詞形は sansalvadoreño/
a でありうるでろう）とあり、これは他の都市名、例えば、San-
tiago de Chile では、"El gentilicio correspondiente es santiaguino/
a."（対応する形容詞形は santiaguino/a である）という断定した記
述と異なっている。

　以上をまとめると次の表 3 のようになる。

表3　サン・サルバドル市の形容詞形

	エルサルバドル国	サン・サルバドル市
Tovar 1945	salvadoreños, salvadorenses	sansalvadoreños, sansalvadorenses, salvadoreños, salvadorenses
辞書 13 版 -21 版 Real Academia 1899–1992	salvadoreño	-
辞書 22 版 Real Acade-mia 2001	salvadoreño	sansalvadoreño, salvadoreño
疑問辞典 2005	salvadoreño	-
Fernández 2007	salvadoreño	(podría ser) sansalvadoreño/a
正書法 2010	salvadoreño	sansalvadoreño, -ña

　以上のわずかばかりの探索から言えるのは、エルサルバドル国首
都サン・サルバドルの形容詞形は、国名の形容詞と区別できない
salvadoreño, -ña という語形も含め、複数の語形が使われていた。
それに対して、2000 年頃から国名形容詞と区別でできる sansalva-
doreño, -ña という語形が多く使用されるようになり、また推奨さ
れ始めたものと推測できる。実際の使用については、現地と他のス
ペイン語圏と分けての通時的用例探索が必要である。

　以下、sansalvadoreño の使用例を引用しておく。

　　1)　elsalvador.com の 2007 年 7 月 16 日付 "Luisa, también
　　　　venció a una enfermedad"（ルイサは、病気も克服）とい

第 12 章　スペイン語の地名形容詞における規範と使用語形　　269

う記事＊4："Plata en pistola de aire 10 metros y bronce en pistola 25 metros fueron los dos logros de esta sansalvadoreña de 27 años, que la convirtieron hoy en la primera multimedallista individual de estos Juegos"（10メートルエアピストルで銀、25メートルスポーツピストルで銅がこの27歳のサン・サルバドル出身者が得た2つの成果で、この競技会の個人で複数のメダルを獲得した最初となった）

2) Cañas（2010）：En una madrugada normal sobre la ciudad de San Salvador, (...) Ese movimiento sansalvadoreño fue planeado con mucha anterioridad.（p.21）（サン・サルバドル市のいつもとかわらない日の早朝、（中略）そのサン・サルバドルの運動はかなり前に計画されたものだった）, los barrios sansalvadoreños（p.23）（サン・サルバドルの諸地区）, la insurrección sansalvadoreña（p.31）（サン・サルバドルの暴動）, las barriadas sansalvadoreñas（p.35）（サン・サルバドルの（貧しい）諸地区）

2.2.3 グアテマラの形容詞形 guatemalteco

スペイン学士院の辞書の見出し語としての guatemalteco という語形は、第11版（1869）が初出であり、"adj. El natural de la república de Guatemala, en la América del Sur.〔*sic*〕"（形容詞。南アメリカ（ママ）のグアテマラ共和国生まれの者）と語義説明がある。第21版（1992）までは、グアテマラ国の形容詞としての語義説明であり首都の形容詞としての記述は無い。第22版（2001）で "1. adj. Natural de Guatemala. U. t. c. s. 2. adj. Perteneciente o relativo a este país de América o a su capital."（1.形容詞. グアテマラ生まれの. 名詞としても使う. 2.形容詞. アメリカ州のこの国あるいはその首都に属する、関する）とあり、首都の形容詞としての語義も記述されている。1992年の版と2001年の版の記述の違いが、時間遅れで『疑問辞典』（2005）の一覧表と『正書法』（2010）のものとの違いに現れたものと考えられる。

国名と首都名の形容詞形が同じ語形であることでもし不都合があれば、今後、前項のエルサルバドルの首都サン・サルバドルの形容詞形や、次項で見るメキシコの例のように、区別する語形が提案され、使用されるようになるかもしれない。

2.2.4　México の形容詞形

　メキシコの首都 México D.F. は、La Ciudad de México とも言える。メキシコ憲法に次の記述がある：

> Artículo 44. La Ciudad de México es el Distrito Federal, sede de los Poderes de la Unión y Capital de los Estados Unidos Mexicanos.（メキシコ市は連邦区であり、メキシコ合州国の連邦国家機関及び首都の所在地である）

　メキシコの国、州、首都の 3 つは、正式名は、それぞれ Estados Unidos Mexicanos, Estado de México, Ciudad de México / México D.F. で、各領域が異なり、別の行政区である。国内のメキシコ人は、首都のことを単に México と呼んでいる。『疑問辞典』（2005）の一覧表には、メキシコ国の形容詞形 mexicano しか記載してないが、mexicano の項目には、国は mexicano、州は mexiquense、首都は mexiqueño であるので "No debe confundirse"（混同してはいけない）とある。『正書法』（2010）の一覧表には首都の形容詞形 mexiqueño が掲載されている。

　メキシコの新聞 El Universal 誌の記事＊5："La suerte del chilango un "mexiqueño" la desea. El Diccionario Panhispánico de Dudas llama de un modo extraño y singular a los nacidos en la capital de México"（chilango の境遇を mexiqueño が羨む。『汎スペイン語圏疑問辞典』がメキシコ市出身者を変な風に読んでいる。）（2009 年 8 月 16 日, Julio Aguilar）によると、この mexiqueño という語形は、初めて現れたのが『疑問辞典』（2005）であり、この記事が書かれた 2009 年 8 月にはメキシコ市住民でもこの語を使う人はいなかった。そして首都出身者や住民を意味する形容詞形には、chilango, defeño, capitalino という語形が使われるのが一般的であるとのことである。この辞書の編纂に参加していたメキシコからの

第 12 章　スペイン語の地名形容詞における規範と使用語形　**271**

編纂者によりこの語形 mexiqueño が提案されたものと推測される。この語は、通時コーパス（Real Academia: CORDE）、現代スペイン語コーパス（Real Academia: CREA）、語彙新宝典（Real Academia: NTLLE）のいずれでも用例が無かった。

『疑問辞典』（2005: s.v.mexicano）にあるメキシコ州の形容詞 mexiquense という語形も Luis Quintana Tejera のサイト*6 掲載の "Mexicanos y mexiquenses" によると、新語である。

> "El término 'mexiquense' fue considerado como un neologismo al menos en los primeros años en que empezó a usarse para hacer referencia al oriundo del Estado de México o a lo perteneciente o relativo a nuestro Estado." （mexiquense という用語は、少なくともこれがメキシコ州出身者あるいは、メキシコ州に関したという意味で使われ始めた最初の数年は新語と見なされた）

この mexiquense の語形は、現在では、Instituto Mexiquense de Cultura（メキシコ州文化庁）などの公的な機関の名前や、メキシコ州政府のウエブページなどにも使われている。しかし通時コーパス（Real Academia: CORDE）には用例が無く、現代スペイン語コーパス（Real Academia: CREA）では、38 の文書で 71 例の使用例が見られるが、すべて 1996 年以降のメキシコの用例で、70 例が prensa（新聞）のもので、1 例のみが口語での使用例であった。王立学士院の辞書での初出は第 21 版（1992）である。

mexiqueño が、mexicano, mexiquense と並んで使われるようになるかどうかは未知数である。この語形は、学士院の編纂による辞書などに掲載されている語形等が実際に使われている語形なのかどうか、検証する必要があることを教えてくれる語形である。

2.2.5 ニカラグアの首都 Managua の形容詞形

Managua の形容詞形は、『疑問辞典』（2005）の一覧表には managüense という語形が掲載されていたのだが、『正書法』（2010）付録 4 には managua という語形が掲載された。managüense という語形は、王立学士院の辞書第 22 版（2001）には見

出し語で掲載されているけれども、これ以前の版など語彙新宝典（Real Academia: NTLLE）による検索でも見いだせない。形容詞形のmanagua も第22版（2001）の見出し語に無く、語彙新宝典（Real Academia: NTLLE）の検索結果も見いだせない。現代スペイン語コーパス（Real Academia: CREA）の検索では、managüense と managua（形容詞）が、ニカラグアのprensa（新聞）で各1例のみ（前者が2003年、後者が2002年の例）見い出せた。

　ニカラグアの新聞La Prensa のウエブページ＊7 掲載のニカラグア言語学士院会長と紹介があるJorge Eduardo Arellano の"Los gentilicios de Managua y Masaya"（マナグアとマサヤの地名形容詞）（2006年4月9日）という記事によると、首都マナグアの形容詞形は、ニカラグアにおける口語でmanagua を使うのが一般的であり、managüense の語形は文章やフォーマルに限られる語形である、そして『疑問辞典』（2005）の一覧表のmanagüense は訂正されなければならない（hay que corregir）と述べている。『正書法』（2010）のmanagua とある一覧表はこの意見を入れたものと考えられる。

3. 各国憲法上の語形

　国名や首都名は各国の憲法でどのように規定されているのであろうか。以下、憲法条文に出てくる国名形容詞形も含めて、表4に表す。

表4　憲法上の国名とその形容詞形

国名（通称）	憲法上の国名（名称規定がある場合条文を付記した。）条文上にある国名形容詞を含む語句を" "に入れて示す。
Argentina	Nación Argentina（35条） "el suelo argentino"（前文）
Bolivia	Bolivia（ただし2009年3月18日Decreto Supremo（最高政令）No 0048＊8 でEstado Plurinacional de Bolivia（ボリビア多民族国）とされた） "El pueblo boliviano"（前文）

Chile	República de Chile "el orden jurídico chileno" (54条)
Colombia	República de Colombia "territorio colombiano" (96条)
Costa Rica	República de Costa Rica "la nacionalidad costarricense" (14条)
Cuba	República de Cuba (2条) "la decisión del pueblo cubano" (62条)
Ecuador	República del Ecuador "el territorio ecuatoriano" (9条)
El Salvador	República de El Salvador "tesoro cultural salvadoreño" (63条)
España	España (諸外国との条約等では Reino de España を使用) "el pueblo español" (1条)
Guatemala	República de Guatemala "ningún trabajador guatemalteco" (102条)
Guinea Ecuatorial	República de Guinea Ecuatorial (1条3) "El Estado ecuatoguineano" (8条)
Honduras	República de Honduras "la voluntad soberana del pueblo hondureño" (前文) "profundos sentimientos hondureñistas" (151条)
México	Estados Unidos Mexicanos "voluntad del pueblo mexicano" (40条)
Nicaragua	República de Nicaragua "la nación nicaragüense" (1条)
Panamá	República de Panamá (1条) "testimonio del pasado panameño" (85条)
Paraguay	República del Paraguay "la formación y organización del Estado paraguayo" (62条)
Perú	República del Perú "el mandato del pueblo peruano" (前文)
Puerto Rico	Estado Libre Asociado de Puerto Rico "la comunidad puertorriqueña" (II条20節)
República Dominicana	República Dominicana "representantes del pueblo dominicano" (前文)
Uruguay	República Oriental del Uruguay "Son también ciudadanos naturales los hijos de padre o madre orientales" (74条)
Venezuela	República Bolivariana de Venezuela (Disposiciones transitoria, Decimoséptim 経過規定 17条) "El espacio geográfico venezolano" (13条)

これらのうち『正書法』(2010) の一覧表と異なる語形について

次で考察する。

3.1. 国名形容詞

3.1.1 ウルグアイ

各国憲法条文上に使われている国名形容詞で、『正書法』（2010）の一覧表と異なるのはウルグアイのもののみである。憲法条文では、uruguayo という語形は使われておらず、上の表に示したように oriental という語形が1度使われている。ウルグアイ川とラ・プラタ川の西岸の現アルゼンチンと東岸の現ウルグアイの地理的位置からの名前で、植民地時代から Banda Oriental（東岸地帯）と呼ばれた現在のウルグアイ共和国にほぼ相当する土地の住民や出身者の意味で oriental という地名形容詞形を使い続けているようである。

スペイン王立学士院の辞書第22版（2001: s.v. oriental）の6番目の語義に"6. adj. uruguayo. Apl. a pers., u. t. c. s."（6.形容詞.ウルグアイの．人について使う、名詞としても使う.）とある。oriental の見出し語に uruguayo の語義を載せているのは、第19版（1970）の suplemento（増補）が初出である。uruguayo, -ya の見出しは、第11版（1869）から掲載がある。

3.1.2 ホンジュラス

ホンジュラス共和国の現行憲法151条の hondureñista という形容詞は、hondureño, -ña と同じ意味ではない。憲法条文の当該部分を引用する。

"La educación nacional será laica y se fundamentará en los principios esenciales de la democracia, inculcará y fomentará en los educandos profundos sentimientos hondureñistas y deberá vincularse directamente con el proceso de desarrollo económico y social del país."（国家教育は非宗教的であることとし、及び民主主義の基本原則に基礎を置くこととし、生徒・学生に深いホンジュラス国民意識を教え込み、及び養成するものとし、かつ国の経済社会発展過程に直接結びつくべきものとする。）

ホンジュラスの現行憲法は、中米紛争の最中の中道右派政権下で1982年に制定された憲法である。教育について規定した条文にあるこの形容詞は、「ホンジュラス主義の」あるいは「ホンジュラス国民意識の」といった意味と考えられる。nacionalista と言い換えている文章がある："Un político hondureñista (aunque el término adecuado sería nacionalista, ..."（ホンジュラス主義の政治家-国家主義のという方が適切であろうが、）("Honduras necesita de políticos nuevos" - 5 de Octubre de 2012 - Editorial Diario Tiempo Por Carlos Jeremías Girón R＊9）。

3.2. 首都名

　首都名について、憲法上に記載あるものは、表5の国々である。憲法に記載が無くても、法律等での規定はあるはずである。憲法上に記載が無いものは、「―」とした。

表5　憲法上の首都名

国　名	憲法上の首都
Argentina	la ciudad de Buenos Aires(129条＊10)
Bolivia	Sucre(6条 I.)
Chile	―
Colombia	Bogotá … como Distrito Capital(322条)
Costa Rica	
Cuba	la ciudad de La Habana(2条)
Ecuador	Quito(4条)
El Salvador	―
España	la villa de Madrid(5条)
Guatemala	la ciudad de Guatemala(231条)
Guinea Ecuatorial	―
Honduras	las ciudades de Tegucigalpa y Comayagüela conjuntamente(8条)
México	la Ciudad de México, el Distrito Federal(44条)
Nicaragua	la ciudad de Managua(12条)
Panamá	―
Paraguay	La Ciudad de la Asunción(157条)
Perú	la ciudad de Lima, la capital histórica: Cusco(49条)

Puerto Rico	la ciudad de San Juan Bautista de Puerto Rico（I条4節）
República Dominicana	La ciudad de Santo Domingo de Guzmán es el Distrito Nacional（13条）
Uruguay	—
Venezuela	Caracas（18条）

3.3.　別称

『疑問辞典』（2005）や『正書法』（2010）の一覧表にはあげられていないが、自称や蔑称で別の国名形容詞形を持つ国がある。コスタリカには、tico, -ca、グアテマラが、chapín, -na、ホンジュラスに catracho, -cha という形容詞形もそれぞれの自称や中米で口語として使われる。コスタリカの tico, -ca について王立学士院の辞書第22版（2001: s.v.tico）では、コスタリカで -ico の縮小辞を多様することからと語源説明がある。プエルトリコの形容詞形に borinqueño, -ña, borincano, -na, boricua という語形もある。プエルトリコ島の古い名前 Borinquén の形容詞形が語源であると学士院の辞書第22版（2001: s.v. borinqueño）の説明にある。salvatruche がエルサルバドルの形容詞形で、人に使うと同第22版（2001: s.v. salvatruche）に説明がある。

4.　地名・国名形容詞の派生語尾 *11

4.1.『新文法』（2009）による派生語尾

『新文法』（2009）の "7 La derivación adjetival y adverbial"（形容詞および副詞の派生）（pp.505–575）の7.6bにあげてある地名形容詞の派生語尾を男女同形のものと、男女それぞれの語形のあるものとに分けると以下のようになる。

4.1.1　男女同形語

-ata (keniata); -ense (bonaerense); -eta (lisboeta); -í (iraní); -ita (israelita)

4.1.2 男性単数が -o で終わり、女性形が -a となる語

-aco / -aca (austraco); -ano / -ana (italiano); -eco / -eca (guatemal-teco); -ego / -ega (manchego); -eno / -ena (chileno); -eño / -eña (limeño); -eo / -ea (europeo); -ero / -era (habanero); -ino / -ina (granadino); -o / -a (ruso); -uno / -una (villavicenciuno).

4.1.3 男性単数が -o 以外の音／文字で終わり、女性形がある語

-és / -esa (cordobés); -ín / -ina (mallorquín); -ol / -ola (español)

以下、この形容詞形語尾が国名の範囲でどのように使われているのかを見てみる。国名および国名形容詞は、ここでは、『疑問辞典』(2005) 付録 5 のリスト中から国名のみを分析対象とする。

4.2. 『疑問辞典』(2005) の国名形容詞派生語尾

『疑問辞典』(2005) 付録 5 のリストにある 194 か国の 202 語の国名形容詞（アクセント、綴り字の異形を数えると 204 語）を、男女同形、男性単数が -o で終わる語、-o 以外で終わる語の 3 つの分類で、語尾別に資料中数の多いものから示す。例は、「国名、ハイフン、形容詞形」の形で示す。元の資料と同じく国名に付ける小文字で書く定冠詞は括弧に入れて国名の後ろに置いてある。接辞が付く場合、子音で終わる語にはそのまま、母音で終わる語は母音を削除して接辞が付くのが一般的である。以下の語形数値は、同じ国を意味する語形で複数語形があがっているものは、両方で数えてある。例えば、サウジアラビアの国名は「サウード家（Saud）のアラビア」の意味で、Arabia Saudí, Arabia Saudita が、形容詞は saudí と saudita の二つが掲載ある。『疑問辞典』(2005: s.v. Arabia Saudita) に前者のペアがスペイン、後者が南北アメリカで使われているとある。次の語尾別数にはそれぞれ -í と -ita の中に数えている。

4.2.1　男女同形語（45 語）

-ense 18 語：Singapur – singapurense, Estados Unidos de América
　　（los) - estadounidense, Zimbabue – zimbabuense...

-í 16 語（Qatar の catarí と qatarí を別と数えると 17)：Nepal –
　　nepalí, Iraq – iraquí, Pakistán（el) – pakistaní...

-ata 2 語：Kenia - keniata, Croacia – croata.

-ita 2 語：Vietnam – vietnamita, Arabia Saudita – saudita.

『新文法』(2009) の派生接辞の列挙に無い語尾として、-ota 1 語：
　　Chipre – chipriota がある。

他に、語末あるいは構成要素が削除された語、3 語：Suazilandia -
　　suazi, Kirguistán - kirguís, Papúa Nueva Guinea – papú.

語末が削除され、語末音変化あるいは接辞が付く語が 3 語：Bélgica
　　- belga, Madagascar - malgache, Etiopía – etíope.

『新文法』(2009) の派生接辞の列挙にある -eta の例は無かった。

4.2.2　男性単数が -o で終わり、女性形が -a となる語（119 語）

-ano / -ana 43 語：Corea del Sur - surcoreano, -na, Italia - italiano,
　　-na, Sudáfrica - sudafricano, -na...

-o / -a (1) 国名（の一語）が形容詞女性形と同形、21 語：Eritrea -
　　eritreo, -a, China（la) - chino, -na, Argentina（la) - argentino,
　　-na, República Checa（la) - checo, -ca, Bosnia-Herzegovina -
　　bosnioherzegovino, -na, Libia - libio, -bia, Namibia - namibio,
　　-bia, India（la) - indio, -dia, Armenia - armenio, -nia, Macedo-
　　nia - macedonio, -nia, Estonia - estonio, -nia, Bosnia-
　　Herzegovina - bosnio, -nia, Siria - sirio, -ria, Malasia -
　　malasio, -sia, Indonesia - indonesio, -sia, Micronesia -
　　micronesio, -sia, Suiza - suizo, -za, Noruega - noruego, -ga,
　　Botsuana - botsuano, -na ,（以下の 2 語は国名に含まれる女性
　　形形容詞が国名形容詞となっている）República Dominicana
　　(la) - dominicano, -na, República Centroafricana（la) - cen-
　　troafricano, -na.

-o / -a (1) 国名に含まれる男性形形容詞が国名形容詞となっている、

1語：Ciudad del Vaticano - vaticano, -na

-o / -a（2）国名語尾 -s を削除した形が形容詞女性形と同形、2語：
Filipinas - filipino, -na, Maldivas（las）- maldivo, -va.

-o / -a（3）国名語尾 -ia を削除し接辞添加、14語:Bulgaria - búl-
garo, -ra, Hungría - húngaro, -ra, Moldavia - moldavo, -va,
Rusia - ruso, -sa, Bielorrusia - bielorruso, -sa, Eslovaquia -
eslovaco, -ca, Turquía - turco, -ca, Jordania - jordano, -na,
Birmania - birmano, -na, Rumanía o Rumania - rumano, -na,
Mauritania - mauritano, -na, Tanzania - tanzano, -na, Eslove-
nia - esloveno, -na, Lituania - lituano, -na.

-o / -a（4）語尾 -istán を削除し接辞添加、6語：Kazajistán -
kazajo, -ja, Uzbekistán - uzbeko, -ka, Tayikistán - tayiko, -ka,
Kirguistán - kirguiso, -sa, Afganistán（el）- afgano, -na, Turk-
menistán - turkmeno, -na

-o / -a（5）語幹、語尾の一部が変化し接辞添加、3語：Egipto -
egipcio, -cia, Suecia - sueco, -ca, Grecia - griego, -ga.

-o / -a（6）語幹に接辞添加、3語：Paraguay（el）- paraguayo, -ya,
Uruguay（el）- uruguayo, -ya, Azerbaiyán - azerbaiyano, -na.

-eño / -eña 13語：Belice – beliceño, -ña, Mozambique - mozambi-
queño, -ña, Brasil（el）- brasileño, -ña... その内2か国 República
Democrática del Congo（コンゴ民主共和国）と Congo は、
congoleño / -ña で語幹 Congo に -l- が挿入され、-eño, -eña が
付いている*12。

-ino / -ina 6語：Granada – granadino, -na, Túnez - tunecino, -na,
Jamaica - jamaiquino, -na...

-aco / -aca 2語（アクセント位置の違う異形が1語加わる）：Aus-
tria - austríaco, -ca o austriaco, -ca, Polonia - polaco, -ca. 最後
の例は、語尾が削除された地名語幹に接辞が付いた形になって
いる。

-eno / -ena 2語：Chile - chileno, -na.

-eco / -eca 1語：Guatemala - guatemalteco, -ca. -t- が挿入されてい
る。

280　　III　日常空間における法律スペイン語の多様性

-ero / -era 1 語：（el）Brasil - brasilero, -ra.

これら以外の語形として、Reino Unido de Gran Bretaña e Irlanda del Norte（el）- británico, -ca, Mónaco - monegasco, -ca がある。

『新文法』（2009）にある -ego / -ega、-eo/-ea, -uno/-una の例は無かった。

4.2.3　男性単数が -o 以外の音／文字で終わり、女性形がある語（38 語）

-és / -esa 34 語：（el）Japón – japonés, -sa, Francia - francés, -sa, Uganda - ugandés, -sa...

-ol / -ola 2 語：Mongolia - mongol, -la, España – español, -la. ただし前者は語幹に -l- がある。

他に『新文法』（2009）に無い例

-n / -na 2 語：Letonia - letón, -na, Alemania - alemán, -na.

『新文法』（2009）にある -ín / -ina の例は無い。

4.3.　結果比較

地名形容詞 3219 例を調査した酒井（1986a）の語尾別の割合は、–ense: 26.1%, -eño: 18.8%, -ano: 16.2%, -ero: 11.9%, -és: 7.6%, -ino: 6.8%，その他: 12.7% という結果を出している。寺崎（1990）は、*Vox diccionario general ilustrado de la lengua española*（1987）Barcelona, Bibliograf などを参考に都市を除き、国名を加えて、385 語を分析し、その内、地名から形容詞が派生した 321 語の語尾形式から、次のような数値を紹介している。すなわち、-(i)ano: 20.9%, -és: 17.8%, -o: 14.0%, -(i)ense: 11.8%, -io: 7.8%, -eño: 6.9%, -í: 5.0%, -ino: 3.4%，その他: 12.5% である。Pablo Núñez（2004）は、Julio Casares（1959）*Diccionario ideológico de la lengua española*, Barcelona, Gustavo Gili. の apéndice（付録）から A, B で始まる 500 の地名から派生した 581 の地名形容詞を分析し、-ense: 23.74%, -eño: 17.04%, -ano: 15.66%, -ero: 9.81%, -és: 6.71%, -ino: 5.16% といった数字を出している。

第 12 章　スペイン語の地名形容詞における規範と使用語形　281

表6　地名形容詞の派生語尾

酒井 (1986a)	-ense 26.1%	-eño 18.8%	-ano 16.2%	-ero 11.9%	-és 7.6%	-ino 6.8%		
Pablo N. (2004)	-ense 23.7%	-eño 17.0%	-ano 15.7%	-ero 9.8%	-és 6.7%	-ino 5.2%		
寺崎 (1990)	-(i)ano 20.9%	-és 17.8%	-o 14.0%	-(i)ense 11.8%	-io 7.8%	-eño 6.9%	-í 5.0%	-ino 3.4%
本稿 202語	-o 50語 24.8%	-ano 43語 21.3%	-és 34語 16.8%	-ense 18語 8.9%	-í 16語 7.9%	-eño 13語 6.4%	-ino 6語 3.0%	

以上の数値と本稿での数値を比較すると表6となる。

寺崎（1990: p.70）は、自身の分析対象が国名、地方名が中心であり、酒井（1986a）の資料は市町村名が大部分と推定されるので、語尾ごとの使用割合順位の違いは対象の違いの結果であろうと述べている。酒井（1986a）とPablo Núñez（2004）の順位は同じである。寺崎（1990）の -io（Indonesia – indonesio, Namibia – namibio, Micronesia – micronesio...）を本稿では、-i- が語幹に含まれていることから、-o, -a に分類している点で -o が1位となっていることと、-í と -eño が入れ替わっていることで違いがあるが、寺崎（1990）と本稿での順位はほぼ同じ結果となっている。酒井（1986a）、Pablo Núñez（2004）の順位と、寺崎（1990）、本稿の順位との違いは、古くからスペイン語の中で使われている市町村レベルの地名形容詞と、近現代になって外国語による国名をスペイン語化し、その形容詞形を形成したという違いが、使用する接尾辞の違いに反映しているものと考えられる。

5.　まとめ

国名から接尾辞により形容詞を派生させる際に、-o/-a, -ano/-ana, -és/-esa, -ense, -í, -eño/-eña など多様な接辞が使われている。-o 以外で終わっている形容詞で女性形があるのは -és/-esa, -ol/-ola, -n/-na であり、男女同形の形容詞の語尾とは異なっているので区別するのは困難ではない。Mongolia - mongol, -la, Madagascar –

malgache など一般的な接辞添加と異なる形で形容詞形があるもの
については、学習するなり、辞書を確認する必要がある。Mana-
gua の形容詞形で口語で使用の managua と、フォーマルや文章で
使用する managüense の語形などについては辞書に記述も必要であ
る。

　規範と記述との関係については、mexiquense の例で、（おそら
く）規範によって提示された語形が新語として使用されるように
なってきていることが観察できた。mexiqueño の例では、現在の
スペイン語学士院による記載は、使用に基づく記述ではなく、規範
として提示されてまだあまり年数がたっていないので、広く使用さ
れるかどうかは今後観察し続ける必要がある。

＊1　本章は、拙稿「スペイン語の地名形容詞」（『ことばの世界』5 号、2013
年、pp.39–55）に加筆修正をしたものである。
＊2　http://www.secretariasenado.gov.co/senado/basedoc/cp/constitucion_
politica_1991_pr010.html#322（参照 2012/5/2）
＊3　http://www.asamblea.gob.sv/eparlamento/indice-legislativo/buscador-de-
documentos-legislativos（参照 2015/8/2）および http://www.jurisprudencia.
gob.sv/ visormlx/（参照 2015/8/2）
＊4　http://www.elsalvador.com/mwedh/nota/nota_completa.asp?idCat=
20793&idArt=1554429（参照 2012/5/2）
＊5　http://www.eluniversal.com.mx/cultura/60220.html（参照 2012/5/2）
＊6　http://luisquintanatejera.com.mx/descargas/buendecir/ mexiquense.pdf
（参照 2012/5/2。pdf のプロパティに作成日 2006 年 4 月とある）
＊7　http://archivo.laprensa.com.ni/archivo/2006/abril/09/noticias/opinion/
109712.shtml（参照 2012/5/2）
＊8　http://www.derechoteca.com/gacetabolivia/decreto-supremo-0048-del-18
-marzo-2009.htm（参照 2012/5/2）
＊9　http://rinconesdehonduras.info/opiniones/editoriales-el-tiempo/2442-hon
duras-necesita-de-politicos-nuevos.html（参照 2012/5/2）
＊10　3 条で、首都は法律で定めるとあり、45 条、129 条などの記載は、首都
がブエノスアイレス市から変更する可能性を示している。
＊11　寺崎（1990）は、地名から地名形容詞が派生される場合と、その逆に地
名形容詞から地名が派生した場合とを分けている。さらにそれぞれを接辞を付
ける「接辞添加」、接尾辞あるいは接尾辞と推定された要素を除去する「直接

派生」、語形を変えないで品詞を変える「転換」に分類している。これらの分類の内訳の語例の数には偏りがあり、分類により明確な規則性を示すことができるようになるわけではないようなので、本稿では、形容詞語尾の形ごとに検討する。

＊12 酒井（1986a: p.150）には、-l- の挿入（Mora de Calatrava - moraleño）、語末 n, d の -l- への音変化（Madrid - madrileño）の例が -r-, -d-, -b-, -/k/- の挿入の場合も含めてあげられているが統一的説明は難しいようである。寺崎（1990）には Congo - congoleño（p.69, p.72）と Curazao – curazoleño（p.72）の例も資料に含まれているが、接辞が付く際の語尾音の添加などについて一般的な言及（p.67）があるのみである。どんな場合にどんな音が添加されるかの法則性はないようである。

(Resumen)

Norma y uso de los gentilicios del español

HOTTA Hideo

Los sufijos con los cuales se forman los adjetivos gentilicios de los topónimos son muy variados y no existe correspondencia exacta entre el nombre y el sufijo del adjetivo. Hemos examinado los gentilicios de los 21 países hispanohablantes y sus capitales en la lista del *Diccionario de dudas* (2005) y de la *Ortografía* (2010) de las Academias de la lengua española y también de los gentilicios de 202 países del mundo en la lista del primero.

La diferencia de los gentilicios de las capitales de los países hispanohablantes de las dos listas se puede considerar el reflejo del cambio del nombre oficial o de la propagación de una forma con el transcurso de los años. La forma "mexiquense" (del Estado de México) podría ser un ejemplo que la que recomiendan las Academias se propaga en el uso formal, pero tenemos que esperar un tiempo para saber si se acepta la forma "mexiqueño" (de México D.F.) que está en la lista de la *Ortografía* (2010).

Los sufijos empleados para la formación de los gentilicios de los países del mundo son: -o/-a: 24.8%, -ano/-ana: 21.3%, -és/-esa: 16.8%, -ense: 8.9%, -í: 7.9%, -eño/-eña: 6.4%, -ino/-ina: 3.0%, y este orden del porcentaje de cada uno es casi igual al resultado del análisis de los gentilicios de los topónimos mundiales de Terasaki (1990), mientras es diferente de los resultados de Sakai (1986a) y de Pablo Núñez (2004), que incluyen los topónimos municipales en sus análisis.

あとがき

　本書に収めた論考の多くは、足かけ 8 年にわたって JSPS 科研費
24520475（2007 年度 〜2008 年度）、21520584（2009 年度 〜
2011 年度）、19520498（2012 年度〜2014 年度）の助成を受けつ
つ、その前後を含めれば 10 年にわたり、編著者が主宰し積み重ね
てきた法律分野スペイン語に関する共同研究を基にしている。ここ
に言う「共同」とは、言語学と法学、より具体的にはスペイン語学
とスペイン語圏を対象とする憲法学を専門とする者たちによる学際
的取組みのことをさす。
　この学際性は、同時に、強い人的関係と学問的背景によって支え
られてもきた。その場が執筆者全員にとって、用語の最も広い意味
での *alma mater* としての愛知県立大学である。編著者はもとより
執筆者全員が、卒業生あるいは教員として、この *alma mater* でス
ペイン語によって繋がり、スペイン語に関わる研究生活をおこなっ
てきたからである。世代的には、編著者を除く執筆者全員にとって、
編著者はあらゆる意味において師であった。本書の論考の多くが、
共同研究の主宰者としての編著者の手によるものであるが、その間
隙を縫うかのように収めた他の論考は、不充分ながらも、執筆者が
本共同研究で得た成果を世に問うことで、この学恩にわずかにでも
応えようと腐心した軌跡でもある。また、法律分野スペイン語研究
に関して、日本ではなお、本書のような 1 つの研究書としての公刊
は類を見ない。そうであるだけに、執筆者一同、本書が法律分野ス
ペイン語研究にとどまらず、スペイン語学および法学の既存の学問
領域にとっても、寄与するところがあることを願いつつ、出版する
ものである。
　こうした想いで、1 つの研究成果を公開するにあたり、ひつじ書
房の森脇尊志氏よりいただいたご協力は計り知れない。言葉にはで

きないほどの支えに、記して深くお礼を申し上げたい。

2016年1月

糸魚川美樹、アナ＝イサベル・ガルシア＝テソロ（Ana Isabel García Tesoro）、川畑博昭、リディア・サラ＝カハ（Lidia Sala Caja）、塚原信行

El proyecto *Estudios de terminología jurídica del español* inició su andadura hace ya casi diez años con el propósito de analizar los términos técnicos del español jurídico desde un punto de vista lingüístico e institucional. Gracias a ello, los servicios de traducción e interpretación español-japonés así como la didáctica del español para fines específicos cuentan hoy en día con materiales y herramientas que son esenciales para poder realizar su trabajo. Este volumen colectivo es uno más de sus numerosos frutos.

Los estudios sobre lenguas especializadas requieren equipos multidisciplinares, que puedan interrelacionar el plano conceptual y el lingüístico con acierto. Este lo ha sido, y gracias a ello, nos ha sido posible revelar matices de significado entre el español peninsular y el hispanoamericano fundamentales para la traducción y la interpretación jurídica, profundizar en la conexión entre la sociedad y la terminología legal o descubrir cómo los términos migran entre ámbitos de saber y la lengua general. Un ejemplo de estos últimos es *tutor*, que pertenece tanto al ámbito del Derecho como al de la Educación. No es una palabra elegida al azar. Tutor ha sido (y es) para nosotros, en varias de sus acepciones, el profesor Hideo Hotta. Él, tal como definen los diccionarios, nos "ha orientado" a lo largo del tiempo, pero también ha sido nuestro "defensor, protector o director en cualquier línea". Es, pues, de justicia, no sólo reconocerle el empeño en llevar a buen puerto este proyecto, sino especialmente agradecerle de corazón su tutelaje a lo largo de tantos años.

La mayoría de los estudios, contenidos en el presente volumen ha sido subvencionada por JSPS KAKENHI (*Grant-in-Aid for Scientific Research*) Núms. 24520475 (2007-2008), 21520584(2009-2011), 19520498 (2012-2014).

Enero de 2016,
Miki ITOIGAWA, Ana Isabel GARCÍA TESORO, Hiroaki KAWABATA, Lidia SALA CAJA, Nobuyuki TUKAHARA

なお、本書の刊行にあたっては、独立行政法人日本学術振興会平成27年度科学研究費助成事業（科学研究費補助金「研究成果公開促進費」）の交付を受けた。

La realización de este libro ha sido subvencionada en 2015 por JSPS KAKENHI (*Grant-in-Aid for Publication of Scientific Research Results*).

参考文献一覧
Bibliografía

鮎京正訓. (2011).『法整備支援とは何か』. 名古屋大学出版会.

青木芳夫, 青木アンヘリカ・パロミーノ. (2005).「日本語・ケチュア語語彙集」.『奈良大学紀要』. 33, 35–50.

碧海純一. (1965).『法と言語』. 日本評論社.

新木秀和編著. (2012).『エクアドルを知るための60章［第2版］』. 明石書店.

新木秀和. (2014).『先住民運動と他民族国家―エクアドルの事例研究を中心に』. お茶の水書房.

アラストゥエイ, カルメン／稲垣清注および訳. (2010).「第5章　刑法」.『現代スペイン法入門』. 日本スペイン法研究会他編, 嵯峨野書院, 119–143.

アンダーソン, ケント；バウム, ハラルド；奥田安弘. (2013).『日本の刑事裁判用語解説　英語・ドイツ語・フランス語・スペイン語』. 明石書店.

池田実. (2004).「資料（邦訳）スペイン1931年憲法」.『山梨大学教育人間科学部紀要』. 6 (2), 155–170.

石井紫郎. (2012).『日本国制史研究〈3〉日本人の法生活』. 東京大学出版会

石村修. (2010).「プロイセン憲法と明治憲法：二つの憲法の関係」.『聖学院大学総合研究所紀要』. 48, 73–98.

糸魚川美樹. (1997).「スペイン語における女性形職業名詞―女性形名詞形成の背景と女性形が持つ意味合い―」. HISPÁNICA. 41, 13–25.

糸魚川美樹. (2003).「「男の表され方」にみるスペイン語のジェンダーに関する一考察」. HISPÁNICA. 47, 121–135.

糸魚川美樹. (2005).「ジェンダー化された言語のゆくえ」.『社会言語学』. 5, 85–103.

糸魚川美樹. (2010a).「スペイン語における性をめぐる記述に関する予備的考察」.『ことばの世界』. 2, 55–66.

糸魚川美樹. (2010b).「法廷通訳に求められる正確性のかたられかた」.『社会言語学』. 10, 71–86.

糸魚川美樹. (2014).「スペイン語における「女性の可視性」をめぐる議論」.『社会言語学』. 14, 141–154

井上輝子ほか編著. (2002).『岩波　女性学事典』. 岩波書店.

上田博人. (1997).「都市のスペイン語のバリエーション―分析の技術 (3)：クラスター分析」.『スペイン語学研究』. 12, 89–104.

上野千鶴子. (1985).『資本制と家事労働 マルクス主義フェミニズムの問題構制』. 海鳴社.

上野千鶴子. (2000).『上野千鶴子が文学を社会学する』. 朝日出版社.

上野千鶴子. (2002).『差異の政治学』. 岩波書店.

浦和幹男．(2004)．「教養スペイン語の語彙に関する5都市の比較研究」，『アメリカ・スペイン語の一断面』．浦和幹男．拓殖大学言語文化研究所，357-955．

浦和幹男．(2006)．『教養スペイン語の語彙に関する5都市の比較研究』．拓殖大学言語文化研究所．

エーザー，アルビン．(2009)．「正当化と免責「刑法の一般的な構造比較」のためのマックス・プランク・プロジェクトの出発点」高橋則夫・仲道祐樹訳．『比 較 法 学』．42 (3)，141-157．https://www.waseda.jp/flaw/icl/assets/uploads/2014/05/A04408055-00-042030141.pdf（参照2015/07/06）

榎澤幸広．(2006)．「日本の法令と言語―言語権を考察するために」．『明海大学教養論文集』．(18)，34-41．

榎澤幸広．(2009)．「方言話者と法廷」．『筑波学院大学紀要』．4，83-92．

『エル・シードの歌』．長南実訳，岩波書店，(1998)．

大阪経済法科大学比較憲法研究会．(1989)．『メキシコ合州国憲法1917年』．大阪経済法科大学法学資料3，大阪経済法科大学法学研究所（『法学研究所紀要』9，1988，10，1989)．

大貫良夫他監修．(2013)．『ラテン・アメリカを知る事典』．新版，平凡社．

香川孝三，金子由芳編著．(2007)．『法整備支援論 制度構築の国際協力入門』．ミネルヴァ書房．

亀井孝，河野六郎，千野栄一編著．『言語学大辞典』(第1巻 (上) 1988，第2巻 (中) 1989，第3巻 (下1) 1992，第4巻 (下2)，第5巻1993，第6巻術語編1996) 三省堂．

萱野茂他．(1997)．『アイヌ語が国会に響く』．草風館．

川畑博昭．(2013)．『共和制憲法原理のなかの大統領中心主義―ペルーにおけるその限界と可能性』．日本評論社．2013．

川畑博昭．(2014)．「ペルー共和制史にとっての「立憲主義」の位相―「統治」と「経済」からの抗い―」．『新しい歴史学のために』．京都民科歴史部会．N.285，52-66．

川畑博昭．(2015)．「〔書評〕Tom Ginsburg and Alberto Simpser eds., *Constitutions in Authoritarian Regimes*, Cambridge University Press, 2014, ix+271pp.」．『アジア経済』56 (2)，134-137．

北原仁．(1991)．「スペインの一八一二年憲法（カディス憲法）とその意義」．『駿河台法学』4 (2)，37-94．

北原仁．(2011)．『占領と憲法―カリブ海諸国，フィリッピンそして日本』．成文堂．

北原保雄．(2001)．『日本国語大辞典』〔第2版〕．(6　さこう～しゅんひ) 小学館．

北村一親．(2008)．「手話も「言語」の一つとする」．『アルテス　リベラレス』．82，17-42．http://hdl.handle.net/10140/1891（参照2012/9/25）

木村護郎．(1999)．「書評　宇佐美まゆみ（編著），『言葉は社会を変えられる』」．『不老町だより』．世界社会言語学会．32-36．

清宮四郎．(1970)．『憲法Ⅰ』〔第3版〕．有斐閣

黒田清彦．(1982)．「スペイン憲法（1978年)」．『スペインハンドブック』．原

誠他編. 三省堂, 453–496.

小西友七, 南出康世編（2001）『ジーニアス英和大辞典』大修館書店.

小林直樹. (2002).『憲法学の基本問題』. 有斐閣.

最高裁判所事務総局家庭局監修. (2001).『少年審判通訳ハンドブック【スペイン語】』. 第2版, 法曹会.

最高裁判所事務総局刑事局監修. (1992).『法廷通訳ハンドブック【スペイン語】』. 法曹会.

最高裁判所事務総局刑事局監修. (1999).『法廷通訳ハンドブック実践編【スペイン語】』. 法曹会.

最高裁判所事務総局刑事局監修. (2012).『法廷通訳ハンドブック実践編【スペイン語】改訂版』. 法曹会.

齋藤陽夫. (2006).「法律と国語・日本語　法律のラウンジ68」.『立法と調査』. 2006年257号. http://dl.ndl.go.jp/view/download/digidepo_1003989_po_2006070762.pdf?contentNo=1（2014年10月23日）.

斉藤正美. (2009).「女性学はなぜカタカナ語「ジェンダー」を守るのか―社会言語学的アプローチによる「ジェンダー」受容過程の再検討」.『社会言語学』. 9, 139–174.

酒井優子. (1986a).「スペイン語の地名形容詞：-eño を伴う派生」.『文京女子短期大学英語英文学科紀要』. 19, 145–154.

酒井優子. (1986b).「スペイン語の地名形容詞：-ense を伴う派生」. HISPÁNICA. 30, 68–83.

酒井優子. (1987a).「スペイン語の地名形容詞の派生語尾に関する形態音韻論的考察：－母音＋no」.『スペイン語学研究』. 2, 45–64.

酒井優子. (1987b)「スペイン語の地名形容詞の派生語尾に関する形態音韻論的考察：-ero と -ario」. HISPÁNICA. 31, 71–85.

酒井優子. (1988).「スペイン語の地名形容詞の派生語尾に関する形態音韻論的考察：-és, -án, -ín, -ón」. Sophia Linguistica. 26, 33–41.

佐々木直美. (2005).『旅の指さし会話帳　ペルー』. 情報センター出版局.

佐野直子. (2012).「第1章　すべての言語は平等である。しかしある言語は、ほかの言語よりさらに平等である―ヨーロッパの「多言語状況／多言語主義（Multilingualism）」と少数言語」. 砂野編（2012）, 50–83.

三省堂編修所. (1971).『ドゥーデン図解英和辞典』. 三省堂.

清水伸. (1971).「第五章　わが国における憲法と憲法学の輸入」.『明治憲法制定史（上）――独墺における伊藤博文の憲法調査』. 清水伸. 原書房, 109–142.

ジュネン, カルマ；塚原信行. (2011).「カタルーニャ人の言語―カタルーニャ語とその他の言語」.『ことばと社会』. 13, 190–198.

新村出編. (1995).『広辞苑』〔第4版〕岩波書店.

杉村直美. (2004).「高校生と共有できる「性暴力」の定義を求めて」.『女性学年報』. 25, 159–180.

砂野幸稔編. (2012).『多言語主義再考　多言語状況の比較研究』. 三元社.

スペイン語教育研究会. (2006).『¡スペ単！　頻度で選んだスペイン語単語集（練習問題つき）』. 朝日出版社.

高橋和之編．（2012）．『新版世界憲法集第二版』．岩波書店．

高橋秀彰．（2009）．「スイス連邦の公用語と国語―史的背景と憲法上の言語規定―」．『外国語学部紀要』，創刊号（2009 年 10 月），27–40．http://www.
kansai-u.ac.jp/fl/publication/pdf_department/01/Takahashi.pdf

瀧井一博．（2003）．『文明史のなかの明治憲法―この国のかたちと西洋体験』．
講談社．

田澤五郎．（2012）．『スペイン語法律・経済用語辞典』．郁文堂．

田中克彦．（1992）．『言語からみた民族と国家』．（初版 1991），岩波書店．

田中康代．（1998）．「【判例研究】法廷通訳の正確性等が争われた事例」．『法と
政治』．49（1），97–110．

田中嘉彦．（2004）．「日本国憲法制定における二院制諸案」．『レファレンス』，
12 月号，25–48．http://www.ndl.go.jp/jp/data/publication/ refer/200412_
647/064702.pdf（参照 2012/10/12）．

塚原信行．（2004）．「スペイン・カタルーニャ自治州の言語法に関する一考察」．
HISPÁNICA．48，65–80．

塚原信行．（2009）．「スペイン・カタルーニャ自治州における司法通訳制度に
関する研究」．HISPÁNICA．53，127–149．

塚原信行．（2012）．「パラグアイ―言語政策の移植は可能か」．『多言語主義再
考　多言語状況の比較研究』．砂野幸稔編，三元社．142–166．

津田守編．（2013）．『15 言語の裁判員裁判用語と解説　第 3 巻』．現代人文社．

寺崎英樹．（1990）．「スペイン語住民形容詞の形成」．『東京外国語大学論集』．
41，63–75．

長尾ひろみ．（2006）．「序章　司法通訳とは」，「第 3 部 司法通訳人の職業倫理」．
渡辺他（2006）．9–19，135–188．

中村紘一，新倉修，今関源成監訳．（2012）．『フランス法律用語辞典』．第 3 版
第 1 刷，初版 1996，三省堂．

中村幸子．（2008）．「スラング交じりの証人質問模擬法廷における通訳の影響
～ポライトネル論から見た社会語用論的談話分析～」．『通訳翻訳研究』．8，
97–111．

中村幸子，水野真木子．（2009）．「第 2 回模擬法廷の言語分析　法廷における
語彙選択に関する言語学的問題と法的意味」．『通訳翻訳研究』．9，33–54．

灘光洋子．（2001）．「法廷通訳人が直面する問題点―文化的差異をどう捉える
か―」．『異文化コミュニケーション研究』．13，59–82．

新田増．（2013）．「スペイン共通語の二重名称の行くえ：«castellano»（カス
テイジャ語）vs. «español»（スペイン語）」．『スペイン語世界のことばと
文化 III』．81–126．

日本スペイン法研究会，サラゴサ大学法学部，Nichiza 日本法研究班．（2010）．
『現代スペイン法入門』．嵯峨野書院．

日本弁護士連合会裁判員制度実施本部法廷用語の日常語化に関するプロジェク
トチーム編．（2008）．『裁判員時代の法廷用語　法廷用語の日常語化に関
する PT 最終報告書』，後藤昭監修，三省堂．

日本弁護士連合会裁判員制度実施本部法廷用語の日常語化に関するプロジェク
トチーム編．（2008）．『やさしく読み解く裁判員のための法廷用語ハンド

ブック』. 三省堂.

日本法哲学会. (1981). 『日本法哲学年報』. 有斐閣.

『日本法令外国語訳データベースシステム』. http://www.japaneselawtransla-tion.go.jp/?re=01 (参照 2009/11/8).

糠塚康江. (2004). 「国民国家の言語政策演習―フランスにおける被周辺化言語の保護政策をめぐって」. 『自由と国家』. 樋口陽一, 森英樹, 高見勝利, 辻村みよ子編著. 日本評論社, 307–325

萩尾生. (2005). 「スペイン憲法 [抜粋]」. 『欧州諸国の言語法 欧州統合と言語主義』. 渋谷謙次郎編. 三元社, 115–116.

橋内武, 堀田秀吾編. (2012). 『法と言語 法言語学へのいざない』. くろしお出版.

長谷川正安. (1968). 『憲法学の方法』. 日本評論社.

長谷川正安. (1985). 『憲法とマルクス主義法学』. 日本評論社.

林大. 碧海純一編. (1981). 『法と日本語』. 有斐閣新書.

樋口陽一. (1973). 『議会制の構造と動態』. 木鐸社.

樋口陽一. (1998). 『憲法 I』. 青林書院.

藤村逸子, 糸魚川美樹. (2001). 「フランス語における職業名詞の女性化―スペイン語との比較―」. 『名古屋大学言語文化部・国際言語文化研究科言語文化論集』18–1, 141–156.

ベアード, ヴァネッサ. (2005). 『性的マイノリティの基礎知識』. 町口哲生訳. 作品社.

法務省刑事局外国法令研究会編. (1991). 『法律用語対訳集 (スペイン語編)』. 商事法務研究会.

法令外国語訳実施推進検討会議. 『中間報告』. 平成17年9月30日. http://www.cas.go.jp/jp/seisaku/hourei/dai3/3siryou1.pdf (参照 2009/11/8)

法令用語研究会編. (2012). 『有斐閣法律用語辞典 [第4版]』. 有斐閣.

堀田秀吾. (2010). 『法コンテキストの言語理論』. ひつじ書房.

水野真木子. (2006). 「判決文の通訳における等価性保持の可能性と限界」. 『スピーチ・コミュニケーション教育』. 19, 113–131.

水野真木子. (2008). 『コミュニティー通訳入門』. 大阪教育図書.

水野真木子. (2010). 「法廷証言における日本語独特の表現とその英訳の等価性の問題―日本人通訳者の訳出表現と英語ネイティブ・スピーカーの表現の比較を中心に―」. 『通訳翻訳研究』. 10, 177–192.

水戸博之. (2011). 「アルゼンチンにおけるポルトガル語教育とブラジルにおけるスペイン語教育」. 『言語文化論集』33 (1), 125–140. http://hdl.handle.net/2237/16180 (参照 2014/10/31).

毛利雅子. (2006). 「司法通訳における言語等価性維持の可能性―起訴状英語訳の試み―」. 『日本大学大学院総合社会情報研究科紀要』. 7, 391–397.

百地章. (2009). 「8 スペイン」. 『世界の憲法集 [第四版]』. 阿部照哉, 畑博行編. 有信堂高文社, 193–218.

森岡正博. (2009). 『最後の恋は草食系男性が持ってくる』. マガジンハウス.

山田信彦編著. (2006). 『スペイン語法律用語辞典』. 信山社.

吉田稔. (2011). 「ボリビア多民族国憲法 (2009) ―解説と翻訳―」. 『姫路法

参考文献一覧 Bibliografía　　295

学』．51，216–115.

吉田稔．（2013）．「エクアドル共和国憲法（2008年）：解説と翻訳」．『姫路法学』．54，318–206.

吉田理加．（2007）．「法廷相互行為を通訳する―法廷通訳人の役割再考―」．『通訳研究』．7，19–38.

吉田理加．（2008）．「法廷通訳人のフッティング―模擬法廷データ談話分析―」．『通訳翻訳研究』．8，113–131.

吉田理加．（2011）．「法廷談話実践と法廷通訳―語用とメタ言語の織り成すテクスト―」．『社会言語科学』．13（2），59–71.

リプスキ，ジョン・M.（2003）．『ラテンアメリカのスペイン語：言語・社会・歴史』．南雲堂フェニックス.

ルビオ他．（2005）．『クラウン和西辞典』．第2刷，三省堂.

ロドリゲス，サルバドル／池田実注および訳．（2010）．「第2章 憲法」．『現代スペイン法入門』．日本スペイン法研究会他編．嵯峨野書院，34–69.

渡辺修，長尾ひろみ，水野真木子．（2006）．『司法通訳 Q&Aで学ぶ通訳現場』．（初版：2004），第2刷，松柏社.

渡辺修，水野真木子，中村幸子．（2010）．『司法通訳［裁判員裁判編］―シナリオで学ぶ法廷通訳』．現代人文社.

Academia Argentina de Letras. (1998). *Léxico del habla culta de Buenos Aires*. Buenos Aires, Academia Argentina de Letras.

Adelstein, Andreína. (1998). "Banalización de términos con formantes de origen grecolatino". *V Simposio Iberoamericano de Terminología-Riterm*. Red Iberoamericana de Terminología (ed.). México, Riterm, 12–17.

Aguirre Beltrán, Blanca; Hernando de Larramendi, Margarita. (1997). *El español por profesiones, Lenguaje jurídico*. 1ª ed, Madrid, Sociedad General Española de Librería, 1997.

Alcaraz Varó, Enrique; Hughes, Brian. (2009). *El español jurídico*. Barcelona, Ariel.

Alcover, Antoni M.; Moll, Francesc de B. (1930–1962). *Diccionari català-valencià-balear*. Palma de Mallorca, Moll. http://dcvb.iecat.net/

Alvar, Manuel. (1982). "Lengua nacional y sociolingüística: las constituciones de América". Alicante, Biblioteca Virtual Miguel de Cervantes, 2006. Otra ed.: *Bulletin Hispanique*. T. 84, núm. 3–4 (juillet-décembre 1982), 347–414. http://bib.cervantesvirtual.com/FichaObra.html?Ref=20809&portal=184 (参照 2012/09/13).

Alvar, Manuel. (1995). "Lengua y sociedad: las constituciones políticas de América". Alicante, Biblioteca Virtual Miguel de Cervantes, 2007. Otra ed.: *Política, lengua y nación*. Madrid, Fundación Friedrich Ebert, 1995, 51–69. http://bib.cervantesvirtual.com/FichaObra.html?Ref=22199&portal=184 (参照 2012/9/13).

Ambadiang, Théophile. (1999). "La flexión nominal. Género y número". *Gramática descriptiva de la lengua española*. Bosque, Ignacio; Demonte,

Violeta(dir.). Madrid, Espasa, 4845–4913.

Andrés Castellano, Soledad de. (2002). "¿«Violencia de género»?". "*Género*", *sexo, discurso*. Vigara Tauste, Ana María; Rosa María Jiménez Catalán (eds.). Madrid, Laberinto, 2002, 11–45.

Barberán, Francisco. (2007). *Diccionario jurídico: japonés-español, español-japonés*, (1ª edición 2004), Cizur Menor (Navarra), Thomson-Aranzadi.

Barberán, Francisco; Kuroda, Kiyohiko; Okabe, Fuminobu. (coords). (2013). *Introducción al Derecho japonés actual*, Cizur Menor (Navarra), Thomson Reuters Aranzadi.

Bibliographisches Institut; Editorial Juventud, S.A. (1963). *Duden Español: Diccionario por imagen*. 2ª edición, Mannheim, Bibliographisches Institut AG.

Bleiberg, Germán (ed.). (1981). *Diccionario de historia de España*. II tomos, Madrid, Alianza Editorial.

Boletín Oficial del Estado, Núm. 148, Jueves 19 de junio de 2014, Sec. I., 46396.

Bosque, Ignacio. (2012). "Sexismo lingüístico y visibilidad de la mujer". *Boletín de Información de la Real Academia Española* (BILRAE). 1, 1–18.

Calvo, Julio (2008). "Perú". *El español en América. Contactos lingüísticos en Hispanoamérica*. Palacios, Azucena (coord.). Barcelona, Ariel, 189–212.

Cañas-Dinarte, Carlos. (2010). *Historia de mujeres protagonistas de la independencia (1811–1814): insurgencia, participación y lucha de las mujeres de la Intendencia de San Salvador por lograr la emancipación del Reino de Guatemala*. San Salvador, El Salv., ISDEMU.

Caravedo, Rocío (dir.). (2002). *Léxico del habla culta de Lima*. (1ª ed. 2000), 1ª reimpresión, Lima, Pontificia Universidad Católica del Perú.

Carbonero Cano, Pedro (dir.). (2005). *Léxico del habla culta de Sevilla*. Sevilla, Universidad de Sevilla.

Chierichetti, Luisa.; Garofalo, Giovanni (eds.). (2010). *Lengua y Derecho: líneas de investigación interdisciplinaria*. Bern, Peter Lang.

Chirinos Soto, Enrique. (1997) *Constitución de 1993 —Lectura y Comentario—*. (4ª edición corregida y aumentada), Lima, Editorial Jurídica Griley E.I.R.L.

Cifuentes, Lluís. (2010). "Hacia un nuevo Vocabulario del catalán técnico medieval". *Lengua de la ciencia y diccionarios: actas de las III Jornadas de la red temática "Lengua y ciencia"* (Coimbra, 20–30 octubre 2009). Rio-Torto, Graça (ed.). Coimbra, Universidade de Coimbra. (Preprint), Biblioteca Digital de Sciència.cat, Abril 2010, Universitat de Barcelona. http://www.sciencia.cat/biblioteca/documents/Cifuentes_Vocabulario.pdf (参照2015/8/2).

Código Penal (edición actualizada). (2011). Lima, Jurista Editores.

Comisión de Lingüística Iberoamericana. (1971). *Cuestionario para el estudio coordinado de la norma lingüística culta III-Léxico*. Madrid, Consejo

Superior de Investigaciones Científicas.

Comisión de Lingüística Iberoamericana. (1972). *Cuestionario para el estudio coordinado de la norma lingüística culta II-Morfosintaxis*. Madrid, Consejo Superior de Investigaciones Científicas.

Comisión de Lingüística Iberoamericana. (1973). *Cuestionario para el estudio coordinado de la norma lingüística culta I-Fonética y Fonología*. Madrid, Consejo Superior de Investigaciones Científicas.

Cooper, Robert L. (1989). *Language planning and social change*. Cambridge, Cambridge University Press.

Corominas, Joan; Pascual, José A. (1980). *Diccionario crítico etimológico castellano e hispánico*. Madrid, Gredos.

Cuenca, María J.; Hilferty, Joseph. (1999). *Introducción a la lingüística cognitiva*. Barcelona, Ariel Lingüística.

De Lucca, Manuel. (1987). *Diccionario práctico: aymara-castellano, castellano-aymara*. La Paz, Los Amigos del Libro.

De Jongh, Elena M. (1992). *An Introduction to Court Interpreting*. Lanham, University Press of America.

Departament de Cultura. (1990). *El coneixement de la llengua catalana (1975–1986)*. Barcelona, Publicacions de l'Institut de Sociolingüística Catalana.

Departament de Cultura. (1999). *Criteris de traducció de textos normatius del castellà al català*. Barcelona, Departament de Cultura, Generalitat de Catalunya.

Departament de Cultura. (2002). *Documentació jurídica i administrativa*. Barcelona, Departament de Cultura, Generalitat de Catalunya.

Departament de Cultura. (2013). *Manual de bones pràctiques a la justícia*. Barcelona, Departament de Cultura, Generalitat de Catalunya.

Duarte, Carlos. (1991). "El catalán, lengua de expresión jurídica a lo largo de la historia". *Revistas de Lenguas y Literaturas Catalana, Gallega y Vasca*. 1, 15–23.

Escobar, Anna María. (2011). "Spanish in Contact with Quechua". *The Handbook of Spanish Sociolinguistics*. Díaz-Campos, Manuel (ed.). Oxford, Wiley-Blackwell, 323–352.

Fabre, Alain. (2005). *Diccionario etnolingüístico y guía bibliográfica de los pueblos indígenas sudamericanos*. (Última modificación: 10/03/11) http://butler.cc.tut.fi/~fabre/BookInternetVersio/Alkusivu.html (参照2012/10/21).

Fernández Fernández, Antonio. (2007). *Diccionario de dudas: biblioteca práctica del idioma español*, Oviedo, Universidad de Oviedo. http://books.google.co.jp/books?id=sbI2Kqv7wB0C&printsec=frontcover&hl=es&source=gbs_ge_summary_r&cad=0#v=onepage&q&f=false

Fernández, José Antonio. (2010). *Manual para la preparación del español en el ámbito jurídico*. Madrid, Edinumen.

Fishman, Joshua A. (1991). *Reversing Language Shift —Theoretical and*

Empirical Foundations of Assistance to Threatened Languages—. Clevedon, Multilingual Matters.

Fitzgibbon, Russel H.(1965) "Continuismo". *Dictatorship in Spanish America.* Hamill, Hugh M. Jr. (ed.). New York, Alfred. A Knopf, 146–153.

Fróis, Luís. (2003). *Tratado sobre las contradicciones y diferencias de costumbres entre los europeos y japoneses* (1585). Edición y traducción de Ricardo de la Fuente Ballesteros, Salamanca, Universidad de Salamanca.

Fundación Tomás Moro. (2005). *Diccionario Jurídico Espasa.* Madrid, Espasa Calpe.

Fundéu BBVA. (2009). *Mujer y lenguaje en el periodismo español,* n. 16 de la revista *Donde Dice ... .,* Madrid, Fundación del Español Urgente-Fundéu BBVA.

García Belaúnde, Domingo. (1996). "El constitucionalismo peruano en la presente centuria". *La Constitución en el péndulo.* Arequipa, Editorial UNSA, 1–33.

García Marcos, Francisco J.(2004). "Lingüística y Derecho", *ELUA.* 18, 59–86. http://rua.ua.es/dspace/bitstream/10045/6117/1/ELUA_18_04.pdf (参照 2015/8/29).

García Mouton, Pilar. (2002). "Género como traducción de *gender:* ¿Anglicismo incómodo?". "*Género*", *sexo, discurso.* Vigara Tauste, Ana María; Jiménez Catalán, Rosa María (eds.). Madrid, Laberinto, 2002, 133–150.

García Tesoro, Ana Isabel. (2010). "Activismo cultural y revitalización de la lenguas mayas en Guatemala (グァテマラにおける文化運動とマヤ諸語の活性化)".『共生の文化研究』. 4, 142–156. (和訳：糸魚川美樹，川畑博昭，塚原信行. 157–170).

Gutiérrez Álvarez, Javier M. (2010). "El español jurídico: propuesta didáctica orientada a la acción como base para un curso". *MarcoELE.* 11, 1–24.

Gutiérrez Cuadrado, Juan. (2006). *Diccionario de Salamanca de la lengua española,* Madrid, Santillana.

Gutiérrez, Walter. (2007). *Vocabulario de uso judicial, Vocablos y expresiones frecuentes en la práctica judicial.* Lima, Gaceta Jurídica.

Ibarretxe-Antoñano, Iriade; Valenzuela, Javier (eds.). (2012). *Lingüística cognitiva.* Barcelona, Anthropos.

Inoue, Kyoko. (1991). *MacArthur's Japanese Constitution: a linguistic and cultural study of its making.* Chicago & London, The University of Chicago Press.

Institut d'Estadística de Catalunya. (2015). *Enquesta d'usos lingüítics de la població 2013.* Institut d'Estadística de Catalunya. Generalitat de Catalunya, Barcelona.

Instituto Cervantes. (2011). *Guía de comunicación no sexista.* Madrid, Aguilar.

Kawabata, Hiroaki. (2007). "Algunas esferas del uso de la lengua española en la sociedad japonesa: Situación del español en el ámbito jurídico". *Cua-*

dernos CANELA. XIX, 13–18.

Labèrnia i Esteller, Pere. (1839–40). *Diccionari de la llengua catalana ab la correspondencia castellana y llatina.* (2 vol.), Barcelona, Imprenta dels hereus de la vídua Pla.

Landa Arroyo, César. (1999). *Tribunal Constitucional y Estado Democrático.* Lima, Fondo Editorial de la Pontificia Universidad Católica del Perú.

Leclerc, Jacques. (2011). «Chili», (2011) «Porto Rico», (2012) «Mexique», (2013) «Argentine», (2013) «Uruguay», (2014) «Guinée équatoriale» en *L'aménagement linguistique dans le monde.* Québec, TLFQ, Université Laval. http://www.axl.cefan.ulaval.ca/ (参照 2014/11/8).

Lewis, M. Paul; Simons, Gary F.; Fennig, Charles D. (eds.). (2014). *Ethnologue: Languages of the World,* Seventeenth edition. Dallas, Texas, SIL International. Online version: http://www.ethnologue.com.

LEY ORGÁNICA 10/1995, de 23 de noviembre, del Código Penal. http://www.boe.es/aeboe/consultas/bases_datos/doc.php?coleccion=iberlex&id=1995/25444 (参照 2009/11/19).

Lipski, John Miguel. (1996). *El español de América,* Madrid, Cátedra.

Lope Blanch, Juan Miquel. (dir.). (1978). *Léxico del habla culta de México.* México, Publicaciones del Centro de Lingüística Hispánica, Universidad Nacional Autónoma de México.

Lope Blanch, Juan Miguel. (2001). "La norma lingüística hispánica". II Congreso Internacional de la Lengua Española. Valladolid. http://congresosdelalengua.es/valladolid/ponencias/unidad_diversidad_del_espanol/1_la_norma_hispanica/lope_j.htm (参照 2015/6/8).

López Basaguren, Alberto. (2007). "Las lenguas oficiales entre Constitución y Comunidades Autónomas: ¿desarrollo o transformación del modelo constitucional?". *Revista Española de Derecho Constitucional* (Centro de Estudios Políticos Constitucionales). Nº 79. Año 27 (Enero-Abril de 2007), 83–112.

López Morales, Humberto (coord.). (1986). *Léxico del habla culta de San Juan de Puerto Rico.* San Juan, P.R., Academia Puertorriqueña de la Lengua Española.

Lujerio Castro, Norma M. (2011). "Un Código innovador." *Revista del Centro de Estudios y Promoción del Desarrollo (DESCO) Quehacer.* 183, 34–39.

Malanca, Alicia et al. (2000). *Léxico del habla culta de Córdoba - Argentina 1 & 2,* Córdoba, (Argentina), Universidad Nacional de Córdoba.

Maldonado González, Concepción. (2006). *Clave Diccionario de uso del español actual.* (8ª ed.), Madrid, Ediciones SM.

Márquez, María. (2013). *Género gramatical y discurso sexista.* Madrid, Editorial Síntesis.

Martínez Dueñas, Luis S.; Kato Yda, Manuel M. (1982). *Diccionario español-japonés,* Madrid, EDI-6, S.A.

Mendoza, José G. (dir.). (1996). *Léxico del habla culta de La Paz*. La Paz, Bolivia, Facultad de Humanidades y Ciencias de la Educación, Universidad Mayor de San Andrés.

Menéndez Pidal, Ramón. (1977). *Cantar de Mio Cid Vol.II. Vocabulario*. Madrid, Espasa-Calpe, S.A.

Moliner, María. (2004). *Diccionario de uso del español*. (2ª ed.), Madrid, Editorial Gredos.

Montero Annerén, Sara; Morales Pastor, Jorge. (2000). "Acercamiento al español jurídico a través del atestado". *Actas del I Congreso Internacional de Español para Fines Específicos*. Amsterdam, Ministerio de Educación, Cultura y Deporte, 142–152.

Morales Pastor, Jorge L. (2004). "La enseñanza del español jurídico". *Vademécum para la formación de profesores, Enseñar español como segunda lengua (L2)/ lengua extranjera (LE)*. Sánchez Lobato, Jesús; Santos Gargallo, Isabel (dirs.). Madrid, SGEL.

Muñoz Armijo, Laura.(2010). *La historia de los derivados en –ismo e –ista en el español moderno*, (Tesis doctoral dirigida por la Dra. Gloria Clavería Nadal), Seminario de Filología e Informática, Departamento de Filología Española, Facultad de Filología y Letras, Universidad Autónoma de Barcelona, Bellatera. http://www.tdx.cat/bitstream/handle/10803/4906/lma1de1.pdf?sequence=1(参照2015/8/29).

Olarieta Alberdi, Juan M. (ed.). *Diccionario Interactivo de Derecho Penitenciario*. Theoria, Grupo de Investigación, Universidad Complutense de Madrid. http://www.ucm.es/info/eurotheo/normativa/index.html (参照2009/11/16).

Ortiz Mayans, Antonio. (1980). *Nuevo diccionario español-guaraní guaraní-español*. 11ª edición, Buenos Aires, Editorial Universitaria de Buenos Aires.

Otálora, Hilda. (1997). *Léxico del habla culta de Santafé de Bogotá*. Santafé de Bogotá, Instituto Caro y Cuervo.

Pablo Núñez, Luis. (2004). "La morfología derivativa en los gentilicios del español", *Interlingüística*, 15(2), 1047–1056. http://hispanismo.cervantes.es/documentos/MorfologiaenGentilicios.pdf

Pérez Cervera, María Julia (coord.). (2011). *Manual para el uso no sexista del lenguaje*. Comisión Nacional para Prevenir y Erradicar la Violencia contra las Mujeres.

Piniella, María. (1986). "La casa en Lérida: un sistema de sucesión y matrimonio". *Los Pirineos: estudios de antropología social e historia*. Fonquerne, Yves-René (ed.). Madrid, Universidad Complutense, 111–138.

Poema de Mio Cid. (1984). Colin Smith (ed.). Madrid, Cátedra.

Prada Rodríguez, Mercedes de; Prada Segovia, Marisa de; Curequella Jiménez-Díaz, Ana. (2011). *Español jurídico para extranjeros*. La Coruña, Netbiblo S.L.

Rabanales, Ambrosio; Contreras, Lidia. (1987). *Léxico del habla culta de Santiago de Chile*. México, Instituto de Investigaciones Filológicas, Universidad Nacional Autónoma de México.

Rabanales, Ambrosio. (1992). "Fundamentos teóricos y pragmáticos del «Proyecto de estudio coordinado de la norma lingüística culta del español hablado en las principales ciudades del mundo hispánico»". *Boletín de Filología* [en línea]. 33.1, 252–272. http://www.boletinfilologia.uchile.cl/index.php/BDF/article/view/18911 (参照2015/6/7).

Ramis, Rafael. (2011). "Historia del léxico jurídico" (Reseña). *Revista Ius et Praxis*, 17–1, 333–338.

Real Academia Española; Asociación de Academias de la Lengua Española. (2005). *Diccionario panhispánico de dudas*, Madrid, Santillana Ediciones Generales, S.L.

Real Academia Española; Asociación de Academias de la Lengua Española. (2009). *Nueva gramática de la lengua española*, Madrid, Editorial Espasa Libros, S.L.U.

Real Academia Española; Asociación de Academias de la Lengua Española. (2010). *Ortografía de la lengua española*, Madrid, Editorial Espasa Libros, S.L.U.

Real Academia Española. (1979). *Diccionario de Autoridades*. (1726–1739) Ed. facsím. 3 vol. Madrid, Editorial Gredos.

Real Academia Española. (2001). *Diccionario de la lengua española* [en línea]. (22ª ed.), (enmiendas incorporadas hasta 2012). http://www.rae.es/rae.html (参照2012/9/～2015/7).

Real Academia Española. (2014). *Diccionario de la lengua española*. (23ª ed.), Madrid, Editorial Espasa.

Real Academia Española. *Banco de datos* (*CORDE*) [en línea]. Corpus diacrónico del español. http://www.rae.es (参照2012/8～2013/3).

Real Academia Española. *Banco de datos* (*CREA*) [en línea]. Corpus de referencia del español actual. http://www.rae.es (参照2009/11/30).

Real Academia Española. *Nuevo tesoro lexicográfico de la lengua española* (*NTLLE*) [en línea]. http://www.rae.es (参照2012/8～2013/3).

Rodríguez, Francisco J.; Ridao, Susana (2014). "Variaciones del léxico de especialidad en contextos extrajudiciales de resolución de conflictos en español". *Cuadernos de Linguagem e Sociedade*. 15(1), 101–106.

Rubio Correa, Marcial. (1999). *Estudio de la Constitución Política de 1993*, Tomo 4. Lima, Pontificia Universidad Católica del Perú Fondo Editorial.

Salvador Salvador, Francisco. (1991). *Léxico del habla culta de Granada*. 1 y 2, Granada, Universidad de Granada.

Samper Padilla, José Antonio (dir.). (1998). *Léxico del habla culta de Las Palmas de Gran Canaria*. Las Palmas de Gran Canaria, Cabildo Insular de Gran Canaria.

Seco, Manuel et al. (1999). *Diccionario del español actual*. Madrid, Aguilar.

Sedano, Mercedes; Pérez González, Zaida. (1998). *Léxico del habla culta de Caracas*. Caracas, Universidad Central de Venezuela.

Torres Martínez, José C. de. (1981). *Encuestas léxicas del habla culta de Madrid*. Madrid, Consejo Superior de Investigaciones Científicas.

Tous, Rosa. (2014) "La família catalana a través dels capítols matrimonials". http://pubillatgeodena.wordpress.com/articles-dinteres-historic/la-familia-catalana-a-traves-dels-capitols-matrimonials/ (参照 2014/11/10).

Tovar y Ramírez, Enrique D. (1945). "Un puñado de gentilicios salvadore-ños". *Thesaurus*. I, 3, 547–559. http://cvc.cervantes.es/lengua/thesaurus/pdf/01/TH_01_003_131_0.pdf (参照 2015/7/31).

Ueda, Hiroto. (2001). "Las palabras variables en España y en América. Léxico del transporte".『ペルー・リマとチリ・サンチャゴにおけるスペイン語の言語景観の観察・調査』. 上田博人. 127–137.

Ugarte Chamorro, Miguel Ángel. (1997). *Vocabulario de peruanismos*. Lima, Universidad Nacional Mayor de San Marcos.

Universidad de La Habana, Departamento de Estudios Lingüísticos y Litera-rios. (2010). *Léxico del habla culta de La Habana*. La Habana, Universidad de La Habana.

Vallet de Goytisolo, Juan B. (2007). "La escuela jurídica catalana del siglo XIX". *Ius fugit*. 15, 513–536.

Vigara Tauste, Ana María. (2009). "Nombrar en femenino. Es caso emblemá-tico de jueza". *De igualdad y diferencias: Diez estudios de género*. Vigara Tauste, Ana María (dir.). Madrid, Huerga Fierro, 21–76.

Yui, Hirotada. (1969). "Das Wesen vom Japanischen Rechtsleben"（由比宏忠「日本的法生活の本質」）.『山梨大學教育學部研究報告（第一分冊　人文社会科学系）』. 20, 120–126.

資料

各国憲法：各国公式ウエブサイト掲載の現行憲法を 2012 年 8 月から 10 月に参照した。各施行年も記載する。施行年以降の改訂が含まれている。

アルゼンチン 1995
http://infoleg.mecon.gov.ar/infolegInternet/anexos/0-4999/804/norma.htm
ウルグアイ 1967
http://www.parlamento.gub.uy/constituciones/const004.htm
エクアドル 2008
http://www.asambleanacional.gov.ec/documentos/Constitucion-2008.pdf
エルサルバドル 1983
http://www.asamblea.gob.sv/eparlamento/indice-legislativo/buscador-de-docu mentos-legislativos/constitucion-de-la-republica

キューバ 1976
http://www.gacetaoficial.cu/html/constitucion_de_la_republica.html#1
グアテマラ 1985
http://www.cc.gob.gt/index.php?option=com_content&view=article&id=93&It
emid=67
コスタリカ 1949
http://www.pgr.go.cr/SCIJ/Busqueda/Normativa/Normas/nrm_repartidor.asp?
param1=NRTC&nValor1=1&nValor2=871&nValor3=936&strTipM=TC
コロンビア 1991
http://www.secretariasenado.gov.co/senado/basedoc/cp/constitucion_poli
tica_1991.html#1
スペイン 1978
http://www.lamoncloa.gob.es/Espana/LeyFundamental/index.htm
赤道ギニア 2012
http://www.guineaecuatorialpress.com/imgdb/2012/LEYFUNDAMENTALRE
FORMADA.pdf（2014/10/20）
チリ 1980
http://www.leychile.cl/Navegar?idNorma=242302
ドミニカ共和国 2010
http://www.suprema.gov.do/PDF_2/constitucion/Constitucion.pdf
ニカラグア 1987
http://www.asamblea.gob.ni/wp-content/uploads/2012/06/Constitucion.pdf
パナマ 1972
http://www.binal.ac.pa/buscar/const197204.htm
パラグアイ 1992
http://www.senado.gov.py/leyes/index.php?pagina=ley_resultado&id=7437
プエルトリコ 1952
http://www2.pr.gov/SobrePuertoRico/Documents/elaConstitucion.pdf
ベネズエラ 1999
http://www.tsj.gov.ve/legislacion/enmienda2009.pdfhttp://www.tsj.gov.ve/
legislacion/enmienda2009.pdf
ペルー1993
http://www2.congreso.gob.pe/sicr/RelatAgenda/constitucion.nsf/constitucion
ホンジュラス 1982
http://www.poderjudicial.gob.hn/institucional/organizacion/dependencias/
cedij/Leyes/Documents/CONSTITUCIÓN%20DE%20LA%20REPÚBLICA%20
(09).pdf
ボリビア 2009
http://bolivia.infoleyes.com/shownorm.php?id=469
メキシコ 1917
http://www.diputados.gob.mx/LeyesBiblio/ref/cpeum.htm
各国憲法集（過去のものも含む）
Constituciones hispanoamericanas

http://www.cervantesvirtual.com/bib/portal/constituciones/
Political Database of the Americas
http://pdba.georgetown.edu/Constitutions/constudies.html
フランス *Conseil Constitutionnel*
http://www.conseil-constitutionnel.fr/conseil-constitutionnel/francais/la-cons
titution/les-constitutions-de-la-france/les-constitutions-de-la-france.5080.html
ドイツ *documentArchiv.de*
http://www.documentArchiv.de/

和文索引

あ

アイデンティティとしての性別　187, 190
アイヌ語　154
アイマラ語　40
アラン語　204
アラン谷　204
アンデス諸国のスペイン語　238

い

意味の等価　131

う

ウルグアイ・スペイン語　161
ウルグアイ・ポルトガル語　161
ウルグアイ手話　161

え

エクアドル共和国憲法（1929年）　30

お

オック語　204

か

カクチケル語　39
確定的故意　137
過剰避難　140
過剰防衛　140
カタルーニャ語　202
カタルーニャ語能力　203

カタルーニャ自治州　202
カタルーニャにおける言語正常化法　204

き

既遂　146
キチェ語　39
キチュア語　38
教養ある階層　104
緊急避難　140

く

グアラニ語　39, 41

け

形式的等価性　130
形式の等価　131
ケクチ語　39
ケチュア語　40, 43
言語権　209
言語使用　213
言語使用域　129
言語政策法　204
言語正常化　203, 215
言語的「需要」　212
憲法史　9, 10
憲法動態史　5

こ

故意　137
公式語　27
交通関連語彙　239

307

公的通訳・翻訳者 158
公認登録通訳・翻訳者 158
公用語 26, 27, 29
コードスイッチング 213
国語 27, 29, 155, 156
国際人権規約 50
国家語 27
コミュニケーション支援 235
コミュニティー通訳 236

さ

最高権力者の長期政権化 15
再選 15
作業言語 27
参議 69
三選禁止 15

し

ジェンダー 177
シスジェンダー 194
自治州公用語 201
自治政府司法省言語サービス部 209
司法職員 210, 211
司法府組織法 207, 208
字幕 168
社会的文化的性差 178
社会的文化的性別 196
主義 4
主要都市教養口語語彙 83, 239
手話 163
手話言語 53
手話通訳 157
シュワル語 38
障害者の権利に関する条約 53
使用言語 214
心神喪失 144
心神耗弱 144

す

スペイン王国憲法案（1929年） 31

スペイン共和国1931年憲法 30
スペイン語能力 204
スペインの立憲主義 10

せ

正確性 127
政策法 208
性差別的 180
性自認 185, 188, 190
性自認と本人確認書類における名と性別変
　更の権利に関する法律 188
性自認法 185, 186, 188
正当防衛 140
性の自己同一性 185
生物学的性別 196
性別の変更に関する手続きの規則 192
赤道ギニア 33
責任能力 144
接尾辞の"-ismo" 4
先住民言語 167
先住民族 163
先住民族言語権基本法 167
先住民族の権利に関する国際連合宣言 50

た

大統領制 12, 13
大統領中心主義 13
大統領の任期の長期化傾向 14

ち

中止未遂（中止犯） 146
中米連邦共和国 77
中立カスティーリャ語 160

つ

通訳人 125, 149, 155

て

定住外国人 236

と

導管 130
動的等価性 130
登録上の性別 187, 190, 195, 196
特定場面公用語 153
トランスジェンダー 194

に

ニカラグア1939年憲法 31
日本語 156
日本語弱者 157
認識ある過失 137

は

ハイチの1935年憲法 56
派生語尾 277

ひ

非性差別的言語使用 180
人の性別の記載についての登録の訂正に関
する規制法 186

ふ

フアン・M・ロペ・ブランチ・スペイン語
圏教養規範プロジェクト 83, 239
フィリピン共和国憲法（マロロス憲法）
（1899年） 29
フィリピン共和国臨時憲法（ビャク・ナ・
バト憲法）（1897年） 29
プエルトリコ 165, 166
文化財 48
文化的財産 49
文化要素 48
文法上の性 178

へ

ペルー・スペイン語 238
ペルーの立憲主義 9

ほ

方言 155
法廷通訳 127
翻訳 208
翻訳サービス 211
翻訳需要 211

ま

マム語 39

み

未遂 146
未必の故意 137

め

メキシコ手話 168

り

立憲主義 5, 6, 7

和文索引　309

欧文索引

A

Abogado Defensor 114
actuados 120
Acusación 115
acusado 115
agraviado 115
ama llulla, ama qhilla, ama suwa 44
apercibimiento 120
apersonarse 120
asamblea 64, 65, 103
Audiencia Preliminar 116
Auto de Sobreseimiento 115
autos y vistos 120

B

Bogotá 267
buen vivir 38

C

Cancelleria Reial 220
capítols matrimonials 221
cisgénero 194
Código de Familia de Cataluña 220
Código Penal Peruano 112
código procesal penal 113
conformidad 121
congreso 64, 65, 103
Consejero 70
Consejeros 69
Constitucional*ismo* 5
Continu*ismo* 14
corre en autos 121

correr traslado 121
Corte Suprema 114
cortes 65
Cortes 66
Cortes Superiores 114
cuerpo legal 121
cursar oficio 121

D

denunciado 115
denunciante 115
Derecho Civil catalán 219, 221
Derecho procesal penal peruano 112
Dieta 67

E

elevar autos 121
español del Uruguay 161
español jurídico 111

F

Fiscal Provincial 114
Fiscalía Suprema 114
Fiscalías Superiores 114
fundamentación 122

G

género 181, 187
guatemalteco 270

H

hereu 221
hereva 222
hondureñista 275

I

idioma 24
idioma castellano neutro 160
idioma de trabajo 27
idioma nacional 27
idioma oficial 27
imputado 115
Investigación Preparatoria 115
-ismo 4
ivi maraei 44

J

Juez de la Investigación Preparatoria 116
Juez Penal 116
Juez Presidente del Juzgado Colegiado 116
Juzgado de la Investigación Preparatoria 114
Juzgado de Paz Letrado 114
Juzgado Penal Colegiado o Unipersonal 114

L

lengua 24
lengua de señas uruguaya 161
lenguaje de señas 163
lenguaje de señas mexicana 168
lenguaje jurídico 119, 220
Léxico del habla culta de las principales ciudades 83
Ley 18.620: Derecho a la identidad de género y al cambio de nombre y sexo en documentos identificatorios 188
Ley reguladora de la rectificación registral de la mención relativa al sexo de las personas 186
Liber iudiciorum 220

M

managua 273
managüense 272, 273
mexiqueño 271
mexiquense 271, 272

N

nación 25
naturaleza 38
no sexista 180

Ñ

ñandereko 44

O

obrantes 122
oriental 275

P

Pacha Mama 38
Pachamama 44
parlamento 65, 103
peruanismos 123
portugués del Uruguay 161
Presidencial*ismo* 11
previo traslado 122
Proyecto de la norma culta hispánica Juan M. Lope Blanch 83
pubill 222
pubilla 222

Q

qhapaj ñan　44

R

recepcionar　122
reelección　15
República Federal de Centro América　77

S

sagrada Madre Tierra　44
sansalvadoreño　268, 269
Santafé de Bogotá　267
sexo　187
sobreseimiento　115
subtitulaje oculto en idioma nacional
　168
suma qamaña　44
sumak kawsay　38

T

teko kavi　44
Terminación Anticipada　115
traductor público　158
transexual　188
transgénero　194

V

violencia de género　182
vivir bien　44

執筆者一覧

五十音順

糸魚川美樹（いといがわ みき）

愛知県立大学外国語学部准教授

「文化の仲介者たち―スペインにおける公共サービスの実践と課題」（『グローバル化と文化の境界―多様性をマネージメントするヨーロッパの挑戦』竹中克行編、昭和堂、2015）、「スペイン語における『女性の可視化』をめぐる議論」（『社会言語学』14、2014）

川畑博昭（かわばた ひろあき）

愛知県立大学日本文化学部准教授

『共和制憲法原理のなかの大統領中心主義―ペルーにおけるその限界と可能性』（日本評論社、2013）、「大航海時代イベリア文書における『人民主権』の原理的意味―『主権』の『抗議性』の復権のための覚書」（『愛知県立大学文字文化財研究所年報』6、2013）

ガルシア＝テソーロ、アナ＝イサベル

（Ana Isabel García Tesoro）

東京大学総合文化研究科教養学部准教授

El Indigenismo Americano III（共編著, Valencia, Universidad de Valencia, 2002）, "Cero vs. 'lo' en español andino"（共著, *Círculo de Lingüística Aplicada a la Comunicación* (CLAC) 61, 2015）

サラ＝カハ、リディア（Lidia Sala Caja）

愛知県立大学外国語学部准教授

¿Qué te pasa?（共著, Editorial Asahi, 2009）, "Portable Electronic Dictionary (PED) Use in Spanish as Second Language Students in Japan", (*Words, Dictionaries and Corpora. Proceedings of ASIALEX 2015*, Li Lan; McKeown, Jamie; Liu Liming eds. Hong Kong, Hong Kong Polytechnic University, 2015）

塚原信行（つかはら のぶゆき）

京都大学国際高等教育院附属国際学術言語教育セン
ター准教授

「多言語主義再考パラグアイ―言語政策の移植は可能
か」（『多言語主義再考　多言語状況の比較研究』砂
野幸稔編、三元社、2012）、「言語能力概念と多文化
共生―『福井市営住宅入居事務取扱要綱』をめぐる
問題を手がかりに」（『社会言語学』別冊 1、2011）

堀田英夫（ほった ひでお）

愛知県立大学名誉教授

『スペイン語圏の形成と多様性』（朝日出版社、2011）、
「大航海時代の外国語学習―メキシコのフランシスコ
会宣教師たちの場合」（『愛知県立大学外国語学部紀
要言語・文学編』47、2015）

ひつじ研究叢書〈言語編〉第134巻

法生活空間におけるスペイン語の用法研究
Spanish Legal Terminology in Daily Life
Edited by HOTTA Hideo

発行　2016年2月16日　初版1刷
定価　7200円＋税
編者　© 堀田英夫
発行者　松本功
ブックデザイン　白井敬尚形成事務所
印刷所　三美印刷株式会社
製本所　株式会社 星共社
発行所　株式会社 ひつじ書房
　　　　〒112-0011　東京都文京区千石2-1-2　大和ビル2階
　　　　Tel: 03-5319-4916　Fax: 03-5319-4917
　　　　郵便振替 00120-8-142852
　　　　toiawase@hituzi.co.jp　http://www.hituzi.co.jp/

ISBN978-4-89476-775-1

造本には充分注意しておりますが、落丁・乱丁などがございましたら、
小社かお買上げ書店にておとりかえいたします。
ご意見、ご感想など、小社までお寄せ下されば幸いです。

刊行のご案内

〈ひつじ研究叢書（言語編）　第88巻〉

法コンテキストの言語理論

堀田秀吾 著　定価 8,300 円 + 税

裁判とことばのチカラ
ことばでめぐる裁判員裁判

堀田秀吾 著　定価 2,000 円 + 税

刊行のご案内

スペイン語の否定語の概念構造に関する研究

田林洋一 著　定価7,500円＋税

刊行のご案内

〈英語コーパス研究シリーズ　第2巻〉

コーパスと英語教育

堀正広・赤野一郎 監修　投野由紀夫 編　定価 3,200 円 + 税

〈英語コーパス研究シリーズ　第4巻〉

コーパスと英文法・語法

堀正広・赤野一郎 監修　深谷輝彦・滝沢直宏 編

定価 3,200 円 + 税

刊行のご案内

日本語語用論フォーラム　1
加藤重広 編　定価4,800円＋税

協働で学ぶクリティカル・リーディング
舘岡洋子 編著　定価1,700円＋税

日本で学ぶ留学生のための中級日本語教科書
出会い【本冊　テーマ学習・タスク活動編】
東京外国語大学留学生日本語教育センター 著
定価3,000円＋税

フランス語学の最前線3【特集】モダリティ
川口順二 編　定価5,000円＋税

刊行のご案内

〈ひつじ研究叢書（言語編）　第127巻〉

コーパスと日本語史研究

近藤泰弘・田中牧郎・小木曽智信 編　定価6,800円＋税

〈ひつじ研究叢書（言語編）　第128巻〉

手続き的意味論
談話連結語の意味論と語用論

武内道子 著　定価7,800円＋税

〈ひつじ研究叢書（言語編）　第131巻〉

日本語の活用現象

三原健一 著　定価3,800円＋税

〈ひつじ研究叢書（言語編）　第132巻〉

日英語の文法化と構文化

秋元実治・青木博史・前田満 編　定価7,200円＋税